有标网 | 有标网系列丛书

招标投标和政府采购
法律实务操作指引与风险防控

Legal practice guidance and risk prevention and control ofbidding and government procurement

李承蔚·著

人民法院出版社

图书在版编目（CIP）数据

招标投标和政府采购法律实务操作指引与风险防控 / 李承蔚著. -- 北京：人民法院出版社, 2020.9

（有标网系列丛书）

ISBN 978-7-5109-2934-2

Ⅰ. ①招… Ⅱ. ①李… Ⅲ. ①招标投标法—基本知识—中国 ②政府采购法—基本知识—中国 Ⅳ. ①D922.297 ②D922.11

中国版本图书馆CIP数据核字（2020）第171622号

招标投标和政府采购法律实务操作指引与风险防控

李承蔚 著

责任编辑 刘晓宁
封面设计 天平文创视觉设计
出版发行 人民法院出版社
地　　址 北京市东城区东交民巷27号（100745）
电　　话 （010）67550572（责任编辑）　67550558（发行部查询）
65223677（读者服务部）
客 服 QQ 2092078039
网　　址 http://www.courtbook.com.cn
E – mail courtpress@sohu.com
印　　刷 保定市中画美凯印刷有限公司
经　　销 新华书店

开　　本 787毫米×1092毫米　1/16
字　　数 395千字
印　　张 19.5
版　　次 2020年9月第1版　2023年1月第4次印刷
书　　号 ISBN 978-7-5109-2934-2
定　　价 64.00元

《招标投标和政府采购法律实务操作指引与风险防控》编委会

中国需要什么样的招投标制度

（代序）

招投标制度作为一种以货物、工程和服务为交易对象的择优成交机制，由于其既充分利用了各种经过量化的经济、技术、商务等科学评价方法，又引入了符合经济要求的市场竞争机制，具备方便适用、准确快捷等特点，因而为大多数国家所采用。从其应用效果来说，这一制度既能优化社会资源分配，规范价格形成机制，净化交易环境，又能提高投资效益，降低交易成本，提高货物、工程和服务产品的质量，还能充分保护招投标双方的合法权益，维护国家利益和社会公共利益，因此是一种利在当代、功在千秋的良善法律制度。该制度在我国自 1984 年被鲁布革水电站项目正式采用以来，通过多年的实践探索并经 1999 年《招标投标法》的规范和强化，逐步形成了以全面招标为基本要求，以公开、公正、透明为基本原则，以资质审查、专家参与、合理低价为操作规程，以行政监管为保障的兼具国际惯例和中国特色的制度体系。这一制度体系对于规范中国的建设工程市场和政府采购市场，助推中国成为先进制造业大国发挥了无可替代的作用，其历史贡献是毋庸置疑的。但另一方面我们也不能不看到，由于法律制度设计还不够完善及其他主客观条件的影响，该制度在实际操作过程中不可避免地出现一些这样或那样的问题，有些制度设计的初衷没有实现，有些制度的功能没有得到有效发挥，应通过管理体制的改革和法律制度的完善加以改变。

首先，要科学定位招标投标法的性质并通过科学合理的制度设计实现其立法目的。由于招投标本身就是市场经济的产物，因此必须严格按照市场经济的要求构筑相关的制度。招标投标法从其产生的历史动因来看，其主要立法目的应是节约社会资源，增进社会效益。其虽具有反腐败的功效，但不能将其作为制度设计的起点和归宿，即在招投标的设计中反腐败只具有工具价值而不应具有目的价值。因此，应充分发挥市场在资源配置和招投标制度建设中的作用，通过市场调配社会资源。为此必须从顶层设计上树立市场优先和全国一盘棋思想，建立科学统一的招投标制度规则和全国统一的招投标市场。同时也要注意充分发挥地方的积极性，允许地方进行制度创新的探索，但这种试点必须是以有利于促进同一市场的形成为条件，而不能以牺牲全国统一性为代价。为此，必须从源头上阻断地方割据市场形成的土壤，并从技术上严格限制地方公管机构将地方的“土政策”植入到招投标电子交易系统中。与此相适应，必须树立招标投标法在招投标活动中的核心地位，中央和地方出台的各种配套制度都要以招标投标法为基础，以保证各种法律和政策之间协同配合，共同实现促进招投标事业健康发展的目的。

其次，必须将创新要求植入招标投标法中，通过相关制度设计实现招标投标法对技术创新的引领作用。招标投标法不但应当成为节约社会资源和净化社会环境的制度设计，而且更应该成为引领技术和产业创新的制度集散地。为此有必要把鼓励企业持久创新作为招投标法的重要立法目的，并通过良好的制度设计督促企业提高管理水平，鼓励其通过技术创新而非通过降低价格获得竞争优势。其核心是改变低价者得的政策惯性和绝对量化的做法，改革目前实行的片面追求定量评价的有效最低价法或者综合评估法，其原因在于，并非任何招投标中的评价指标和评审因素都可以进行量化处理，都能做到客观、准确和科学，特别是在货物与服务招标中这种情况表现得尤其明显。机械的指标量化虽能带来形式的公正，却会损害实体的公平和公正。因此，理想的做法应是改进评标程序和丰富评标方法，通过植入一些可评价、可追责、可溯源的主观性标准，构筑更具科学性的指标体系。

最后，需要强化招标主体的职权，增大招投标参与者的义务和责任，构建权责一致的招投标制度体系。招投标活动涉及政府监管机构、中介代理机构、专业评审机构、招标机构和投标机构等众多主体，相互间利益交错，权利义务关系复杂。但各主体在招投标活动中所扮演的角色及其所享有的法律地位实际上是不一样的。由于彼此间是通过招投标活动联系在一起的，因此招标人应是整个法律关系的核心，也是主要权利义务的最终承担者和真正的责任主体。实际上，招标人绝非招投标权利义务的消极承受者，而应当是招投标活动的积极推动者和主导者，唯有此才能真正落实招投标制度所应体现的“谁投资、谁决策、谁收益、谁承担风险”的原则。为了强化招标人的主体意识，除应扩大其责任承担方式和承担范围外，更重要的是要明晰其法律地位，维护其合法权益，把招投标中的核心权利切实归还给招标人。这些核心权利包括根据项目特点和需求合理确定招标方案的权利，选择招标代理机构的权利，对投标人的主体资格进行实质审查的权利，对招标文件中的评审标准和合同条件进行决定的权利，参与评标并在评标委员会推荐的中标候选人中最终确定中标人的权利等。政府监管部门的主要职责是对招投标的合法性和合理性进行监督，对相关当事人的违法行为进行惩处。但由于其既非招投标活动的组织者，也非招投标权利义务的承担者，因此其并不具有代替招标主体决定招投标相关事项的权力。因此，政府监管部门必须进行角色转换和职能转变，必须进行简政放权，必须将单纯的管理职能改变为管理、服务和监督并重，监督的重点也应从合理性监督变更为合法性监督，从事务性监督变更为制度性监督，从实体性监督变更为程序性监督，从事前、事中监督变更为事后监督。这样既可避免监管机构沦为行为者和监督者双重角色的尴尬局面，又可保证监管机构超脱于具体事务之外，集中精力履行好自己的监督、管理和服务职能。另外，良好的招投标制度还有赖于专业化的中介代理机构、高素质且敬业的专家群体和高水平的评审机构的共同参与。为此应合理界定招投标代理机构的职权，强化其义务和责任；改进评标委员会的制度设计，明确评标委员会的角色定位即评标委员会只是招标人外聘的专业咨询机构而非最终决策机构，评标委员会的评审结果只能作为招标人的决策依据之一；改革评标委员会的组建方式和运行方式，评审专家应由招标人和代理机构共同确定，招标人应介入评标事务。

招投标制度的改革是一项系统工程，招投标制度作用的发挥也有赖于各种内外部环境的协力配合。因此除以上各项要求外，还必须建立符合公平竞争要求的法律准则，包括明确科学的招投标市场准入规则、完善的招投标市场竞争规则和市场交易规则，同时还应建立公开、透明、公平、公正的招投标制度规则体系，包括涵盖招投标全过程的全面信息公开制度，多方参与的社会监督体系等。中国招投标制度改革是一项远未完成的事业，需要动员社会各界共同参与并贡献智慧。可喜可贺的是，目前呈现在读者面前的这部《招标投标和政府采购法律实务操作指引与风险防控》就是在这方面的一部力作。本书的作者李承蔚律师不但具有丰富的招投标实务实战经验，而且具有较为深厚的理论功底，正是这种理论与实务的完美结合，由此铸就了本书的一定社会价值。值得说明的是，本书不仅具有精湛的理论概括和准确的分析，更有丰富详实的实务操作流程，因此不但对指导招投标实务的开展具有重要参考价值，而且对推动中国招投标制度的理论研究走向深入也会带来诸多启迪。是为序。

赵万一

2020 年 3 月 28 日

于重庆西南政法大学

目 录

《民法典》倒逼招标投标和政府采购制度的进一步完善

《民法典》的出台，圆了几代法律人法典化的夙愿。法国的孟德斯鸠先生曾说，“在民法慈母般的眼里，每一个人就是整个国家”。由此，足见民法之重要。《民法典》的出台，提升了我国法制体系水平，进一步推动了法治文明的建设与发展，是往后更妥当表达和追求个人权利的“宣言书”，其意义和价值不言而喻。对每位国人来说，在有生之年能够见证法典化落地，亦是何等幸事和乐事。

《民法典》的颁布，自然将对民商事法律关系的调整产生深远而重要的影响，同时，亦对散见于各法律法规中的民商事法律规范产生重大影响，譬如进一步倒逼法律法规适用的合理选择，相应规范的调整或增删修改等。

作为与民商事领域相关联的招标投标领域和政府采购领域亦概莫能外。在此，笔者主要以《民法典》总则编对招标投标领域和政府采购领域产生的影响进行简单梳理。

一、《民法典》对招标投标和政府采购制度的影响是根本的

《民法典》第 1 条[①]便着重强调，为“适应中国特色社会主义发展要求，弘扬社会主义核心价值观”的立法依据。任何法律绝不是僵化不变的，任何科学的法律都是顺应时代的产物，顺势而为的。作为新中国的首部法典，《民法典》自然是为适应中国特色社会主义发展要求，弘扬社会主义核心价值观凝结而成的。

作为规范民商事活动基本法的《民法典》，确立了“适应中国特色社会主义发展要求，弘扬社会主义核心价值观”的立法依据，此必然影响散见于

①《民法典》第 1 条规定：为了保护民事主体的合法权益，调整民事关系，维护社会和经济秩序，适应中国特色社会主义发展要求，弘扬社会主义核心价值观，根据宪法，制定本法。

各法律法规中的相应民商事法律规范。对此，作为招标投标法体系和政府采购法体系，其中涉及民商事规范部分，自然需要做相应的修改和调整，以保持立法体系的一致性和法治理念的整体性。

《招标投标法（征求意见稿）》中总则第 1 条[①]也仅部分体现了上述依法依据。这就需要招标投标法体系和政府采购法体系做进一步的调整和增修，以更好地适应经济的发展内在要求和外在调整。

二、《民法典》对招标投标和政府采购制度的影响是系统全面的

《民法典》共七编，1260 条，其体系构造是系统且全面的。其中对招标投标和政府采购制度最为紧密的为总则编，物权编，合同编等。此必然对招标投标和政府采购制度影响也是系统而全面的。

（一）原则上

《民法典》第 9 条新增规定：民事主体从事民事活动，应当有利于节约资源、保护生态环境。该规定有利于提供裁判衡量之指导，也有助于民商事活动价值追求的实现及指导在民商事活动中作出理性选择。作为招标投标和政府采购活动，不只是追求公平与效率，更在于提高市场资源的有效配置，达到节约与集约的目的。为此，招标投标和政府采购法律法规需进一步的系统梳理，进一步修订，与民法典的节约、绿色原则保持一致，以更好发挥法治的效用。

（二）法律的类推适用

《民法典》第 10 条[②]规定处理民事纠纷法律适用的类推原则，明确处理民事纠纷，“法律没有规定的，可以适用习惯”。

当然，此处的“习惯”究竟是习惯法还是包括行业习惯或惯例，业界存

---

①《招标投标法（征求意见稿）》第 1 条规定：为了规范招标投标活动，保护国家利益，社会公共利益和招标投标活动当事人的合法权益，提高市场配置资源的效益和效率，保证项目质量，推动经济高质量发展，制定本法。

②《民法典》第 10 条规定：处理民事纠纷，应当依照法律；法律没有规定的，可以适用习惯，但是不得违背公序良俗。

在不同意见。笔者认为，立法应保持必要的开放性和前瞻性，为便于解决民事纠纷争议，应持广义理解为妥，即此处的“习惯”不仅包含了习惯法的内容，还包括了民商事活动中，行业习惯或惯例，甚至交易各方之间形成的交易习惯或惯例。

任何法律都不可能囊括所有社会形态和对所有问题面面俱到。我国地域广袤、民族多元、集居杂居不少，更需以法律类推适用调整丰富多彩的民事活动和解决纷繁复杂的民事纠纷。

招标投标和政府采购领域何尝不是如此。尤其随着电子招标投标和政府采购活动的推广，必然会涌现新的问题，这更需要发挥法律类推的作用和拓宽其适用空间。

因此，对于法律法规滞后的情形下，类推适用，尤其将习惯纳入适用范围，显得尤为重要。在招标投标和政府采购活动中，存有不少法律法规没有规范的情形，在这些情形下，类推适用便有了作为空间，亦解决了实务中法律法规未明所带来的“公婆”争议。该类推原则对招标投标和政府采购活动的规范指导是及时而深远的。

（三）主体制度

《民法典》第2条[①]规定了三类民事主体，即自然人、法人和非法人组织，并在第三章、第四章分别对法人和非法人组织进行了详细规定。此规定改变了此前主体规定不统一的局面，体现了立法技术的成熟。

现有的招标投标法体系和政府采购法体系并没有体现《民法典》中的主体分类，比如《政府采购法》第5条规定的是“单位和个人”第21条规定的是“法人、其他组织或者自然人”，《招标投标法》第4条亦规定“单位和个人”、第18条、第25条均规定的是“法人和其他组织”。

（四）法律行为的科学构造

《民法典》第六章对民事法律行为进行了全面系统规定。其中更加强化对数据电文、行为人默示意思表示、虚伪意思表示等内容的规定。

尤其对于电子招标或政府采购活动，采取电子招标或政府采购方式更显

① 《民法典》第2条规定：民法调整平等主体的自然人、法人和非法人组织之间的人身关系和财产关系。

效率和节约及绿色原则。《民法典》对民事法律行为的规定，亦为招标或政府采购活动每个环节、阶段或行为的法律性质及效力等提供依据指引，有助于指导招标或政府采购活动。

《民法典》这些规定亦解决了在招标或政府采购活动中，每个环节、阶段或行为的法律性质及效力问题，更助于指导招标或政府采购活动。

《民法典》对招标投标和政府采购活动的影响，远不止以上寥寥几条条款。尚有不少条款对招标投标和政府采购活动是至关重要的。

三、《民法典》对招标投标和政府采购制度的影响是具体而深远的

除了前述援引的《民法典》具体规定外，《民法典》第 110 条[①]规定的自然人和法人及其他组织所享有的民事权利，亦对招标投标和政府采购活动也有巨大的影响。

对自然人而言，《民法典》首先明确了隐私权，这就涉及往后的招标投标或政府采购活动开展过程中需加强对隐私权的保护。其次，《民法典》第 111 条[②]进一步具体明确自然人的个人信息保护问题。对此，已有公司“以身试法”。[③]对法人或非法人组织，亦享有名称权、名誉权和荣誉权。因此，在具体的招标或政府采购活动，参与招标投标和政府采购活动的各方均需尊重彼此的权利和注意己方行为的边界。

---

①《民法典》第 110 条规定：自然人享有生命权、身体权、健康权、姓名权、肖像权、名誉权、荣誉权、隐私权、婚姻自主权等权利。法人、非法人组织享有名称权、名誉权和荣誉权。

②《民法典》第 111 条规定：自然人的个人信息受法律保护。任何组织或者个人需要获取他人个人信息的，应当依法取得并确保信息安全，不得非法收集、使用、加工、传输他人个人信息，不得非法买卖、提供或者公开他人个人信息。

③澎湃新闻以“云南一招标公司网站暴露个人完整身份证号，回应：正商定解决”为标题报道了该事件，网址：https://www.toutiao.com/i6836293720678072839/?tt_from=weixin&utm_campaign=client_share&wxshare_count=1&timestamp=1591753324&app=news_article&utm_source=weixin&utm_medium=toutiao_ios&req_id=2020061009420401013003713907422C45&group_id=6836293720678072839。

《民法典》合同编中的第 469 条[①]明确了电子数据交换、电子邮件等方式订立书面合同形式。这对电子招标或政府采购具有明确的规范指导和适用。第 473 条[②]沿用了此前单行合同法的规定，明确了招标公告为要约邀请。

笔者认为，此处的“招标公告”应作包括政府采购公告的广义理解。《民法典》第 494 条[③]及时回应了疫情等特定情形，前瞻性的规制了未来可能的社会现象，亦便于招标或政府采购活动后续的有章可循。

此外，就责任承担这块，《民法典》的相关变化，也给招标投标和政府采购活动带来不小影响。譬如根据《民法典》第 500 条[④]的规定，提供虚假材料谋取中标造成损失得承担赔偿责任。根据《民法典》第 501 条和第 509 条[⑤]的规定，泄露供应商的商业秘密或将承担赔偿责任。

四、《民法典》所采取的开放体系和理念，赋权其他法律法规进一步细化和具体规定

《民法典》第 11 条[⑥]明确，其他法律对民事关系有特别规定的，

---

①《民法典》第 469 条规定：当事人订立合同，可以采用书面形式、口头形式或者其他形式。书面形式是合同书、信件、电报、电传、传真等可以有形地表现所载内容的形式。以电子数据交换、电子邮件等方式能够有形地表现所载内容，并可以随时调取查用的数据电文，视为书面形式。

②《民法典》第 473 条规定：要约邀请是希望他人向自己发出要约的表示。拍卖公告、招标公告、招股说明书、债券募集办法、基金招募说明书、商业广告和宣传、寄送的价目表等为要约邀请。商业广告和宣传的内容符合要约条件的，构成要约。

③《民法典》第 494 条规定：国家根据抢险救灾、疫情防控或者其他需要下达国家订货任务、指令性任务的，有关民事主体之间应当依照有关法律、行政法规规定的权利和义务订立合同。依照法律、行政法规的规定负有发出要约义务的当事人，应当及时发出合理的要约。依照法律、行政法规的规定负有作出承诺义务的当事人，不得拒绝对方合理的订立合同要求。

④《民法典》第 500 条规定：当事人在订立合同过程中有下列情形之一，造成对方损失的，应当承担赔偿责任：（1）假借订立合同，恶意进行磋商；（2）故意隐瞒与订立合同有关的重要事实或者提供虚假情况；（3）有其他违背诚信原则的行为。

⑤《民法典》第 501 条规定：当事人在订立合同过程中知悉的商业秘密或者其他应当保密的信息，无论合同是否成立，不得泄露或者不正当地使用；泄露、不正当地使用该商业秘密或者信息，造成对方损失的，应当承担赔偿责任。《民法典》第 509 条第 2 款规定：当事人应当遵循诚信原则，根据合同的性质、目的和交易习惯履行通知、协助、保密等义务。

⑥《民法典》第 11 条规定：其他法律对民事关系有特别规定的，依照其规定。

依照其规定。任何法律都具有时代的局限性和滞后性。民法典虽然及时回应了时代要求，但仍有其不足或不能完全规制的领域或地方。

比如，民法典并没有将招标或政府采购的合同作为有名合同规制在合同编——这无疑是一大缺憾。因招标投标或政府采购具有典型性和特殊性，若能通过民法典的吸纳，将其确定为有名合同，将对招标或政府活动提供更好的指导并强化其适用性，比如，针对送达中标通知书或成交确认书后，合同是否成立生效，实务界一直争论不休，尚无定论。

《招标投标法（征求意见稿）》第51条明确了在“中标通知书到达中标人后，招标人改变中标结果的，或者中标人单方放弃中标项目的，应对依法承担违约法律责任”。此规定解决了实务中对中标通知书到达中标人后，持有不同观点引发的争论。但是，政府采购活动并没有明确，且《招标投标法（征求意见稿）》第51条仍有进一步论证和完善的必要。

我们期待招标投标法体系和政府采购法体系，能够以《民法典》为依托，进一步的完善和细化。随着招标投标和政府采购领域的成熟，《民法典》亦将其中典型而普遍的现象提炼归纳囊括其中，充盈民法典的体系。

第一章 简 叙

招标投标法体系，政府采购法体系均为彰显“公开、公平、公正”和诚实守信市场竞争的直接规范和较为有效的措施，亦系维护国家、市场主体利益的有力手段，进一步促进市场公平竞争的营商环境，为市场经济的公平、诚信、有序开展凸显了程序保障。

本章仅就当下较为热点的话题简要勾勒，以期引起政府、行业人士、法律界人士的关注和重视。

第一节 招标投标法体系和政府采购法体系的比较

《招标投标法》于2000年1月1日实施，《政府采购法》于2003年1月1日实施。自两部法律实施以来，围绕招标投标和政府采购出台了行政法规、部门规章、地方性法规无数，逐渐形成、完善了招标投标法体系和政府采购法体系。

作为从业人员，不仅得熟知两部法的体系规定，而且须掌握两部法体系的体与用，同与异，合与别。唯有如此，才能更好地运用相应法规，服务于所需招标投标项目或采购项目以及招标投标服务或采购服务。

一、两部法体系殊途同归

两部法体系渊源于国家发展与改革委员会和财政部两个部委，由于两部委存在明显的职能差异和职权分工，因此，在立法规定上并未完全一致。

（一）理念：物美价廉、物尽其用

根据《招标投标法》第1条①和《政府采购法》第1条②的规定，两部法体系无不追求维护国家、社会利益及招标投标或政府采购当事人的合法权益。

在追求效益方面，虽然招标投标法体系旨在提高经济效益，政府采购法体系旨在提高政府采购资金的使用效益，但这不过是表述差异和出台规范文件的背景、部门职权差异所导致，其实质仍是提高效益。

虽然招标投标法体系与政府采购法体系的目的有差异，但在根本理念上基本一致。招标投标法体系主要针对建设工程领域，所以，更倾重于聚焦项目质量；而政府采购法体系在于管好钱袋子，让财政资金发挥到极致，故其着力于促进廉政建设。

其实，两者虽然表面上有所区别，但实际上是异曲同工，其理念并没有实质区别。

（二）目的：在充分竞争的环境下，选择最匹配的合作伙伴

两部法体系都为最终项目或服务的合同签署设计科学流程，便于招标人或采购人通过招投标或政府采购方式，在众多投标人或供应商之间选择匹配的合作伙伴，达到集约高效之目的。

（三）原则：公开、公平、公正与诚实信用

根据《招标投标法》第5条③和《政府采购法》第3条④的规定，两者所依据和秉持的原则一致。

---

①《招标投标法》第1条规定：为了规范招标投标活动，保护国家利益、社会公共利益和招标投标活动当事人的合法权益，提高经济效益，保证项目质量，制定本法。

②《政府采购法》第1条规定：为了规范政府采购行为，提高政府采购资金的使用效益，维护国家利益和社会公共利益，保护政府采购当事人的合法权益，促进廉政建设，制定本法。

③《招标投标法》第5条规定：招标投标活动应当遵循公开、公平、公正和诚实信用的原则。

④《政府采购法》第3条规定：政府采购应当遵循公开透明原则、公平竞争原则、公正原则和诚实信用原则。

（四）竞争性的必然要求

市场经济本质上虽是优胜劣汰的竞争经济，但也是法治经济，必须在法律法规的规范和指引下开展竞争。作为政府得在市场经济的前提下，适当引导，矫正市场经济的过度或不及。

招标投标和政府采购两部法体系一方面充分尊重市场经济的竞争充分性，另一方面也需矫正其有失公允性。同时，还得兼顾中小微企业等相对较弱的市场竞争主体，避免有竞争优势的企业凭借市场垄断地位形成不充分、不公平的竞争。

（五）适用相通

《政府采购法》第4条规定：政府采购工程进行招标投标的，适用招标投标法。该条明确了有关政府采购工程的招标投标，须适用招标投标法。由此建立了两部法体系的适用链接，即在建设工程领域，两部法体系是容纳关系。

另外在一些基本制度方面也保持了一致性，如流程制度设计、疑问制度、[①] 回避制度、不合理条件设置 [②] 等。

二、两部法体系的区别

（一）诞生背景

《招标投标法》的出台是基于当时全国大兴基础设施建设，涉及广大人民群众的利益。因此，必须在成本控制、技术安全及建筑质量上严格把关，严格控制。在这样的背景下，采取招标方式对于选择参与建设工程的各方较为有效。

《政府采购法》的出台是基于财政资金的有效利用和支配，并与财政预算相结合，促进廉政建设。

---

① 投标人或供应商因招标投标或政府采购活动侵害己方权益或涉及不合法、违法、非法等情形，通过异议或质疑、投诉、举报等方式予以维权或检举其间所涉违法情形，所赋予的救济制度。

② 如《招标投标法实施条例》第32条和《政府采购法实施条例》第20条。

（二）牵头起草部门

招标投标法体系由国家发展与改革委员会牵头组织起草，政府采购法体系由财政部牵头组织起草。

两部门在部委设立机制，职权区分上存在不同，因而在细微追求和行文上存在差异。

（三）价值取向

招标投标法体系追求的是成本控制，工程质量。政府采购法体系追求的是资金效益，廉政建设。

（四）立法技术

两部法体系在立法术语和技术上略有差别，招标投标法制定在前，在立法技术上确实存在不严谨、不规范的地方；相较之下，政府采购法体系立法较为严谨、科学及规范。

（五）术语

在术语上，两部法体系存在一些差别。

比如评标阶段，招标投标法体系规定为评标，政府采购法规定为评审；招标投标法体系中在行政法规层面没有废标的术语（笔者按：部门性规定和部分地方的规定体现了“废标”的说法），而政府采购法体系中《政府采购法》第36条则明确了废标；在专家组建上，招标投标法体系规定为评标专家，政府采购规定为评审专家；在疑问制度上，招投标法体系规定为异议与答复，而政府采购法体系规定为询问、质疑与答复。

（六）主体

招投标法体系的当事人为招标人与投标人，政府采购法的当事人为采购人与供应商。

（七）时间

《招标投标法》规定为日历日，《政府采购法》规定为工作日；在中标通知书签发上，《招标投标法》没有明确具体时间，而《政府采购法》明了中标通知书签发应为中标公告当日且公告为1个工作日。①

（八）档案管理制度

招标投标法体系没有明确规定投标文件和投标活动记录的管理；而政府采购法体系则明确规定了采购文件的档案管理制度。

（九）监管部门

招标投标法体系规定监管主体多元复杂，而政府采购法体系规定主管部门为财政部门，相对单一明确。

（十）操作流程

招标投标法体系中涉及必须招投标的项目需按国家有关规定进行审批，取得批准，除此之外，相对比较灵活。政府采购法体系中涉及政府采购的则需根据财政部门预算编制，报备，然后才能编制采购文件。

（十一）救济制度

招标投标的异议和答复没有明确格式和范本要求，政府采购的质疑和答复有明确格式和范本要求。

---

① 详见《政府采购货物和服务招标投标管理办法》（财政部令第87号）第69条规定：采购人或者采购代理机构应当自中标人确定之日起2个工作日内，在省级以上财政部门指定的媒体上公告中标结果，招标文件应当随中标结果同时公告。

中标结果公告内容应当包括采购人及其委托的采购代理机构的名称、地址、联系方式，项目名称和项目编号，中标人名称、地址和中标金额，主要中标标的的名称、规格型号、数量、单价、服务要求，中标公告期限以及评审专家名单。

中标公告期限为1个工作日。

邀请招标采购人采用书面推荐方式产生符合资格条件的潜在投标人的，还应当将所有被推荐供应商名单和推荐理由随中标结果同时公告。

在公告中标结果的同时，采购人或者采购代理机构应当向中标人发出中标通知书；对未通过资格审查的投标人，应当告知其未通过的原因；采用综合评分法评审的，还应当告知未中标人本人的评审得分与排序。

投诉方面，招标投标法体系针对招标文件、开标现场、评标结果[①]进行投诉的，需先向招标人提出异议（笔者按：只是没有明确不按该流程的后果或处理方式）；而政府采购法体系对此进行了书面要式规定，但没有规定哪些情形需要前置程序。对于联合体投诉的，根据《政府采购质疑和投诉办法》（财政部令 94 号）第 9 条，[②]其投诉应当由组成联合体的所有供应商共同提出。

三、总结

综上，无论采取招标投标还是政府采购，遵循、维护“公开、公平、公正”与诚实守信原则是一以贯之，不可偏废的。

整个招标投标活动和政府采购活动须依法合规，恪守法理、法律法规的具体规定，不可僭越、避重就轻、避实就虚投机侥幸行事。

期待立法机关从法律的体系性、权威性、适用性等方面通盘考量，打破不同部门之间的差异，融合两部法体系，进一步促进放管服的服务趋势，更便于实务操作。

第二节　常识亦智慧：法人、法定代表人与法人代表

[案例]

招标文件或采购文件要求潜在投标人或供应商提交投标文件或响应文件时，法人盖章和法定代表人签字。

[问题]

1. 法人盖章或法人代表签字可以吗？

2. 仅法人盖章可以吗？

---

①《招标投标法实施条例》第 60 条规定：投标人或者其他利害关系人认为招标投标活动不符合法律、行政法规规定的，可以自知道或者应当知道之日起 10 日内向有关行政监督部门投诉。投诉应当有明确的请求和必要的证明材料。

就本条例第 22 条、第 44 条、第 54 条规定事项投诉的，应当先向招标人提出异议，异议答复期间不计算在前款规定的期限内。

②《政府采购质疑和投诉办法》第 9 条规定：以联合体形式参加政府采购活动的，其投诉应当由组成联合体的所有供应商共同提出。

招标投标或政府采购，不仅是技术活，更是艺术活。不仅潜在投标人或供应商在一些时候摸不到有效投标或有效响应的“火门”，就连久经沙场的招标代理机构有时候也会犯迷糊，以致于有时候在制作招标文件或采购文件时亦浑然自失，偶尔也会留有漏洞，比如概念理解不透彻，运用不严谨，从而留下话柄引来投标人或供应商的异议或质疑等情形。

因此，无论是招标代理机构还是潜在投标人或供应商，最好对招标投标或政府采购领域的某些概念了然于胸，如数家珍，方能“知己知彼，百战不殆”。

要解答案例中问题，必须明确法人、法定代表人和法人代表的含义以及三者之间的关系，才更清晰明了地制作较为周全的招标或采购、投标或响应文件，同时，亦利于招标人或采购人，抑或招标代理公司在开标、评标时，避免被异议或质疑、投诉，投标人或供应商在投标或响应时提高命中率。

一、定义

无论是《招标投标法》第25条，[①] 还是《政府采购法》第21条[②] 规定，招标投标或政府采购的主要参与主体为法人或其他组织。

因此，无论是招标人或采购人，招标代理机构，还是潜在投标人或供应商，知道“法人”“法定代表人”及“法人代表”的定义与相互间的关联及区别，有利于在招标投标或政府采购过程中准确理解、编制招标文件或采购文件及投标文件或响应文件。

（一）法人

我国台湾地区学者郑玉波先生说，法人是“法律赋予权利能力（人格）的一种团体人”。[③] 该定义仅表述了法人的部分特征，并没有就“法人”的基本特征完整表述。其实，法人是社会发展、分工的结果，是解决个体能力、经验等不足，也是个体之间基于某些共同追求目标通过契约方式扭结一

①《招标投标法》第25条规定：投标人是响应招标、参加投标竞争的法人或者其他组织。依法招标的科研项目允许个人参加投标的，投标的个人适用本法有关投标人的规定。

②《政府采购法》第21条规定：供应商是指向采购人提供货物、工程或者服务的法人、其他组织或者自然人。

③ 郑玉波：《民法总则》，中国政法大学出版社2003年版，第113页。

起，从而以这个组织的名义对外开展经营活动的民事主体。通过这样的制度安排，赋予法人具有民事权利能力和民事行为能力。

成立法人一是便于聚众人力量，二是为了斩断个体与组织之间的责任关联，阻断个体对组织经营不善所导致的责任分担，从而鼓励更多人自愿成立“法人”，繁荣经济，活跃市场。根据《民法典》第57条[①]规定，法人亦可理解为法律所拟制的“人”。法人一旦成立便与发起成立“法人”的自然人相区分。同时，还和其他自然人一样自给自足参与法律所不禁止的社会活动，不受他人无端干涉。

我国大多学者将法人区分为“公法人与私法人”“社团法人与财团法人”“营利法人与公益法人”等。[②]刚颁布实施的《民法典》仅将法人分为“营利性法人”与“非营利性法人”。[③]

（二）法定代表人

根据《民法典》第61条[④]规定，法定代表人是指依照法律或者法人章程的规定，代表法人从事民事活动的负责人，《公司法》第13条[⑤]亦对法定代表人进行了规定。易言之，法定代表人为公司的法定代表机关，是基于法律明确赋予的代表法人对外从事民事活动的自然人。

现实中，在法人登记注册资料中，法定代表人须在《章程》中明确，同时，在《法人营业执照》中明确记载“法定代表人”的内容，其目的是通过登记主管部门对外公示法人的基本信息，便于参与民事活动的第三人，与其发生法律关系时，有效知悉法人的基本信息，谁是法定代表人等具体信息，从而决定是否与其发生民事法律关系。

法定代表人首先必然具有完全民事行为能力，并符合国家法律、法规和政策的具体规定。法定代表人以法人名义所参与的民事活动，所产生的法律

---

①《民法典》第57条规定：法人是具有民事权利能力和民事行为能力，依法独立享有民事权利和承担民事义务的组织。

② 参见李开国：《民法总论》，华中科技大学出版社2013年版，第112~113页。

③ 参见《民法典》第三章法人第二节与第三节规定。

④《民法典》第61条规定：依照法律或者法人章程的规定，代表法人从事民事活动的负责人，为法人的法定代表人。法定代表人以法人名义从事的民事活动，其法律后果由法人承受。法人章程或者法人权力机构对法定代表人代表权的限制，不得对抗善意相对人。

⑤《公司法》第13条规定：公司法定代表人依照公司章程的规定，由董事长、执行董事或者经理担任，并依法登记。公司法定代表人变更，应当办理变更登记。

后果通常由法人承担。

（三）法人代表

法人代表并非法律术语，不过是约定俗成罢了。

根据法律法规规定和实务，法人代表应归属于代理制度，与法定代表人的代表制度区分。法人代表是指法人或由法定代表人授权或指派代表法人对外依法参与民事活动的人。法人代表常为自然人，当然，也有法人或其他组织的情形，比如总公司授权分公司代表总公司对外参与某些民事活动，常见的如签约等行为。

因此，法人代表与法人之间常常为代理法律关系。

二、“法人”“法定代表人”与“法人代表”间的关联

现实中，常有人难以区分“法人”“法定代表人”“法人代表”，以致于现实中常常混淆彼此，张冠李戴。

1. 基础与派生，法人是法定代表人和法人代表产生的前提和基础，法定代表人是法律对法人组织所作出的制度安排，是法人的法定机构，法人代表基于法人授权生成。

2. 相互间辩证统一，法定代表人系法人的法定代表机关，常与法人融为一体，日常需法定代表人代表法人参与民事活动，即法人经由法定代表人对外代表法人行使一定的权利和履行相应义务，法人代表亦是为弥补法定代表人分身乏术和个人知识、能力有限而为的形态。古话说，“一个好汉三个帮，一个篱笆三个桩”。这也是法人组织需通过招聘员工和委托他人代为其参与各类民事活动的必然。但也有例外，当工商登记的法定代表人与股东会决议新选出而未能工商变更的法定代表人之间有冲突时，则应以股东会决议选任的法定代表人为据，当然，对于工商登记的法定代表人未变更前，与善意第三人所履行的行为或所签署的协议等，仍因遵循商事外观主义原则而受保护。

3. 从外延角度，法人代表可牵强理解包含法定代表人，只不过法定代表人为法律所赋予，法人代表为法人授权或指派产生。

4. 责任承担方面，法定代表人和法人代表以法人名义从事的民事活动，其法律后果常常由法人承受。另，即便法人章程或者法人权力机构对法定代

表人代表权的限制，根据《民法典》第 504 条[①]规定，法人亦不得对抗善意相对人（如图 1 所示）。

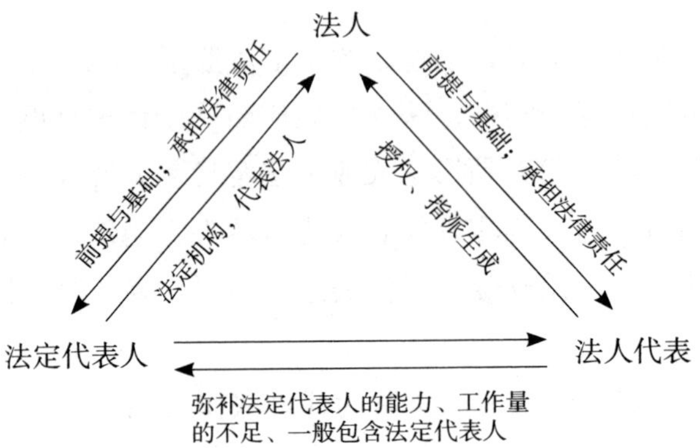

图 1

三、“法人”“法定代表人”“法人代表”间区别

（一）表现形式

“法人”是依法设立的组织或团体，而不是自然人，而“法定代表人”的担任只能是自然人，“法人代表”通常亦为自然人。

（二）产生条件

法人和法定代表人都是基于法律规定产生，其中，法定代表人还须在《章程》中规定，当然，对于法定代表人的选任通常尊重法人的意思自治安排，但所选的人员必须符合法律法规明确规定的具体要求，而法人代表只需法人根据实际需要授权，尊重法人的意思自治安排。

（三）责任承担

法人对外独立承担责任，当然，该独立责任以其名下的全部资产为限对外承担责任，阻断股东个人资产，只有在特别情形下才会“揭开法人面纱”；而“法定代表人”和“法人代表”对外代表法人从事民事活动所导致

①《民法典》第 504 条规定：法人的法定代表人或者非法人组织的负责人超越权限订立的合同，除相对人知道或者应当知道其超越权限外，该代表行为有效，订立的合同对法人或者非法人组织发生效力。

的法律后果，通常由法人承担，与法定代表人或法人代表个人无关。

（四）适用条件

法人的登记注册也需根据发起人的具体要求适用不同的法律规定，到相应主管部门登记；法定代表人的任职条件需符合法律的明确规定条件，除具备完全民事行为能力外，若有《企业法人法定代表人登记管理规定》第4条[①]规定之一情形的，不得担任法定代表人，但对于法人代表，因不是法律术语，且基于授权产生，故没有法律明确规定。

（五）变更程序

无论法人，还是法定代表人的变更，都需到登记主管部门履行变更手续，否则，对外不生效力；而法人代表属于法人内部管理，由法人自身说了算。对于法人代表而言，通常一事一授权，在授权委托范围内从事相应活动，事情一经处理完毕，该授权便终止，同时，法人也可以随时解除该委托，但法定代表人则不同，工商变更前对外的经营活动对于善意第三人而言，均由法人承担。

四、结论

对于招标文件中明确规定需由法定代表人签字的，作为投标人就必须实质响应，经由法定代表人签字，而不能由法人代表替代法定代表人，也不能盖法定代表人的私章代替，否则，面临否决其投标的后果，除非招标文件亦规定法定代表人或法人代表，或授权代表签字亦可。

---

① 参见《企业法人法定代表人登记管理规定》第4条，该条规定：有下列情形之一的，不得担任法定代表人，企业登记机关不予核准登记：（1）无民事行为能力或者限制民事行为能力的；（2）正在被执行刑罚或者正在被执行刑事强制措施的；（3）正在被公安机关或者国家安全机关通缉的；（4）因犯有贪污贿赂罪、侵犯财产罪或者破坏社会主义市场经济秩序罪，被判处刑罚，执行期满未逾5年的；因犯有其他罪，被判处刑罚，执行期满未逾3年的；或者因犯罪被判处剥夺政治权利，执行期满未逾5年的；（5）担任因经营不善破产清算的企业的法定代表人或者董事、经理，并对该企业的破产负有个人责任，自该企业破产清算完结之日起未逾3年的；（6）担任因违法被吊销营业执照的企业的法定代表人，并对该企业违法行为负有个人责任，自该企业被吊销营业执照之日起未逾3年的；（7）个人负债数额较大，到期未清偿的；（8）有法律和国务院规定不得担任法定代表人的其他情形的。

审视本文案例，法人代表或法定代表人以外的授权代表均无权签字，同时，如果仅有法人盖章，而没有法定代表人亲笔签字的，根据2017年新修订的《招标投标法实施条例》第51条[①]的规定，将面临被评标委员会否决其投标处理。

因此，无论作为招标人或招标代理机构，还是投标人，在编制招标文件或投标文件前，需明确“法人”“法定代表人”“法人代表”三者的关系，切不可混为一谈。[②]

---

①《招标投标法实施条例》第51条规定：有下列情形之一的，评标委员会应当否决其投标：（1）投标文件未经投标单位盖章和单位负责人签字；（2）投标联合体没有提交共同投标协议；（3）投标人不符合国家或者招标文件规定的资格条件；（4）同一投标人提交两个以上不同的投标文件或者投标报价，但招标文件要求提交备选投标的除外；（5）投标报价低于成本或者高于招标文件设定的最高投标限价；（6）投标文件没有对招标文件的实质性要求和条件作出响应；（7）投标人有串通投标、弄虚作假、行贿等违法行为。

② 现实中，不少人招标人或采购人编制文件是不得要领，时常将政策法规所禁止的事项，规定于招标文件或采购文件中，导致诸多尴尬情形，如此前的招标人或采购人要求开标时，法定代表人亲自到场等于法无据的过分要求——这样的规定从法律上而言，显然过于苛刻，与《公司法》《民法典》等规定相悖。笔者期望招标人或采购人，抑或招标代理机构尽可能过多掌握法律的基本常识，便于实务过程中依法合规推进招标投标活动或政府采购活动。

第二章 招标和采购的局与势

无论招标投标法体系，还是政府采购法体系，启动招投标活动或政府采购活动在于招标或政府采购的原始发动，若没有招标人或采购人的发起，就没有后续系列的招标投标活动或政府采购活动的开展。

招标投标活动或政府采购活动开展以招标或采购阶段为圆的起点，最终又需围绕招标或采购的目的，回到圆闭环的终点。因此，招标或采购阶段是具有决定性的关键阶段，是战略与战术融为一体的阶段。

既然此阶段为招标投标活动或政府采购活动的关键、核心，那么作为招标人或采购人，抑或招标代理机构，须博学、慎思而笃行。需注意以下重点：

第一，通晓招标投标法体系与政府采购法体系的区别与联系，避免混为一谈。

第二，通盘了解《民法典》《公司法》及相关司法解释等民商事法律规范，利于精准判断和理解招标投标活动或政府采购活动的合法合规性。

第三，全面、详尽、系统了解、挖掘将要开展的招标投标活动或政府采购活动的最大信息，以及项目或服务的相关信息，避免只见树木，不见森林，舍本逐末情形的出现。

第四，尽可能准确把握招标投标活动或政府采购活动在整个项目或服务中所处的环节及影响，切不可就事论事而忽略招标投标活动或政府采购活动的背景，以及其开展的意义与作用。

第五，作为招标代理机构，尽量将服务提前，获取更多信息以更好地为招标人或采购人提供服务，同时，代理服务结束后再延伸服务，让服务一前一后增值，更好地服务招标人或采购人。

第六，充分分析论证招标投标活动或政府采购活动有无必要，尤其需判断是否属于法律法规规定的“必须”。

第七，在招标投标活动或政府采购活动“必须”的前提下，得分析论证采取招标投标活动还是政府采购活动，适用招标投标法体系还是政府采购法体系。

第八，在前述充分分析论证后，着手编制招标文件或采购文件，从形式到内容全面、规范、无误，尤其避免出现文字错误、表达歧义、信息不全、信息错误等情况，如法律法规援引的“移花接木”，内容信息的“牛头不对马嘴”，信息与法律法规龃龉等明显错误。

第九，尤其避免“设置不合理条件限制或排斥潜在投标人，设置不合理条件实行差别待遇或者歧视待遇”，除两大法体系外，更需严格按有关政策精神编制招标文件或采购文件。如国务院办公厅于2018年10月29日发布《国务院办公厅关于聚焦企业关切进一步推动优化营商环境政策落实的通知》（国办发〔2018〕104号）后，财政部于2019年7月26日亦发布《关于促进政府采购公平竞争优化营商环境的通知》（财库〔2019〕38号）；国家发展和改革委员会于2019年8月20日亦发布《关于印发〈工程项目招投标领域营商环境专项整治工作方案〉的通知》，各省亦相继出台了相关实施意见。

第十，编制招标文件或采购文件不可标新立异，亦不能设置明显不合理的要求和条件，比如要求投标人必须提供彩色扫面件加盖公章，需法定代表人亲自到开标现场等。

第十一，建立健全招标文件或采购文件编制上的清单化步骤，科学有序的流程化管控制度，以保障万无一失。

第十二，作为招标代理机构在发布招标文件或采购文件前，得固定与招标人或采购人之间的服务记录，留下痕迹，授权发布等指示，避免事后空口无凭，百口难辩。

第一节　联合体招标或采购，行还是不行

[案例]

某建设工程项目，有A、B、C三家投资人分别中标了其中一标段，为有效推进该项目建设，各投资人都希望共同委托一家招标代理机构就设计、造价、施工等开展招标。

[问题]

1.A、B、C 三家投资人是否可以联合招标?

2. 业主是否可以责令 A、B、C 三家投资人共同委托一家招标代理机构进行招标?

3. 如何推动联合体招标?

熟知招标投标或政府采购的人都知道，联合体投标已广为人知，并不陌生，但对于“联合体招标”听起来却很新鲜，是否有人操作过也未可知。那是否意味着没听说或没操作过就不能越雷池半步或开先河呢？笔者愿做一番探讨，以期引起业界共鸣，理析其是否可以实施。

一、何为“联合体招标”

因法律法规没有明确规定“联合体招标”，为了更好地揭示“联合体招标”的实质，不妨借“联合体投标”之石，以攻“联合体招标”之玉。

根据《招标投标法》第 31 条[①]和《政府采购法》第 24 条[②]规定，联合体投标，是指两个以上法人或者其他组织可以组成一个联合体，以一个投标人或供应商的身份共同参与投标或政府采购。

（一）联合体的主要组成体现

1. 主体至少为两家以上法人或其他组织（政府采购法体系中自然人也有权组成联合体）；

---

①《招标投标法》第 31 条规定：两个以上法人或者其他组织可以组成一个联合体，以一个投标人的身份共同投标。

联合体各方均应当具备承担招标项目的相应能力；国家有关规定或者招标文件对投标人资格条件有规定的，联合体各方均应当具备规定的相应资格条件。由同一专业的单位组成的联合体，按照资质等级较低的单位确定资质等级。

联合体各方应当签订共同投标协议，明确约定各方拟承担的工作和责任，并将共同投标协议连同投标文件一并提交招标人。联合体中标的，联合体各方应当共同与招标人签订合同，就中标项目向招标人承担连带责任。

招标人不得强制投标人组成联合体共同投标，不得限制投标人之间的竞争。

②《政府采购法》第 24 条规定：两个以上的自然人、法人或者其他组织可以组成一个联合体，以一个供应商的身份共同参加政府采购。

以联合体形式进行政府采购的，参加联合体的供应商均应当具备本法第 22 条规定的条件，并应当向采购人提交联合协议，载明联合体各方承担的工作和义务。联合体各方应当共同与采购人签订采购合同，就采购合同约定的事项对采购承担连带责任。

2. 联合体是临时性联合，不当然具备法人资格或法规所承认的民事主体资格；

3. 联合体成员间联合取决于自愿，尊重意思自治，他人不得干涉；

4. 联合体投标全体成员均需满足投标资格条件，其中，由同一专业的单位组成的联合体，按照资质等级较低的单位确定资质等级（笔者按：相较而言，政府采购法体系规定更为科学细致，即政府采购法体系进一步按照联合体分工承担相同工作的，也就是说，即使为同一专业，但若分工不相同，也就不用拘泥于同一专业按资质等级较低的单位确定资质等级。关键看具体如何分工加以判断[①]）；

5. 联合体各方需事先签订“共同投标协议”，确定各方责任权利；

6. 联合体中标后，联合体全体成员与招标人签订协议，而不得以参与投标的主体单独签订协议等。

据上，笔者将联合体招标界定为：两家以上招标人或采购人组成一个联合体，以一个招标人或采购人的身份自行或委托招标代理机构参与招标。

（二）联合体招标或采购的特征界定

1. 各招标人或采购人均取得了招标人或采购人资格；

2. 各招标人或采购人所涉项目均满足了招标的条件，比如按法律法规招标或采购项目需要审批核准的，是否经相关主管部门审批、核准，项目资金是否到位等；

3. 各招标人或采购人签订了“联合体招标或采购协议”；

4. 各招标人或采购人联合招标或采购是自愿的。

二、联合体招标或采购有无法律依据

无论根据招标投标法体系，还是政府采购法体系，均没有对“联合体招标或采购”有所规定，只是部分省份联合发布了联合招标的文件，但并没有涉及本文案例所涉的具体情形。那么作为“联合体招标”究竟符不符合法律

---

①《政府采购法实施条例》第 22 条规定：联合体中有同类资质的供应商按照联合体分工承担相同工作的，应当按照资质等级较低的供应商确定资质等级。

以联合体形式参加政府采购活动的，联合体各方不得再单独参加或者与其他供应商另外组成联合体参加同一合同项下的政府采购活动。

法规规定的精神？

第一，根据《招标投标法》第12条[①]（笔者按：其实，《政府采购法》第19条也作了同样的规定，即“采购人可以委托经国务院有关部门或者省级人民政府有关部门认定资格的采购代理机构，在委托的范围内办理政府采购事宜。采购人有权自行选择采购代理机构，任何单位和个人不得以任何方式为采购人指定采购代理机构”）的规定，招标人具有自行招标或选择招标代理机构的权利，任何单位和个人不得以任何方式为招标人指定招标代理机构。

对此，卞耀武在《中华人民共和国招标投标法释义》书中阐释，“任何单位和个人包括招标人的上级主管部门、有关领导人都不得以任何方式，包括以规章规定、作出行政决定或领导人批条子、打电话等方式，为招标人指定招标代理机构代理招标”。[②]因此，招标人具有自由选择招标代理机构的权利。此处，所谓自由选择招标代理机构，是指有权自主决定是否选择（当然，除非自身具有招标的条件和能力），与谁签订招标代理协议，如何签订，采取何种招标代理方式等。既然法律赋予了招标人或采购人自主的权利，那么从尊重招标人或采购人的意思自治原则，“联合体招标或采购”自然是可选择的方式（当然，前提必须是具有可以联合招标或采购的操作性）。

第二，法谚，法不禁止即可为。目前，亦没有任何法律法规对联合体招标或采购作出禁止规定。招标投标或政府采购法体系中仅规定不得“化整为零”规避招标或采购，但未规定禁止联合招标或采购。独立项目独立招标或采购是指相关主管部门独立审批、核准的项目招标不受任何单位和个人的影响，且不能对独立项目进行“化整为零”的违规操作，所以联合招标或采购与其并不冲突。因此，招标人或采购人采取“联合体招标或采购”因不违反法规禁止性规定，自然是可行的。

第三，根据市场优化资源配置角度，同一项目不同标段的招标人为集约

---

①《招标投标法》第12条规定：招标人有权自行选择招标代理机构，委托其办理招标事宜。任何单位和个人不得以任何方式为招标人指定招标代理机构。

招标人具有编制招标文件和组织评标能力的，可以自行办理招标事宜。任何单位和个人不得强制其委托招标代理机构办理招标事宜。

依法必须进行招标的项目，招标人自行办理招标事宜的，应当向有关行政监督部门备案。

② 卞耀武：《中华人民共和国招标投标法释义》，法律出版社2000年版，第46~47页。

化、系统化管理，共同委托一家招标代理机构进行项目的招标工作，有利于经济、高效，系统有序，而不至于各自为阵，独立招标，形成多元标准或操作方面的几套机制问题。联合招标或采购的前提是联合体各方作为适格的招标人或采购人，且招标项目都是经过相关主管部门独立审批、核准，项目间具有经济且方便管理等相关性。联合招标没有规避招标，且招标人、招标项目在程序和实体上无瑕疵，联合招标的目的主要基于系统化、高效管理等层面的和管理成本等考虑，这也是帕累托最优原则的体现。

总之，民事商事领域以当事人意思自治为圭臬，即自由原则。“联合体招标或采购”自然与“意思自治”或自由原则相吻合的。

当然，并非“联合体招标或采购”就可以堂而皇之，大行其道。由于这样的招标或采购方式并不常用，在实务操作中，得论证充分，拿捏精准，谋定而后动。同时，作为较新鲜的做法难免在操作过程中会遇到障碍，如存在考虑不严谨，论证不周全、不科学的地方。

三、结论

综上，审视本案，“联合体招标”至少没有法律法规上禁止的障碍。但如果是业主要求 ABC 三家中标人必须采取“联合体招标”，此举自然有违各招标人自行选择“招标代理机构”的规定，违背了“意思自治”原则。当然，在这样的情况下，如果 ABC 三家中标人也自愿采取“联合体招标”则另当别论。

至于如何有效推进“联合体招标”，无非可采取：（1）其中三家中两家共同委托授权另一家选择招标代理机构；（2）三家共同委托招标代理机构。如果采取其中两家授权另一家对外委托招标代理机构的话，存在责任权利的承受和分担，以谁的名义对外签订，如何签订等技术问题。而采取三家共同委托招标代理机构，从法律关系，责任权利的明确约定等都相对较为清晰，也就免除了前一种方案所带来的系列法律问题。

综上，“联合体招标或采购”虽然没有法规明确规定，但因该方式并不违背法律法规的强制性或禁止性规定，同时，又具有明显的资源配置和集约、节约优势，因此，“联合体招标或采购”自然不失为有效的招标或采购方式。

【操作指引】

1. 联合体招标方案出具前，需论证合法合规性。

2. 方案的合规性论证确定后，得着力探讨方案的可操作性。

3. 招标投标或政府采购两部法体系，更多还体现了行政思维，在实施方案前，建议先与主管部门沟通，确定后实施。

【风险控制】

1. 对于法律法规没有明确规定的情形，需要审查是否属于法律行政法规效力性强制规定。

2. 若为法律行政法规规定的效力性强制规定，得严格遵守，不可逾越。

3. 当然，亦并非一味以“法无禁止即可为”作为“是”与“非”的判断，还得注意检索法律法规的穷尽性和法理掌握的彻底性。

【法律适用】

《招标投标法》第 12 条、第 31 条

《政府采购法》第 19 条、第 24 条

第二节　招标文件或采购文件中要求投标人或供应商“无诉讼”的资格要求合理吗

［案例］

不少招标文件或采购文件对投标人或供应商资格明确要求，投标人或供应商“无诉讼”的资格要求。

［问题］

招标文件或采购文件要求投标人或供应商“无诉讼”的资格要求合理吗？

招标投标或政府采购，从理论上，招标人或采购人为选择到匹配优质的合作伙伴，往往以招标投标或政府采购方式优选，但现实并非如人所愿。

招标人或采购人为选择最佳合作方的愿力越强，对选择伙伴的具体条件

自然也就更加周全且近乎苛刻，不少具体要求也就通过严苛形式规定在招标文件或采购文件中。

这样一来，招标人或采购人的理想愿望与现实对投标人或供应商的苛刻要求，犹如磁铁的同性相排，强烈的对立自然难以融合。对于这样的明显对立，法律法规并没有完全让位于招标人的意思自治，而是通过立法得以矫正，让这样的理想期望与现实的操作对立回归法律法规的公平原则轨道，通过具体法律法规条文有效防止并合理引导规范，从而矫正招标人或采购人的过高要求和对投标人或供应商不合理的资质条件设定等问题。

一、市场主体之间难免“磕碰”

连百年好合、患难与共的夫妻也难免发生“磕碰”，试想，在市场经济充分竞争的时代，市场经济主体之间哪有不发生“磕碰”的道理。

市场主体间的“磕碰”，虽不少情形可以通过私下协商等方式化解，但总有一些纠纷或矛盾难以通过协商等方式解决，最终选择司法途径裁断。

因此，市场主体之间发生诉讼已成为经济社会常态，早已不是“听讼，吾犹人也”的传统社会形态，已成为多元纠纷解决的主要方式之一。

二、诉讼：无法控制或避免

经济社会发生“磕碰”尤为正常，产生诉讼也为自然之理，可偏偏有人不怀好意，除权利滥用外，还存在无中生有等恶意诉讼情形。

有的竞争对手为了达到己方赢得中标机会，不择手段置竞争对手于不利境地，适时采取恶意诉讼等方式将竞争对手陷入不满足投标或响应资质条件的情形。

如果其竞争对手报以侥幸，在投标文件或响应文件中不如实陈述的话，一旦命中中标候选人，此时正中这些不怀好意的竞争对手下怀，那些不怀好意的竞争者便伺机以异议或质疑等方式对该中标候选人实施“报复”，通过这样的方式挑“招标人”或“采购人”的刺，从而让投标人或供应商丧失本次中标机会或让招标活动或采购活动难以顺利推进。

除此之外，对于投标人或供应商为债权人时，如果穷尽了非诉讼方式均难以兑现债权时，难道为了一个投标或采购项目，便不能启动诉讼程序维权吗？或诉讼已经先行，谁能料到后来的这些招标项目或采购项目有这样奇葩的要求呢？尤其诉讼时效即将逼近，作为债权人，不得不立刻采取诉讼手段维护己方权益时，难道也不能启动诉讼程序？

法谚，两害相权取其轻，两利相权取其重。作为债权人，当然选择诉讼方式维护己方权益。如果只是为了参加一投标或采购项目，就不能正当主张己方权益，岂不背离法理，误解法律法规了吗？

因此，诉讼与否，并不是权利人“克己”或“做好自己”就可以避免或控制的。诉讼，尤其是民事诉讼，作为法律赋予当事人的权益，自然有权适时主张。

三、诉讼与否，不能作为投标人或供应商资质限制条件

我国《招标投标法》第18条第2款、[①]《政府采购法》第22条第2款[②]等法律，《招标投标法实施条例》第32条、[③]《政府采购法实施条例》第20条[④]等行政法规及《政府采购货物和服务招标投标管理办法》（财政部令第

①《招标投标法》第18条第2款规定：招标人不得以不合理的条件限制或者排斥潜在投标人，不得对潜在投标人实行歧视待遇。

②《政府采购法》第22条第2款规定：采购人可以根据采购项目的特殊要求，规定供应商的特定条件，但不得以不合理的条件对供应商实行差别待遇或者歧视待遇。

③《招标投标法实施条例》第32条规定：招标人不得以不合理的条件限制、排斥潜在投标人或者投标人。招标人有下列行为之一的，属于以不合理条件限制、排斥潜在投标人或者投标人：（1）就同一招标项目向潜在投标人或者投标人提供有差别的项目信息；（2）设定的资格、技术、商务条件与招标项目的具体特点和实际需要不相适应或者与合同履行无关；（3）依法必须进行招标的项目以特定行政区域或者特定行业的业绩、奖项作为加分条件或者中标条件；（4）对潜在投标人或者投标人采取不同的资格审查或者评标标准；（5）限定或者指定特定的专利、商标、品牌、原产地或者供应商；（6）依法必须进行招标的项目非法限定潜在投标人或者投标人的所有制形式或者组织形式；（7）以其他不合理条件限制、排斥潜在投标人或者投标人。

④《政府采购法实施条例》第20条规定：采购人或者采购代理机构有下列情形之一的，属于以不合理的条件对供应商实行差别待遇或者歧视待遇：（1）就同一采购项目向供应商提供有差别的项目信息；（2）设定的资格、技术、商务条件与采购项目的具体特点和实际需要不相适应或者与合同履行无关；（3）采购需求中的技术、服务等要求指向特定供应商、特定产品；（4）以特定行政区域或者特定行业的业绩、奖项作为加分条件或者中标、成交条件；（5）对供应商采取不同的资格审查或者评审标准；（6）限定或者指定特定的专利、商标、品牌或者供应商；（7）非法限定供应商的所有制形式、组织形式或者所在地；（8）以其他不合理条件限制或者排斥潜在供应商。

87号）第17条[①]等规定均明确了不得“以不合理条件限制、排斥”潜在投标人或对供应商实行差别待遇或者歧视待遇。

基于上文分析，诉讼不过是权利主体主张权益的一种手段或救济途径，其中，也不排除被人恶意行使或潜谋于无形的可能。何况诉讼、诉讼过程、诉讼结果等名词所指示的概念和意义也是有别的。

虽然大多诉讼案件从客观上多少会暴露涉案主体在风控管理上的疏漏，有的甚至与涉案主体生死攸关。但作为招标人或采购人，如果以偏概全采取“一刀切”的方式将涉诉的潜在投标人或供应商一律排斥在外，自然与追求优秀合作伙伴初衷相违背。

古人云，不以一眚掩大德。潜在投标人或供应商涉诉，或许确有己方的“不是”，但若不考察涉诉的具体情形便一概拒之门外，难免过于主观，而罔顾实情。

笔者无法确知每个招标投标或政府采购项目中，招标人或采购人要求潜在投标人或供应商满足“无诉讼”条件的真实目的，但这样的限定安排明显与法律法规所要求的“不得以不合理条件限制、排斥”潜在投标人或不得对供应商实行差别待遇或者歧视待遇相冲突。如果确实有某方面的顾虑，不妨就“无诉讼”的要求进行细化、量化，便于评标委员会或评审委员会在评标或评审时更加客观、公允。

其实，有的招标文件或采购文件设定“无诉讼”的条件并非出于何种深意，而是一种盲目的套用，有邯郸学步之嫌。笔者认为，与其如此随波逐流，还不如弄清楚己方目的，在招标文件或采购文件中具体明确，增强评标的可操作性，同时也不至于陷入“以不合理条件限制、排斥”潜在投标人或对供应商实行差别待遇或者歧视待遇之嫌。如果招标人或采购人确实需要获取潜在投标人或供应商的更多信息，不妨要求潜在投标人或供应商履行披露是否涉诉和涉诉情况等义务——这也兼顾了诚实守信原则。

---

①《政府采购货物和服务招标投标管理办法》第17条规定：采购人、采购代理机构不得将投标人的注册资本、资产总额、营业收入、从业人员、利润、纳税额等规模条件作为资格要求或者评审因素，也不得通过将除进口货物以外的生产厂家授权、承诺、证明、背书等作为资格要求，对投标人实行差别待遇或者歧视待遇。

【操作指引】

1. 编制招标文件或采购文件时，需优先检索相关法律法规及政策，明确哪些是属于“以不合理条件限制、排斥”或“以不合理的条件对供应商实行差别待遇或者歧视待遇”潜在投标人、投标人或供应商的情形。

2. 编制招标文件或采购文件时，需推敲并由专业人士参与论证所设置的“条件”是否存有“以不合理条件限制、排斥”潜在投标人、投标人或“以不合理的条件对供应商实行差别待遇或者歧视待遇”供应商的情形嫌疑。

3. 增加招标文件或采购文件审核多级审查机制，避免涉嫌“以不合理条件限制、排斥”或“以不合理的条件对供应商实行差别待遇或者歧视待遇”潜在投标人、投标人或供应商的情形。

【风险防控】

1. 一旦涉及“以不合理条件限制、排斥”或“以不合理的条件对供应商实行差别待遇或者歧视待遇”潜在投标人、投标人或供应商情形的，将面临给予警告，可并处罚款，对直接负责的主管人员和其他直接责任人员，由其行政主管部门或者有关机关给予处分，并予通报等处罚——这更需要事前的论证和流程管控以防止此情形发生。

2. 一旦涉及“以不合理条件限制、排斥”或“以不合理的条件对供应商实行差别待遇或者歧视待遇”潜在投标人、投标人或供应商情形的，将面临潜在投标人或供应商提出质疑或异议，此时，需要做好应对策略，组建应急小组。

3. 若在招投标或政府采购过程中，遭致潜在投标人或供应商“以不合理条件限制、排斥”或“以不合理的条件对供应商实行差别待遇或者歧视待遇”提出异议或质疑时，招标人或采购人应高度重视、果断处理，修改招标文件或采购文件以亡羊补牢。

【法律适用】

《招标投标法》第 18 条第 2 款、第 51 条

《政府采购法》第 22 条第 2 款

《招标投标法实施条例》第 32 条

《政府采购法实施条例》第 20 条

《政府采购货物和服务招标投标管理办法》第 17 条

《国务院办公厅关于聚焦企业关切进一步推动优化营商环境政策落实的通知》

《财政部关于促进政府采购公平竞争优化营商环境的通知》

《国家发展改革委办公厅、工业和信息化部办公厅、住房城乡建设部办公厅等关于印发〈工程项目招投标领域营商环境专项整治工作方案〉的通知》

第三节　招标文件或采购文件，须避免“显而易见的限制、排斥潜在投标人或供应商”的规定

[案例]

某建设项目施工采取招标方式选定总承包人，招标人在《招标文件》评标办法（综合评估法）中规定了“企业业绩”评分标准，即“2012 年至今（以竣工时间为准）完成过建筑高度 320 米（含）以上房屋建筑工程业绩；2012 年至今（以竣工时间为准）完成过建筑高度 600 米（含）以上房屋建筑工程业绩；2012 年至今（以竣工时间为准）完成过建筑高度 800 米（含）以上房屋建筑工程业绩”分别不同程度加分；同时，在“企业信誉实力”评分标准中规定取得“中国建设工程鲁班奖”和“中国质量奖提名奖”加分。

对此，潜在投标人对“企业业绩”及“企业信誉实力”评分标准提出了异议。

[问题]

1.《招标文件》中“企业业绩”的规定是否与《招标投标法实施条例》第 32 条第 2 款第（2）项相冲突？

2.《招标文件》中“企业信誉实力”的规定是否与《招标投标法实施条例》第 32 条第 2 款第（3）项相冲突？

近年来，潜在投标人、投标人或供应商常以“不合理条件限制、排斥潜在投标人、投标人”或“以不合理的条件对供应商实行差别待遇或者歧视待

遇”为由对资格预审文件或招标文件、采购文件提出异议或质疑。

在此，姑且不论提出异议或质疑是否正当或合法，亦不论该条立法是否存有天然的缺陷，单就提出“异议”或“质疑”的事实此起彼伏，亦客观反映出现实中确实存在“以不合理条件限制、排斥潜在投标人或投标人”或“以不合理的条件对供应商实行差别待遇或者歧视待遇”的情形。

一、简要罗列部分法规的规定

无论是现行的《招标投标法》第18条第2款、[①]《政府采购法》第22条第2款，《招标投标法实施条例》第32条、[②]《政府采购法实施条例》第20条[③]等行政法规；还是《政府采购货物和服务招标投标管理办法》（财政部令

---

①《招标投标法》第18条第2款规定：招标人不得以不合理的条件限制或者排斥潜在投标人，不得对潜在投标人实行歧视待遇。

②《招标投标法实施条例》第32条规定：招标人不得以不合理的条件限制、排斥潜在投标人或者投标人。招标人有下列行为之一的，属于以不合理条件限制、排斥潜在投标人或者投标人：（1）就同一招标项目向潜在投标人或者投标人提供有差别的项目信息；（2）设定的资格、技术、商务条件与招标项目的具体特点和实际需要不相适应或者与合同履行无关；（3）依法必须进行招标的项目以特定行政区域或者特定行业的业绩、奖项作为加分条件或者中标条件；（4）对潜在投标人或者投标人采取不同的资格审查或者评标标准；（5）限定或者指定特定的专利、商标、品牌、原产地或者供应商；（6）依法必须进行招标的项目非法限定潜在投标人或者投标人的所有制形式或者组织形式；（7）以其他不合理条件限制、排斥潜在投标人或者投标人。

③《政府采购法实施条例》第20条规定：采购人或者采购代理机构有下列情形之一的，属于以不合理的条件对供应商实行差别待遇或者歧视待遇：（1）就同一采购项目向供应商提供有差别的项目信息；（2）设定的资格、技术、商务条件与采购项目的具体特点和实际需要不相适应或者与合同履行无关；（3）采购需求中的技术、服务等要求指向特定供应商、特定产品；（4）以特定行政区域或者特定行业的业绩、奖项作为加分条件或者中标、成交条件；（5）对供应商采取不同的资格审查或者评审标准；（6）限定或者指定特定的专利、商标、品牌或者供应商；（7）非法限定供应商的所有制形式、组织形式或者所在地；（8）以其他不合理条件限制或者排斥潜在供应商。

第 87 号）第 17 条[①]等部门规章；抑或《云南省招标投标条例》第 21 条、[②]《昆明市人民政府办公厅关于印发昆明市工程建设招标投标管理办法的通知》（昆政办〔2017〕36 号）第 21 条[③]等地方法规以及财政部于 2019 年 7 月 26 日发布的《关于促进政府采购公平竞争优化营商环境的通知》（财库〔2019〕38 号）、国家发展和改革委员会于 2019 年 8 月 20 日发布的《关于印发〈工程项目招投标领域营商环境专项整治工作方案〉的通知》（发改办法规〔2019〕862 号）均明确规定了“不得以不合理条件限制、排斥潜在投标人或投标人”或“以不合理的条件对供应商实行差别待遇或者歧视待遇”。

然而，就前述规定，有的是概括性描述，有的是概括性描述与列举相结合，但所涉及的规定有些笼统，操作性不强，缺乏相对明确的衡量标尺，自然对该条文的理解难有共识，在一定程度上也导致异议的出现。

①《政府采购货物和服务招标投标管理办法》第 17 条规定：采购人、采购代理机构不得将投标人的注册资本、资产总额、营业收入、从业人员、利润、纳税额等规模条件作为资格要求或者评审因素，也不得通过将除进口货物以外的生产厂家授权、承诺、证明、背书等作为资格要求，对投标人实行差别待遇或者歧视待遇。

②《云南省招标投标条例》第 21 条规定：招标人或者招标代理机构不得有下列行为：（1）以不合理的条件限制、排斥潜在投标人或者投标人的；（2）在开标前开启投标文件，并将投标文件内容告知其他投标人，或者开标后协助投标人撤换、更改投标文件的；（3）直接或者间接向投标人泄露标底、评标委员会成员名单等应当保密信息的；（4）与投标人商定投标时压低或者抬高标价，中标后再给投标人、招标人额外补偿的；（5）预先内定中标人的；（6）明示或者暗示投标人压低或者抬高投标报价，或者对投标文件的其他内容进行授意的；（7）组织、授意或者暗示其他投标人为特定投标人中标创造条件或者提供方便的；（8）授意或故意引导评标委员会对投标人进行区别对待的。

③《昆明市人民政府办公厅关于印发昆明市工程建设招标投标管理办法的通知》第 21 条规定：招标人不得以不合理的条件限制、排斥潜在投标人或投标人。招标人有下列行为之一的，属于以不合理条件限制、排斥潜在投标人或者投标人：（1）就同一招标项目向潜在投标人或者投标人提供有差别的项目信息；（2）设定的资格、技术、商务条件与招标项目的具体特点和实际需要不相适应或者与合同履行无关；（3）依法必须进行招标的项目以特定行政区域或者特定行业的业绩、奖项作为加分条件或者中标条件；（4）对潜在投标人或者投标人采取不同的资格审查或者评审标准；（5）限定或者指定特定的专利、商标、品牌、原产地或者供应商；（6）依法必须进行招标的项目非法限定潜在投标人或者投标人的所有制形式或者组织形式；（7）强制要求潜在投标人或者投标人的法定代表人、企业负责人、技术负责人等特定人员亲自购买资格预审文件、招标文件或者参与开标活动；（8）以其他不合理条件限制或者排斥潜在投标人或投标人。

二、检讨案例

本案中,《招标文件》在评分标准部分的“其他因素”评分一栏中规定了“企业业绩”和“企业信誉实力”得分的具体要求，即2012年至今（以竣工时间为准）完成过建筑高度320米（含）以上房屋建筑工程业绩；2012年至今（以竣工时间为准）完成过建筑高度600米（含）以上房屋建筑工程业绩；2012年至今（以竣工时间为准）完成过建筑高度800米（含）以上房屋建筑工程业绩；同时，在“企业信誉实力”评分标准中规定取得“中国建设工程鲁班奖”和“中国质量奖提名奖”加分。该“企业业绩”与“企业信誉实力”的规定是否属于“不合理条件限制、排斥潜在投标人、投标人”或“以不合理的条件对供应商实行差别待遇或者歧视待遇”的范畴呢。

（一）企业业绩的“量身定做”

根据《招标投标法实施条例》第32条第2款第（2）项“设定的资格、技术、商务条件与招标项目的具体特点和实际需要不相适应或者与合同履行无关”的规定,《招标文件》所设定的“资格、技术、商务条件”须与“招标项目的具体特点和实际需要”相适应，或者应与合同履行有关，否则，该“资格、技术、商务条件”的设定便存在“以不合理的条件限制、排斥潜在投标人或者投标人”的嫌疑。

本案中，招标项目的建筑高度为150米，但“评标办法”中的“企业业绩”却要求投标人曾实施过建筑高度达320米以上的项目施工才有得分的可能。《招标文件》所规定的评分条件与现实的项目具体要求相去甚远，有悖于《招标投标法实施条例》第32条的规定。

虽然招标人理直气壮说，规定更高要求是为了更好地满足项目需要，维护公共安全和公共利益，甚至振振有词要促使该项目最终获得相关领域最高奖项等冠冕堂皇的理由，但这些理由显然于法无据、苍白无力，亦不排除这个门槛是专为特定投标人设定的。

（二）企业信誉实力的“一劳永逸”

《招标投标法实施条例》第32条第2款第（3）项规定：“依法必须进行招标的项目以特定行政区域或者特定行业的业绩、奖项作为加分条件或者中标条件”，本案《招标文件》所设定的“中国建设工程鲁班奖”正为此情形。对此，《招标投标法实施条例》既然有明确的规定，作为《招标文件》便不得规定该评分标准。

对获得“中国质量奖证书”和“中国质量奖提名奖”的情形，因该规定不属于特定行政区域或特定行业的业绩、奖项，因此，笔者认为该规定并没有明显违反《招标投标法实施条例》第 32 条第 2 款第（3）项的规定。

三、结论

审视本案，《招标文件》就“企业业绩”中所规定的过往业绩因与招标项目具体要求差距过大，与招标项目的具体特点和项目实际需要不相适应，陷入“以不合理条件限制、排斥潜在投标人或投标人”的情形，《招标文件》评标办法（综合评估法）中规定的“企业业绩”评分标准和“企业信誉实力”评分标准，须修改完善并向建设行政等主管部门备案，重新组织招标。

在此，笔者建议招标人或采购人，抑或招标代理机构在编制“招标文件”或“采购文件”时，须避免与现行法规规定相冲突，否则，必然影响招标或采购项目的正常有序推进。

【操作指引】

1. 招标人或采购人在编制文件时，得将“不合理条件限制或者排斥潜在投标人或投标人”或“以不合理的条件对供应商实行差别待遇或者歧视待遇”的情形了然于胸。

2. 对于有意设置一些特别条件时，建议请法律专业人士和经验丰富的评标专家或评审专家论证，以辨是非。

3. 从业人员得随时更新、充实“不合理条件限制或者排斥潜在投标人或投标人”或“以不合理的条件对供应商实行差别待遇或者歧视待遇”的最新规定和相应情形。

【风险防控】

1. 一旦出现投标人或供应商异议或质疑时，招标人或采购人需积极对话，即刻专业研究，考量是与非。

2. 若确实涉及“不合理条件限制或者排斥潜在投标人或投标人”或“以

不合理的条件对供应商实行差别待遇或者歧视待遇”的情形，得按相关法律法规规定，采取补救措施，避免影响招标活动或采购活动正常推进。

【法律适用】

《招标投标法》第18条第2款、第51条

《政府采购法》第22条第2款

《招标投标法实施条例》第32条

《政府采购法实施条例》第20条

《政府采购货物和服务招标投标管理办法》第17条

《国务院办公厅关于聚焦企业关切进一步推动优化营商环境政策落实的通知》

《财政部关于促进政府采购公平竞争优化营商环境的通知》

《国家发展改革委办公厅、工业和信息化部办公厅、住房城乡建设部办公厅等关于印发〈工程项目招投标领域营商环境专项整治工作方案〉的通知》

第四节　采购人以自身建立黑名单制度为由拒绝潜在供应商报名的效力

[案例]

某采购人以自身建立黑名单诚信制度为由，禁止那些被纳入黑名单的供应商参与本公司采购项目的投标。

[问题]

采购人是否有权以自身建立的黑名单制度拒绝潜在供应商报名?

不少公司探索建立自身的征信系统，以此来规范和动态把握经营交易过程中相对方的诚实守信程度，以此避免劣币驱逐良币，或避免与不守诚信公司的再次交易，抑或起着对交易对象的正向激励，从而达到惩恶扬善，客观上督促交易对象合法、守规矩经营，减少交易中因不诚信所造成的摩擦。

建立该制度或系统的初衷无可厚非，但评定的依据或标准值得琢磨。从趋利避害的人性考察，难免陷入以己方利益为中心，动辄将交易对象的正常诉求视为百般刁难，纳入征信系统，这有悖建立征信系统的初衷。

一、采购人自身有无权利建立征信系统

根据《国务院关于建立完善守信联合激励和失信联合惩戒制度加快推进社会诚信建设的指导意见》(国发〔2016〕33号)、《国务院办公厅关于加强个人诚信体系建设的指导意见》(国办发〔2016〕98号)、《国家发展改革委、人民银行关于加强和规范守信联合激励和失信联合惩戒对象名单管理工作的指导意见》(发改财金规〔2017〕1798号)等规定，我国政府正积极建立一个国家级共用的统一标准的信用评价体系。以此打破此前各行业、各系统各自为政，信用信息互相不公开、不共用的壁垒，实现征信信息共享共用，全覆盖，不留死角、不留盲区，各地方、各部委的信用信息全面全部链接汇集到全国征信网络，达到互联互通；进一步加强信用管理，加快信用记录全联网建设，建立组织和用户信用基础数据库，及时上传、及时更新、公示公信，适时更新全国信用信息共享平台，让征信切实起到激励和制约的作用，让全员监督，让失信人员和失信组织无处可藏、无处可逃，对全社会的有序交易、规范行为起着积极推动、促进作用。

国家之所以全面建设征信系统，其目的在于弘扬诚信传统美德，增强社会成员诚信意识，加强个人诚信体系建设，褒扬诚信，惩戒失信，提高全社会信用水平，营造优良信用环境；同时，客观上亦解决了现实中各行各业为建立征信系统，所存在的各自为政、标准模糊或多元、公信力不足等问题。

目前，虽然法律法规没有禁止市场主体自行建立征信系统，但由于其采取衡量征信标准的模糊、个性化突出、主观性过强、公信力不够等问题，自然不可能与国家政府部门统一建立的征信系统等量齐观，在现实适用中，难以得到第三方机构或司法部门认可。

二、供应商参加政府采购活动所需条件

根据《政府采购法》第22条规定，供应商参加政府采购活动需具备，独立承担民事责任的能力；良好的商业信誉和健全的财务会计制度；履行合同所必需的设备和专业技术能力；有依法缴纳税收和社会保障资金的良好记录；参加政府采购活动前3年内，在经营活动中没有重大违法记录；法律、行政法规规定的其他条件等要求。虽然该条的第2款规定了“采购人可以根据采购项目的特殊要求，规定供应商的特定条件”，但该款同时也规定了

“不得以不合理的条件对供应商实行差别待遇或者歧视待遇”。

另根据《政府采购法实施条例》第 17 条规定，供应商所提供的材料为：法人或者其他组织的营业执照等证明文件，自然人的身份证明；财务状况报告，依法缴纳税收和社会保障资金的相关材料；履行合同所必需的设备和专业技术能力的证明材料；参加政府采购活动前 3 年内在经营活动中没有重大违法记录的书面声明；具备法律、行政法规规定的其他条件的证明材料。对于采购项目有特殊要求的，还应当提供其符合特殊要求的证明材料或者情况说明。

通过以上规定可知，供应商一旦满足法定条件即有权参与政府采购项目，即便采购人可依采购项目的特殊要求设定特定条件，但不得以不合理的条件对供应商实行差别待遇或者歧视待遇。笔者认为，这里的“特殊要求”并不能泛化理解，更多是与采购项目的技术性要求或条件有关，目的是有助于采购项目的有效实施或推进，而不能做天马行空的扩大解释，否则，将有“以不合理的条件对供应商实行差别待遇或者歧视待遇”之嫌。

一旦涉嫌“以不合理的条件对供应商实行差别待遇或者歧视待遇”，根据《政府采购法》第 71 条①规定，采购人、采购代理机构将面临被责令限期改正，给予警告，甚至并处罚款，对直接负责的主管人员和其他直接责任人员，由其行政主管部门或者有关机关给予处分，并予通报等处罚后果。

三、不得人为限制或阻挠供应商参加政府采购活动

根据《政府采购法》第 5 条规定，任何单位和个人不得采用任何方式，阻挠和限制供应商自由进入本地区和本行业的政府采购市场。否则，根据《政府采购法》第 83 条②的规定，涉及阻挠和限制供应商进入本地区或者本

①《政府采购法》第 71 条规定：采购人、采购代理机构有下列情形之一的，责令限期改正，给予警告，可以并处罚款，对直接负责的主管人员和其他直接责任人员，由其行政主管部门或者有关机关给予处分，并予通报：（1）应当采用公开招标方式而擅自采用其他方式采购的；（2）擅自提高采购标准的；（3）委托不具备政府采购业务代理资格的机构办理采购事务的；（4）以不合理的条件对供应商实行差别待遇或者歧视待遇的；（5）在招标采购过程中与投标人进行协商谈判的；（6）中标、成交通知书发出后不与中标、成交供应商签订采购合同的；（7）拒绝有关部门依法实施监督检查的。

②《政府采购法》第 83 条规定：任何单位或者个人阻挠和限制供应商进入本地区或者本行业政府采购市场的，责令限期改正；拒不改正的，由该单位、个人的上级行政主管部门或者有关机关给予单位责任人或者个人处分。

行业政府采购市场的单位或者个人将面临被责令限期改正的处罚，拒不改正的，由该单位、个人的上级行政主管部门或者有关机关给予单位责任人或者个人处分。

当然，上述规定并不影响采购人对供应商的资格审查。根据《政府采购法》第23条[①]和《政府采购法实施条例》第21条[②]规定，采购人有权对供应商进行资格预审或资格审查，但不得有违法律法规规定，设置人为的障碍或条件。

四、采购人不得通过自身建立的黑名单制度拒绝潜在供应商报名

上文已述，凡是满足《政府采购法》第22条和《政府采购法实施条例》第17条的规定，潜在供应商都有权参加政府采购项目，任何人不得阻挠或限制，亦不能人为设置条件加以排除。

另根据《政府采购法》第77条[③]和《政府采购法实施条例》第63条、

---

①《政府采购法》第23条规定：采购人可以要求参加政府采购的供应商提供有关资质证明文件和业绩情况，并根据本法规定的供应商条件和采购项目对供应商的特定要求，对供应商的资格进行审查。

②《政府采购法实施条例》第21条规定：采购人或者采购代理机构对供应商进行资格预审的，资格预审公告应当在省级以上人民政府财政部门指定的媒体上发布。已进行资格预审的，评审阶段可以不再对供应商资格进行审查。资格预审合格的供应商在评审阶段资格发生变化的，应当通知采购人和采购代理机构。

资格预审公告应当包括采购人和采购项目名称、采购需求、对供应商的资格要求以及供应商提交资格预审申请文件的时间和地点。提交资格预审申请文件的时间自公告发布之日起不得少于5个工作日。

③《政府采购法》第77条规定：供应商有下列情形之一的，处以采购金额5‰以上10‰以下的罚款，列入不良行为记录名单，在1~3年内禁止参加政府采购活动，有违法所得的，并处没收违法所得，情节严重的，由工商行政管理机关吊销营业执照；构成犯罪的，依法追究刑事责任：（1）提供虚假材料谋取中标、成交的；（2）采取不正当手段诋毁、排挤其他供应商的；（3）与采购人、其他供应商或者采购代理机构恶意串通的；（4）向采购人、采购代理机构行贿或者提供其他不正当利益的；（5）在招标采购过程中与采购人进行协商谈判的；（6）拒绝有关部门监督检查或者提供虚假情况的。

供应商有前款第（1）至（5）项情形之一的，中标、成交无效。

第72条、第73条[①]的规定，明确了各级人民政府财政部门和其他有关部门应当加强对参加政府采购活动的供应商、采购代理机构、评审专家的监督管理，对其不良行为予以记录或并有权在1~3年内禁止参加政府采购活动，并纳入统一的信用信息平台，除此之外，《国务院办公厅关于进一步加强政府采购管理工作的意见》《政府采购信息公告管理办法》《政府采购质疑和投诉办法》第37条[②]及《自主创新产品政府采购评审办法》等均不同程度规定哪些情形可列入不良行为记录，并做好公告制度等。

因此，判定潜在供应商是否具备参加政府采购活动标准或条件应以相关法律法规为据，而不能以某些行业或采购人私下建立的系统作为判断依据或标准。

本案中，采购人虽然有权建立征信系统，这只能供己方对外经营交易的参考，而不能对外产生如国家政府统一所建征信系统同样的公信效力。如果视采购人己方所建征信与国家政府同等效力的话，那就等于变相赋予了采购人可随心所欲设置“不合理的条件对供应商实行差别待遇或者歧视待遇”的权利，从而让政府采购活动流于形式，违背立法宗旨。

采购人己方建立征信系统，由于缺乏合理合法的程序和权威的评判标

---

①《政府采购法实施条例》第63条规定：各级人民政府财政部门和其他有关部门应当加强对参加政府采购活动的供应商、采购代理机构、评审专家的监督管理，对其不良行为予以记录，并纳入统一的信用信息平台。

《政府采购法实施条例》第72条规定：供应商有下列情形之一的，依照政府采购法第77条第1款的规定追究法律责任：（1）向评标委员会、竞争性谈判小组或者询价小组成员行贿或者提供其他不正当利益；（2）中标或者成交后无正当理由拒不与采购人签订政府采购合同；（3）未按照采购文件确定的事项签订政府采购合同；（4）将政府采购合同转包；（5）提供假冒伪劣产品；（6）擅自变更、中止或者终止政府采购合同。

供应商有前款第（1）项规定情形的，中标、成交无效。评审阶段资格发生变化，供应商未依照本条例第21条的规定通知采购人和采购代理机构的，处以采购金额5‰的罚款，列入不良行为记录名单，中标、成交无效。

《政府采购法实施条例》第73条规定：供应商捏造事实、提供虚假材料或者以非法手段取得证明材料进行投诉的，由财政部门列入不良行为记录名单，禁止其1~3年内参加政府采购活动。

②《政府采购质疑和投诉办法》第37条规定：投诉人在全国范围12个月内三次以上投诉查无实据的，由财政部门列入不良行为记录名单。

投诉人有下列行为之一的，属于虚假、恶意投诉，由财政部门列入不良行为记录名单，禁止其1~3年内参加政府采购活动：（1）捏造事实；（2）提供虚假材料；（3）以非法手段取得证明材料。证据来源的合法性存在明显疑问，投诉人无法证明其取得方式合法的，视为以非法手段取得证明材料。

准，自然不能作为判定供应商不良行为记录或国家政府层面征信黑名单的标准。采购人擅自以己方所建的征信系统为由拒绝潜在供应商报名显然违背“不得以不合理条件限制或排斥潜在供应商”的规定，将面临限期改正，给予警告，并处罚款，对直接负责的主管人员和其他直接责任人员，由其行政主管部门或者有关机关给予处分，并予通报等处罚。

【操作指引】

1. 采购文件和招标文件编制时，得遵照我国现有法律法规规定和政策要求，避免标新立异，盲目意思自治。

2. 对于资质或评分条件设置时，需结合现有法律法规、政策进行充分论证，既不要扩大解释，又无须缩小解读。

3. 形成规范化、标准化流程管控，以防止具体经办人员的主观随意性。

【风险防控】

1. 政府采购法或招标投标法体系并非纯粹的归属于民商法体系，而具有较明显的行政法或社会法的性质，因此，不能以“法不禁止即可为”或意思自治作为己方自由行为的“防火墙”。

2. 若涉及他人异议或质疑，乃至投诉时，应以项目推进为重，妥当应对，化解纠纷或矛盾为上。

【法律适用】

《政府采购法》第 22 条、第 77 条

《政府采购法实施条例》第 17 条、第 63 条、第 72 条、第 73 条

《政府采购质疑和投诉办法》第 37 条

《国务院关于建立完善守信联合激励和失信联合惩戒制度加快推进社会诚信建设的指导意见》

《国务院办公厅关于加强个人诚信体系建设的指导意见》

《关于加强和规范守信联合激励和失信联合惩戒对象名单管理工作的指导意见》

《国务院办公厅关于进一步加强政府采购管理工作的意见》

《政府采购信息公告管理办法》

《自主创新产品政府采购评审办法》

第五节　招标人可以委托招标代理机构定标吗

[案例]

某招标项目，招标人委托招标代理机构定标。

[问题]

招标人可以委托招标代理机构定标吗？

招标人可否委托招标代理机构定标，这一看似不经意的问题，待我们仔细推敲后，俨然成了一个严肃的问题。

一、委托代理关系联结了招标人和招标代理机构

根据《招标投标法》第12条[①]规定，除招标人具有编制招标文件和组织评标能力外，招标人有权自行选择招标代理机构，委托其办理招标事宜。对此，任何单位和个人不得以任何方式干预或为其指定。

对于被委托的招标代理机构，除符合《招标投标法》第13条规定的各项具体条件外，在具体实施代理过程中，必须严格遵照《招标投标法》第15条规定，即招标代理机构应当在招标人委托的范围内办理招标事宜，并遵守《招标投标法》关于招标人的规定。

因此，招标人委托招标代理机构已为行业普遍做法。只是《招标投标法》没有就哪些权利可以委托，哪些权利不可以委托加以明确细化，而是以招标人有权委托招标代理机构的方式笼统规定。

---

①《招标投标法》第12条规定：招标人有权自行选择招标代理机构，委托其办理招标事宜。任何单位和个人不得以任何方式为招标人指定招标代理机构。招标人具有编制招标文件和组织评标能力的，可以自行办理招标事宜。任何单位和个人不得强制其委托招标代理机构办理招标事宜。依法必须进行招标的项目，招标人自行办理招标事宜的，应当向有关行政监督部门备案。

二、法律没有规定明确，应如何处理

根据《招标投标法》第 40 条[①]规定，定标的主体仅为“招标人”，只不过招标人可以采取两种方式定标：一是招标人根据评标委员会提出的书面评标报告和推荐的中标候选人自行确定中标人；二是招标人也可以授权评标委员会直接确定中标人。该条并没有规定招标人可以授权招标代理机构根据评标委员会提出的书面评标报告和推荐的中标候选人径行确定中标人。

有人认为，根据《招标投标法》第 40 条规定可知，法律只规定了要么招标人自行定标，要么委托评标委员会径直定标，并没有规定其他形式或可以委托除此外的他人或定标情形。因此，招标人是不能委托招标代理机构定标的。

也有人认为，《招标投标法》第 40 条如此规定，自有其道理。之所以可以委托评标委员会定标，是因为评标委员会是独立身份，进行评标，并非基于招标人或招标代理机构的委托，而是基于法规规定。

正是由于评标委员会如此中立的角色，同时，又对评标结果承担独立责任，所以，招标人授权评标委员会定标有其合理性和公平性。如果招标人委托招标代理机构定标，由于招标代理机构直接接触投标人，在此过程中，难免存在“利益输送”或其他利害关系，从而影响“公平、公正”及“诚实守信”的法律原则和精神。

因而，亦不赞同招标人委托招标代理机构定标。

前文已述，招标人既然有权自主委托招标代理机构在其授权范围内办理招标事宜，而不受第三人干涉，就自然有权界定明确授权范围。换句话说，由于招标人具有定标的权利，那么是否授权招标代理机构确定中标人则取决于其斟酌考量。

---

①《招标投标法》第 40 条规定：评标委员会应当按照招标文件确定的评标标准和方法，对投标文件进行评审和比较；设有标底的，应当参考标底。评标委员会完成评标后，应当向招标人提出书面评标报告，并推荐合格的中标候选人。招标人根据评标委员会提出的书面评标报告和推荐的中标候选人确定中标人。招标人也可以授权评标委员会直接确定中标人。国务院对特定招标项目的评标有特别规定的，从其规定。

三、真理犹如明月，不论你见与不见，都在那儿

根据《民法典》第162条[①]的规定，招标人一旦委托了招标代理机构代为实施民事法律行为，那么招标代理机构在代理权限内，以招标人名义实施的民事法律行为，对招标人发生效力。故，招标代理机构行使定标权利的结果自然对招标人发生效力。

另根据《民法典》第161条规定，[②]除法律规定、当事人约定或者民事法律行为的性质，应当由本人亲自实施的民事法律行为外，民事主体可以通过代理人实施民事行为。因此，既然《招标投标法》明确规定了招标人有权自主选择招标代理机构办理招标事宜，显然并非“不得代理”的除外情形。同时，《招标投标法》和《招标投标法实施条例》并没有就“定标的权利”不得授权他人的除外规定。

笔者认为，招标人的定标权利自然可以授权招标代理机构行使。

【操作指引】

1. 招标人需明确具体授权范围，尤其是否授权招标代理机构代为履行定标权利，否则，容易产生纠纷。

2. 招标代理机构审查授权范围，如果没有授权其履行招标人的定标权利，不得擅自行使，否则，将承担相应法律后果。

3. 招标代理机构须严格遵照《招标投标法》的既定要求和程序进行，否则会遭致投标人提出异议等情形。

【风险防控】

1. 招标人明确授权范围或内容，若没有授权定标的权利，招标代理机构不得擅自行使定标权利。

2. 若招标人没有具体明确授权范围或内容，招标代理机构亦不得擅自行

---

①《民法典》第162条规定：代理人在代理权限内，以被代理人名义实施的民事法律行为，对被代理人发生效力。

②《民法典》第161条规定：民事主体可以通过代理人实施民事法律行为。依照法律规定、当事人约定或者民事法律行为的性质，应当由本人亲自实施的民事法律行为，不得代理。

使定标权利和有违招标事项或有损招标人的行为。

3. 招标人或招标代理机构不得与投标人串通，损害国家、集体、第三人利益。

4. 招标人或招标代理机构主动适用回避制度（虽然回避制度体现在政府采购活动中，但为了公平起见，建议招标过程中也主动适用）。

5. 招标人或招标代理机构严格遵照《招标投标法》的既定要求和程序进行。

【法律适用】

《民法典》第 161 条、第 162 条

《招标投标法》第 12 条、第 15 条、第 40 条

第六节　招标文件或采购文件发出后，澄清或修改不可“任性”

[案例]

某项目因投标人或供应商主体资格条件设定过于模糊，在招标文件或采购文件公告期间，招标人或采购人打算对此进行调整，以表达精准，但距竞争性谈判文件递交只有两日。

[问题]

1. 招标人或采购人认为，对该投标人或供应商主体资格条件调整属于补遗，因此，不用遵照法规规定须为潜在投标人或供应商编制相关材料留足相应时间，是否可行?

2. 招标人或采购人对招标文件或采购文件作出调整距提交首次投标文件或响应文件截止时间至少多少日?

3. 如果不遵循法定时间要求，后果如何?

根据《民法典》第 473 条[①]规定，无论招标投标事项中的《招标文件》，

① 《民法典》第 473 条规定：要约邀请是希望他人向自己发出要约的表示。拍卖公告、招标公告、招股说明书、债券募集办法、基金招募说明书、商业广告和宣传、寄送的价目表等为要约邀请。商业广告和宣传的内容符合要约条件的，构成要约。

还是政府采购事务中的《采购文件》，一经发出，均为要约邀请。虽然《民法典》合同编没有进一步对要约邀请作出明确规定，但《招标投标法》《招标投标法实施条例》《政府采购法》《政府采购法实施条例》等法规均规定，在招标人或采购人发出至投标人或供应商提交投标文件（或资格预审文件）或采购文件（或资格预审文件）截止期间，若涉及澄清或修改的，均应在投标人或供应商提交投标文件（或资格预审文件）或采购文件（或资格预审文件）截止时间前一段时间，否则，将遭致监督部门的罚款处罚，相关责任人受到行政处分，潜在投标人提出异议，或质疑，或投诉等法律后果。

一、梳理现行主要法规规定

（一）招标投标

1. 法律法规规定

《招标投标法》第 23 条[①]仅笼统规定：招标人对已发出的招标文件进行必要的澄清或者修改的，应当在招标文件要求提交投标文件截止时间至少 15 日前，以书面形式通知所有招标文件收受人。

而《招标投标法实施条例》第 21 条[②]进一步明确，招标人有权对已发出的资格预审文件或者招标文件进行必要的澄清或者修改。同时，细化了仅因“澄清或者修改的内容‘可能’影响资格预审申请文件或者投标文件编制的，招标人应当在提交资格预审申请文件截止时间至少 3 日前，或者投标截止时间至少 15 日前，以书面形式通知所有获取资格预审文件或者招标文件的潜在投标人”；立法也考虑到“不足 3 日或者 15 日的”的情形处理办法，即“招标人应当顺延提交资格预审申请文件或者投标文件的截止时间”。

《招标投标法实施条例》的进一步细化有利于操作中有章可循，具有更强的可操作性。

---

①《招标投标法》第 23 条规定：招标人对已发出的招标文件进行必要的澄清或者修改的，应当在招标文件要求提交投标文件截止时间至少 15 日前，以书面形式通知所有招标文件收受人。该澄清或者修改的内容为招标文件的组成部分。

②《招标投标法实施条例》第 21 条规定：招标人可以对已发出的资格预审文件或者招标文件进行必要的澄清或者修改。澄清或者修改的内容可能影响资格预审申请文件或者投标文件编制的，招标人应当在提交资格预审申请文件截止时间至少 3 日前，或者投标截止时间至少 15 日前，以书面形式通知所有获取资格预审文件或者招标文件的潜在投标人；不足 3 日或者 15 日的，招标人应当顺延提交资格预审申请文件或者投标文件的截止时间。

2. 如果招标人不按照前述法规规定行为的后果

根据《招标投标法实施条例》第 64 条[①]规定，对于招标人就招标文件、资格预审文件的发售、澄清、修改的时限，或者确定的提交资格预审申请文件、投标文件的时限不符合招标投标法和本条例规定的，其后果是由有关行政监督部门责令改正，可以处 10 万元以下的罚款。

（二）政府采购法规

根据《政府采购法实施条例》第 31 条[②]规定，对于采取招标方式政府采购的，采购人或者采购代理机构有权对已发出的招标文件进行必要的澄清或者修改。同时，细化了仅因"澄清或者修改的内容'可能'影响投标文件编制的，招标人应当在提交投标截止时间至少 15 日前，以书面形式通知所有获取招标文件的潜在投标人"，对于"提交投标截止时间少于 15 日的"，"采购人或者采购代理机构应当顺延提交投标文件的截止时间"。该规定与《招标投标法实施条例》第 21 条规定保持了一致。

---

①《招标投标法实施条例》第 64 条规定：招标人有下列情形之一的，由有关行政监督部门责令改正，可以处 10 万元以下的罚款：（1）依法应当公开招标而采用邀请招标；（2）招标文件、资格预审文件的发售、澄清、修改的时限，或者确定的提交资格预审申请文件、投标文件的时限不符合招标投标法和本条例规定；（3）接受未通过资格预审的单位或者个人参加投标；（4）接受应当拒收的投标文件。

招标人有前款第（1）项、第（3）项、第（4）项所列行为之一的，对单位直接负责的主管人员和其他直接责任人员依法给予处分。

②《政府采购法实施条例》第 31 条规定：招标文件的提供期限自招标文件开始发出之日起不得少于 5 个工作日。采购人或者采购代理机构可以对已发出的招标文件进行必要的澄清或者修改。澄清或者修改的内容可能影响投标文件编制的，采购人或者采购代理机构应当在投标截止时间至少 15 日前，以书面形式通知所有获取招标文件的潜在投标人；不足 15 日的，采购人或者采购代理机构应当顺延提交投标文件的截止时间。

根据《政府采购货物和服务招标投标管理办法》第27条[①]的规定，采购人或者采购代理机构：（1）有权对已发出的招标文件、资格预审文件、投标邀请书进行必要的澄清或者修改；（2）但不得改变采购标的和资格条件；（3）澄清或者修改应当在原公告发布媒体上发布澄清公告；（4）澄清或者修改的内容“可能”影响资格预审申请文件或投标文件编制的，采购人或者采购代理机构应当在投标截止时间至少3日或15日前，以书面形式通知所有获取招标文件的潜在投标人；不足3日或15日的，采购人或者采购代理机构应当顺延提交投标文件的截止时间。该条基本与《招标投标法实施条例》第21条保持了一致。

根据财政部颁布的《政府采购非招标采购方式管理办法》第29条[②]规定，采购人、采购代理机构或者谈判小组：（1）有权对已发出的谈判文件进行必要的澄清或者修改，澄清或者修改的内容作为谈判文件的组成部分；（2）澄清或者修改的内容“可能”影响响应文件编制的，采购人、采购代理机构或者谈判小组应当在提交首次响应文件截止之日3个工作日前，以书面形式通知所有接收谈判文件的供应商，不足3个工作日的，应当顺延提交首

①《政府采购货物和服务招标投标管理办法》第27条规定：采购人或者采购代理机构可以对已发出的招标文件、资格预审文件、投标邀请书进行必要的澄清或者修改，但不得改变采购标的和资格条件。澄清或者修改应当在原公告发布媒体上发布澄清公告。澄清或者修改的内容为招标文件、资格预审文件、投标邀请书的组成部分。

澄清或者修改的内容可能影响投标文件编制的，采购人或者采购代理机构应当在投标截止时间至少15日前，以书面形式通知所有获取招标文件的潜在投标人；不足15日的，采购人或者采购代理机构应当顺延提交投标文件的截止时间。

澄清或者修改的内容可能影响资格预审申请文件编制的，采购人或者采购代理机构应当在提交资格预审申请文件截止时间至少3日前，以书面形式通知所有获取资格预审文件的潜在投标人；不足3日的，采购人或者采购代理机构应当顺延提交资格预审申请文件的截止时间。

②《政府采购非招标采购方式管理办法》第29条规定：从谈判文件发出之日起至供应商提交首次响应文件截止之日止不得少于3个工作日。

提交首次响应文件截止之日前，采购人、采购代理机构或者谈判小组可以对已发出的谈判文件进行必要的澄清或者修改，澄清或者修改的内容作为谈判文件的组成部分。澄清或者修改的内容可能影响响应文件编制的，采购人、采购代理机构或者谈判小组应当在提交首次响应文件截止之日3个工作日前，以书面形式通知所有接收谈判文件的供应商，不足3个工作日的，应当顺延提交首次响应文件截止之日。

次响应文件截止之日。同时，第 45 条[①]亦对询价采购采取了类似规定，即采购人、采购代理机构或者询价小组，（1）有权对已发出的询价通知书进行必要的澄清或者修改；（2）澄清或者修改的内容“可能”影响响应文件编制的，采购人、采购代理机构或者询价小组应当在提交响应文件截止之日 3 个工作日前，以书面形式通知所有接收询价通知书的供应商，不足 3 个工作日的，应当顺延提交响应文件截止之日。

根据财政部颁布的《政府采购竞争性磋商采购方式管理暂行办法》（财库〔2014〕214 号）第 10 条第 3 款规定，采购人、采购代理机构：（1）有权对已发出的磋商文件进行必要的澄清或者修改；（2）澄清或者修改的内容“可能”影响响应文件编制的，应当在提交首次响应文件截止时间至少 5 日前，以书面形式通知所有获取磋商文件的供应商；不足 5 日的，采购人、采购代理机构应当顺延提交首次响应文件截止时间。

综上，各法规在制度设计理念和具体操作上基本保持了一致，只是因所采取的方式不同，而略有差异。

二、解读相关法规规定

上文所列举的《招标投标法》《招标投标法实施条例》《政府采购法实施条例》《政府采购货物和服务招标投标管理办法》《政府采购非招标采购方式管理办法》《政府采购竞争性磋商采购方式管理暂行办法》等不同程度地明确了对相应招标文件、采购文件，或资格预审文件，投标邀请书，谈判文件，询价通知书，磋商文件可以澄清或者修改的情形与具体条件。

只不过，不同的法规所规定的些许条件有差异，针对不同文件澄清或修改的，距离提交投标文件，采购文件，或资格预审文件，谈判文件，询价通知书，磋商文件等截止时间不尽相同。

为了让读者更直观、更清晰明了地理解前述规定及一览无余相互间差

① 《政府采购非招标采购方式管理办法》第 45 条规定：从询价通知书发出之日起至供应商提交响应文件截止之日止不得少于 3 个工作日。

提交响应文件截止之日前，采购人、采购代理机构或者询价小组可以对已发出的询价通知书进行必要的澄清或者修改，澄清或者修改的内容作为询价通知书的组成部分。澄清或者修改的内容可能影响响应文件编制的，采购人、采购代理机构或者询价小组应当在提交响应文件截止之日 3 个工作日前，以书面形式通知所有接收询价通知书的供应商，不足 3 个工作日的，应当顺延提交响应文件截止之日。

异，笔者制作相应表格以供参照。

表 1

法规依据	澄清与修改法规依据		文件名称	澄清与修改时间规定		未按法规要求澄清与修改的法律后果
	可修改的依据	不可修改内容		最迟时间	距递交相应文件的截止时间至少	
《招标投标法》	第23条	未规定	招标文件	未规定	15日	未规定
《政府采购法实施条例》	第21条	未规定	资格预审文件、招标文件	未规定	3日/15日	第64条规定：由有关行政监督部门责令改正，可以处10万元以下的罚款
《政府采购法实施条例》	第31条	未规定	招标文件	未规定	15日	未规定
《政府采购货物和服务招标投标管理办法》	第27条	不得改变采购标的和资格条件	招标文件、资格预审文件、投标邀请书	未规定	3日/15日	未规定
《政府采购非招标采购方式管理办法》	第29条	未规定	谈判文件	提交首次响应文件截止之日前	3个工作日	未规定
《政府采购非招标采购方式管理办法》	第45条	未规定	询价通知书	提交响应文件截止之日前	3个工作日	未规定
《政府采购竞争性磋商采购方式管理暂行办法》	第10条	未规定	磋商文件	提交首次响应文件截止之日前	5日	未规定

通过表 1 可知：（1）各法律法规均赋予招标人或采购人澄清或修改招标文件，或采购文件（笔者按：将询价通知书，谈判文件，磋商文件等概括统称），或资格预审文件的权利。（2）其中，只有《政府采购货物和服务招标投标管理办法》第 27 条规定招标人或采购人在澄清或修改招标文件，或采购文件，或资格预审文件时“不得改变采购标的和资格条件”，其余法律法规均没有此除外规定。（3）招标人或采购人应在什么时间段或时间节点前澄清和修改呢?《招标投标法》《招标投标法实施条例》《政府采购法实施条例》《政府采购货物和服务招标投标管理办法》等法规中没有明确，而《政府采购非招标采购方式管理办法》《政府采购竞争性磋商采购方式管理暂行

办法》部门规章明确了澄清或修改应在投标人或供应商等提交首次响应文件截止之日前。（4）关于澄清或修改招标文件，或采购文件，或资格预审文件距首次提交投标文件，或响应文件，或资格预审文件截止时间间隔规定存在一定差异。其中，《招标投标法》《招标投标法实施条例》《政府采购法实施条例》《政府采购货物和服务招标投标管理办法》规定保持了一致，即投标文件为 15 日，资格预审文件为 3 日。需说明的是，此仅针对《政府采购法实施条例》《政府采购货物和服务招标投标管理办法》中采取招标方式的政府采购而言。而《政府采购非招标采购方式管理办法》第 29 条规定的竞争性谈判和第 45 条规定的询价方式则明确规定为 3 个工作日，《政府采购竞争性磋商采购方式管理暂行办法》第 10 条规定竞争性磋商方式又规定了 5 日。（5）对于不足法规规定的距首次提交投标文件，或响应文件，或资格预审文件截止时间间隔的，除了《招标投标法实施条例》第 64 条规定，招标人面临遭受有关行政监督部门责令改正，并可能处 10 万元以下罚款的法律后果，其余法律法规只是规定了"顺延"提交首次投标文件，或响应文件截止时间，并没有规定违反所面临的法律后果。

综上所述，既反映了法律法规立法的延续性和一致性，又体现了法律法规彼此龃龉，建议将以上法规纳入修订计划，一方面尊重招标投标，政府采购不同方式的特性，同时，需进一步明确违反时间间隔所应受到的处罚；另一方面又需要兼顾立法的整体性、体系化的内在要求，从而避免时间长短不一的规定。

三、检讨案例

（一）"补遗"岂能蒙混过关

审视案例，若招标人打算以"补遗"的字眼瞒天过海"澄清或修改"程序的话，显然，不过是一厢情愿的幻想而已。

综观各法规的规定，并没有规定所谓的"补遗"方式。当然，从文件准备的客观角度，存在某些遗漏也是可能的，但是否可以美其名曰"补遗"呢？目前并没有法律法规的权威定义。

不过，从现有各法规条文规定上，对于遗漏的部分自然应归入澄清或修改范畴，避免自作聪明的巧取名义处理。因为一旦允许当事人意思自治假借名义的话，将带来泛滥成灾的后果，导致监管部门难以拿捏行为性质、执法尺度及有效监管。

笔者认为，无论何种形式的调整，至少在现行阶段，都应纳入“澄清或修改”的法律规制进行考察，而不允许当事人另起炉灶，巧立名目规避现行法律法规的调整。

（二）如何判断“可能”影响投标文件，或响应文件编制的“度”

法律法规之所以如此规定，一方面便于对招标人或采购人进行有效约束，不至于招标人或采购人置投标人或供应商等权益不顾而肆意妄为；另一方面也是为了保护投标人或供应商的权益，不至于陷入因招标人或采购人的随意改动导致措手不及的局面。

应该说，法律法规如此规定是为进一步体现“公开、公平、公正”和诚实守信原则。问题是，谁有权以及如何能判断构成“可能”影响的条件？目前，没有法律法规对哪些情形构成“可能”影响这个“度”的量化标准，这样自然导致适用方面的困境。

作为招标人或采购人，由于不能自行“解读”或理解是否构成“可能”影响投标文件，或响应文件编制，目前，只能按照最严格的方式进行处理，客观上也导致一些项目在招标或采购过程中效力低下，贻误项目开展实施时间。

（三）对投标人或供应商准备编制相关文件的时间留足须谨慎

本案采取的是竞争性谈判方式采购，那么根据财政部颁布的《政府采购非招标采购方式管理办法》第 29 条规定，澄清或者修改的内容可能影响响应文件编制的，采购人、采购代理机构或者谈判小组应当在提交首次响应文件截止之日 3 个工作日前，以书面形式通知所有接收谈判文件的供应商，不足 3 个工作日的，应当顺延提交首次响应文件截止之日。

也有人主张应根据《政府采购竞争性磋商采购方式管理暂行办法》第 10 条第 2 款的规定，采购人、采购代理机构应当在提交首次响应文件截止时间至少 5 日前，以书面形式通知所有获取磋商文件的供应商；不足 5 日的，采购人、采购代理机构应当顺延提交首次响应文件截止时间。但根据

《政府采购竞争性磋商采购方式管理暂行办法》第 1 条[①]的规定，本案采取的是竞争性谈判方式采购，不属于《政府采购法》第 26 条第 1 款第（6）项规定的其他情形，所以，本案不适用该规定。因此，本案应满足至少 3 个工作日的间隔要求。

（四）法律后果

对于不按法律规定时间作出澄清与修改的，如何处理？前文已述，只有《招标投标法实施条例》第 64 条有所规定，其余法规均没有涉及。虽然前述法律法规没有对此进行规定，但这样的后果仍会招致投标人或供应商提出异议、质疑，甚至投诉，从而影响项目的正常推进。

因此，笔者提醒各位招标人或采购人在投标文件或采购文件一旦公告后，对于涉及澄清或修改的，一定要按照相关法律法规，乃至规章规定的时间要求，履行通知并留足投标人或供应商编制相关文件的法定时间间隔。

【操作指引】

1. 招标人或采购人一旦涉及澄清或修改时，得明确项目具体的招标形式或采购形式，尤其政府采购的具体情形，便于判断法规的具体规定。

2. 在招标活动或采购活动过程中，对于文件的修改或补充，须严格以“澄清或修改”为衡量依据，切不可闭门造车，巧立名目。

3. 有关“澄清与修改”时，得严格遵守相关法律法规规定的时限要求，留足提交投标文件或响应文件等的法定截止时间。

【风险防控】

1. 招标人或采购人切不可绕开“澄清或修改”，以其他名义进行变相“澄清或修改”。

2. 一旦需要“澄清或修改”，需严格按照法律法规规定，履行告知义务和留足提交投标文件或响应文件等截止时间。

---

① 《政府采购竞争性磋商采购方式管理暂行办法》第 1 条规定：为了规范政府采购行为，维护国家利益、社会公共利益和政府采购当事人的合法权益，依据《政府采购法》第 26 条第 1 款第（6）项规定，制定本办法。

【法律适用】

《民法典》第473条
《招标投标法》第23条
《招标投标法实施条例》第21条、第64条
《政府采购法》第26条
《政府采购法实施条例》第21条、第31条
《政府采购货物和服务招标投标管理办法》第27条
《政府采购非招标采购方式管理办法》第29条、第45条
《政府采购竞争性磋商采购方式管理暂行办法》第10条

第七节 澄清或修改，是否必然延长购买招标文件时间

[案例]

某工程项目公开招标，根据招标公告开标日期为2月25日，但在2月19日，采购人提出对采购标的进行调整，于是修改了已公告的招标文件。

因法律法规特别规定了“澄清或修改”招标文件或采购文件所应遵循的条件，于是，招标人发布了招标文件内容的更正公告以及开标的延期公告。

延期公告发出后，H公司前来要求购买招标文件被拒绝，招标代理公司的理由是“根据《招标文件》规定，购买招标文件的时间早截止了，开标日期虽然延期了，但出售招标文件的时间并没有延期”。事后，H公司在这个项目未开标之前向监管部门提出了投诉。监督部门责令招标公司改正，H公司获得了该次采购的投标资格。

[问题]

开标时间延期，是否必然延长招标文件的销售时间？

招标文件或采购文件发布后，作为招标人或采购人究竟有无权利澄清或修改？在什么条件下澄清或修改？澄清或修改应遵循何样的法律规定？澄清或修改后按什么流程或时限继续进行招标投标或政府采购活动？笔者在本

书第二章第六节《招标文件或采购文件发出后，澄清或修改不可“任性”》[①]中有所阐述，但并没有就澄清或修改后，是否必然导致购买招标投标文件或政府采购文件时间延长进行探讨。本文将从相关法律法规规定的内容进行解读，厘清内在逻辑和外在调整范围。

一、有关“澄清或修改”的主要规定

无论招标投标法体系中《招标投标法》第 23 条，[②]《招标投标法实施条例》第 21 条、[③]第 64 条[④]等规定，还是政府采购法体系中《政府采购法实施

① 于 2018 年 1 月 9 日发布在中国采购与招标网。

②《招标投标法》第 23 条规定：招标人对已发出的招标文件进行必要的澄清或者修改的，应当在招标文件要求提交投标文件截止时间至少 15 日前，以书面形式通知所有招标文件收受人。该澄清或者修改的内容为招标文件的组成部分。

③《招标投标法实施条例》第 21 条规定：招标人可以对已发出的资格预审文件或者招标文件进行必要的澄清或者修改。澄清或者修改的内容可能影响资格预审申请文件或者投标文件编制的，招标人应当在提交资格预审申请文件截止时间至少 3 日前，或者投标截止时间至少 15 日前，以书面形式通知所有获取资格预审文件或者招标文件的潜在投标人；不足 3 日或者 15 日的，招标人应当顺延提交资格预审申请文件或者投标文件的截止时间。

④《招标投标法实施条例》第 64 条规定：招标人有下列情形之一的，由有关行政监督部门责令改正，可以处 10 万元以下的罚款：（1）依法应当公开招标而采用邀请招标；（2）招标文件、资格预审文件的发售、澄清、修改的时限，或者确定的提交资格预审申请文件、投标文件的时限不符合招标投标法和本条例规定；（3）接受未通过资格预审的单位或者个人参加投标；（4）接受应当拒收的投标文件。

招标人有前款第（1）项、第（3）项、第（4）项所列行为之一的，对单位直接负责的主管人员和其他直接责任人员依法给予处分。

条例》第 31 条，[①]《政府采购货物和服务招标投标管理办法》第 27 条，[②]《政府采购非招标采购方式管理办法》第 29 条[③]、第 45 条[④]，《政府采购竞争性磋商采购方式管理暂行办法》（财库〔2014〕214 号）第 10 条[⑤]第 3 款，《财政

---

①《政府采购法实施条例》第 31 条规定：招标文件的提供期限自招标文件开始发出之日起不得少于 5 个工作日。

采购人或者采购代理机构可以对已发出的招标文件进行必要的澄清或者修改。澄清或者修改的内容可能影响投标文件编制的，采购人或者采购代理机构应当在投标截止时间至少 15 日前，以书面形式通知所有获取招标文件的潜在投标人；不足 15 日的，采购人或者采购代理机构应当顺延提交投标文件的截止时间。

②《政府采购货物和服务招标投标管理办法》第 27 条规定：采购人或者采购代理机构可以对已发出的招标文件、资格预审文件、投标邀请书进行必要的澄清或者修改，但不得改变采购标的和资格条件。澄清或者修改应当在原公告发布媒体上发布澄清公告。澄清或者修改的内容为招标文件、资格预审文件、投标邀请书的组成部分。

澄清或者修改的内容可能影响投标文件编制的，采购人或者采购代理机构应当在投标截止时间至少 15 日前，以书面形式通知所有获取招标文件的潜在投标人；不足 15 日的，采购人或者采购代理机构应当顺延提交投标文件的截止时间。

澄清或者修改的内容可能影响资格预审申请文件编制的，采购人或者采购代理机构应当在提交资格预审申请文件截止时间至少 3 日前，以书面形式通知所有获取资格预审文件的潜在投标人；不足 3 日的，采购人或者采购代理机构应当顺延提交资格预审申请文件的截止时间。

③《政府采购非招标采购方式管理办法》第 29 条规定：从谈判文件发出之日起至供应商提交首次响应文件截止之日止不得少于 3 个工作日。

提交首次响应文件截止之日前，采购人、采购代理机构或者谈判小组可以对已发出的谈判文件进行必要的澄清或者修改，澄清或者修改的内容作为谈判文件的组成部分。澄清或者修改的内容可能影响响应文件编制的，采购人、采购代理机构或者谈判小组应当在提交首次响应文件截止之日 3 个工作日前，以书面形式通知所有接收谈判文件的供应商，不足 3 个工作日的，应当顺延提交首次响应文件截止之日。

④《政府采购非招标采购方式管理办法》第 45 条规定：从询价通知书发出之日起至供应商提交响应文件截止之日止不得少于 3 个工作日。

提交响应文件截止之日前，采购人、采购代理机构或者询价小组可以对已发出的询价通知书进行必要的澄清或者修改，澄清或者修改的内容作为询价通知书的组成部分。澄清或者修改的内容可能影响响应文件编制的，采购人、采购代理机构或者询价小组应当在提交响应文件截止之日 3 个工作日前，以书面形式通知所有接收询价通知书的供应商，不足 3 个工作日的，应当顺延提交响应文件截止之日。

⑤《政府采购竞争性磋商采购方式管理暂行办法》第 10 条第 3 款规定：提交首次响应文件截止之日前，采购人、采购代理机构或者磋商小组可以对已发出的磋商文件进行必要的澄清或者修改，澄清或者修改的内容作为磋商文件的组成部分。澄清或者修改的内容可能影响响应文件编制的，采购人、采购代理机构应当在提交首次响应文件截止时间至少 5 日前，以书面形式通知所有获取磋商文件的供应商；不足 5 日的，采购人、采购代理机构应当顺延提交首次响应文件截止时间。

部关于做好政府采购信息公开工作的通知》（财库〔2015〕135号）第2条第4款第（6）项[①]等规定，均允许招标人或采购人对招标文件或采购文件予以澄清或修改，且在立法理念和精神上保持了高度一致，只因所采取的方式不同而略有差异。

二、澄清或修改的法权基础

已发布的招标文件或采购文件，究竟能不能澄清或修改，凭什么澄清或修改，哪些内容可以澄清或修改，什么时候澄清或修改，澄清或修改距相应文件提交的时限是多少，如何澄清或修改，澄清或修改后如何继续招标投标活动或政府采购活动等系列问题的法权基础究竟是什么。如果弄不明白其法权基础，也就难以正确把握和拿捏适用好相关法律规定。

（一）究竟能不能澄清或修改

从招标投标法体系与政府采购法体系规定可知，澄清或修改已体现在相关法律法规中，且分别从法律、行政法规及部门规章等不同层级的法规均有所体现。

从立法体系构造上，已由不同层级，全面、系统加以规范。

（二）依据什么澄清或修改

1. 认识论

从认识论上，人的认知是有限的，人的生命也是有限的，以有限应对无

① 《财政部关于做好政府采购信息公开工作的通知》（财库〔2015〕135号）第2条第4款第（6）项规定：6. 更正事项。采购人或者采购代理机构对已发出的招标文件、资格预审文件，以及采用公告方式邀请供应商参与的竞争性谈判文件、竞争性磋商文件进行必要的澄清或者修改的，应当在原公告发布媒体上发布更正公告，并以书面形式通知所有获取采购文件的潜在供应商。采购信息更正公告的内容应当包括采购人和采购代理机构名称、地址、联系方式，原公告的采购项目名称及首次公告日期，更正事项、内容及日期，采购项目联系人和电话。

澄清或者修改的内容可能影响投标文件、资格预审申请文件、响应文件编制的，采购人或者采购代理机构发布澄清公告并以书面形式通知潜在供应商的时间，应当在投标截止时间至少15日前、提交资格预审申请文件截止时间至少3日前，或者提交首次响应文件截止之日3个工作日前；不足上述时间的，应当顺延提交投标文件、资格预审申请文件或响应文件的截止时间。

限，自然有其不足之处。正如庄子说，吾生有涯而知无涯。作为招标人也好，招标代理机构也罢，总是由具体的人来负责编制招标文件或采购文件。

既然由人来编制，出现错误也属情理之中。对于招标文件和采购文件出现错误，编制人员或编制单位发现存有歧义或错误的地方，自然应予以澄清或修改，更有利于招标投标或政府采购活动有序进行。

2. 权利保障

如果编制单位或编制人发现存有歧义或错误时，除主动纠错外。作为投标人或供应商发现招标文件或采购文件中存在表达不清晰、界定不明确的规定，甚至存在错误的、与法律规定相冲突的地方（比如，对于设置不合理条件限制或排斥，或存在差别待遇，歧视待遇的）时，主动提出前述问题，让编制单位或编制人纠错，很好地保护了己方或潜在投标人或供应商合法权益。

通过潜在投标人或供应商对招标文件、采购文件提出异议或质疑的方式，敦促编制单位或个人加以澄清或修改，不仅保护了己方利益，而且有利于维护“公开、公平、公正”三公原则的贯彻落实。

3. 监督机制

除招标投标或政府采购活动参与者促进“澄清或修改”外，《招标投标法》第7条、[①]《招标投标法实施条例》第4条，[②]《政府采购法》第13条[③]等

①《招标投标法》第7条规定：招标投标活动及其当事人应当接受依法实施的监督。有关行政监督部门依法对招标投标活动实施监督，依法查处招标投标活动中的违法行为。对招标投标活动的行政监督及有关部门的具体职权划分，由国务院规定。

②《招标投标法实施条例》第4条规定：国务院发展改革部门指导和协调全国招标投标工作，对国家重大建设项目的工程招标投标活动实施监督检查。国务院工业和信息化、住房城乡建设、交通运输、铁道、水利、商务等部门，按照规定的职责分工对有关招标投标活动实施监督。

县级以上地方人民政府发展改革部门指导和协调本行政区域的招标投标工作。县级以上地方人民政府有关部门按照规定的职责分工，对招标投标活动实施监督，依法查处招标投标活动中的违法行为。县级以上地方人民政府对其所属部门有关招标投标活动的监督职责分工另有规定的，从其规定。

财政部门依法对实行招标投标的政府采购工程建设项目的预算执行情况和政府采购政策执行情况实施监督。

监察机关依法对与招标投标活动有关的监察对象实施监察。

③《政府采购法》第13条规定：各级人民政府财政部门是负责政府采购监督管理的部门，依法履行对政府采购活动的监督管理职责。各级人民政府其他有关部门依法履行与政府采购活动有关的监督管理职责。

具体法条和相关法规专章对监督管理进行了全面、系统规定。

通过招标代理机构内部监督制度和行政监督及社会监督三位一体机制，有利于补充和破解编制单位、编制人自我纠错的盲点或难点，潜在投标人或潜在供应商的诸多顾虑或不专业的现状问题，从而发挥招标投标或政府采购活动的真正功能与作用。

（三）哪些内容可以澄清或修改

法律法规均赋予了招标人或采购人有权澄清或修改招标文件，或采购文件（笔者按：将询价通知书，谈判文件，磋商文件等概括统称），或资格预审文件，投标邀请书等，除《政府采购货物和服务招标投标管理办法》外，并没有规定哪些具体内容不能“澄清或修改”。

《政府采购货物和服务招标投标管理办法》第 27 条规定：澄清或修改招标文件、资格预审文件、投标邀请书的，“不得改变采购标的和资格条件”，其余法规均没有除外的规定。

由于《政府采购货物和服务招标投标管理办法》属于政府采购法体系，并不能当然适用于招标投标法体系，况且《政府采购货物和服务招标投标管理办法》仅属于财政部门规章，效力层级较法律行政法规低。

（四）什么时候澄清或修改

1.《招标投标法》第 23 条规定：至少在提交投标文件截止 15 日前；

2.《招标投标法实施条例》第 21 条规定：对于可能影响资格预审申请文件或者投标文件编制的，资格预审申请文件截止时间至少 3 日前，或者投标截止时间至少 15 日前；

3.《政府采购法实施条例》第 31 条规定：澄清或者修改的内容可能影响投标文件编制的，采购人或者采购代理机构应当在投标截止时间至少 15 日前；

4.《政府采购货物和服务招标投标管理办法》第 27 条规定：澄清或者修改的内容可能影响资格预审申请文件编制的，采购人或者采购代理机构应当在提交资格预审申请文件截止时间至少 3 日前，可能影响投标文件编制的，采购人或者采购代理机构应当在投标截止时间至少 15 日前；

5.《政府采购非招标采购方式管理办法》第 29 条规定：澄清或者修改

的内容可能影响响应文件编制的，采购人、采购代理机构或者谈判小组应当在提交首次响应文件截止之日 3 个工作日前；该法第 45 条规定：澄清或者修改的内容可能影响响应文件编制的，采购人、采购代理机构或者询价小组应当在提交响应文件截止之日 3 个工作日前；

6.《政府采购竞争性磋商采购方式管理暂行办法》第 10 条规定：澄清或者修改的内容可能影响响应文件编制的，采购人、采购代理机构应当在提交首次响应文件截止时间至少 5 日前。

如果澄清或修改与前述时间不符时，是否可行，或面临什么法律后果？若因澄清或修改发生在截止之日后，将如何处理？法律法规并没有明确规定，从现实操作上，判定或处理也较为棘手。

（五）澄清或修改距相应文件提交的时限

关于澄清或修改招标文件，或采购文件，或资格预审文件距首次提交投标文件，或响应文件，或资格预审文件截止时限规定存在差异。

其中，《招标投标法》《招标投标法实施条例》《政府采购法实施条例》（笔者按：仅针对招标投标方式）《政府采购货物和服务招标投标管理办法》（笔者按：仅针对招标投标方式）规定一致，即投标文件为 15 日，资格预审文件为 3 日。

而《政府采购非招标采购方式管理办法》第 29 条规定的竞争性谈判和第 45 条规定的询价方式则明确规定为 3 个工作日，《政府采购竞争性磋商采购方式管理暂行办法》第 10 条规定的竞争性磋商方式又规定了 5 日。

对于不足法规规定时限的，除了《招标投标法实施条例》第 64 条规定，招标人面临接受有关行政监督部门责令改正，并可能处 10 万元以下的罚款的法律后果，其余法规只是规定了“顺延”，并没有规定违反所面临的法律后果。

（六）如何澄清或修改

并没有法律法规明确规定如何澄清或修改。对于法律法规没有明确规定的，遵循“法不禁止即可为”的法谚精神，在法律法规的框架下，根据项目的需要，遵循“三公”原则与诚实守信原则及澄清或修改的必要性进行综合斟酌。

（七）澄清或修改后如何继续招标投标活动或政府采购活动

澄清或修改后，需遵循距提交投标文件或响应文件，或资格预审文件的相应时限要求，延长相应递交文件的时限及开标等时间。

综上，有关澄清或修改的法律法规规定虽然层级分明、多有涉及，但仍存在规定不严谨、标准不统一、可操作性不强等问题。

三、澄清或修改可能面临的法律后果

（一）没有法律法规规定“澄清或修改”投标文件或采购文件等后，发售或购买相关文件时间是否延长问题

由于现有法律法规并没有规定澄清或修改招标文件或采购文件后，对于可能影响投标文件或采购文件，或资格预审文件编制的，才适用距离首次提交相关文件的时限，若时限不够，则根据相关法律法规规定顺延，但并没有规定发售或购买投标文件或采购文件的时间也延长或可以重新发售或购买。

有人说，既然“法不禁止即可为”，反正法律法规没有明确规定是否延长发售或购买投标文件时间，是否延长就取决于招标人自愿。招标人认为项目确有必要的，有权决定是否延期。

笔者认为，这样的观点值得商榷。虽然法律法规没有明确规定，但根据立法所贯彻“三公”原则和诚实守信原则而言，招标人不能以“澄清或修改”为由，随意延长发售招标文件时间，否则，有违“三公”原则之嫌，为利害关系人撕开一个参与投标的“机动口子”，对他人是不利的。

（二）澄清或修改可能导致重新招标

1.《招标投标法实施条例》第23条的规定

有人指出，根据《招标投标法实施条例》第23条规定，如果澄清或修改后的资格预审文件、招标文件的内容违反法律、行政法规的强制性规定，违反公开、公平、公正和诚实信用原则，影响资格预审结果或者潜在投标人投标的，依法必须进行招标的项目，招标人应当在修改资格预审文件或者招标文件后重新招标。

其实，《招标投标法实施条例》第23条并非针对“澄清或修改”所作的

规定，而是针对编制的资格预审文件、招标文件的内容违反法律、行政法规的强制性规定，违反公开、公平、公正和诚实信用原则，影响资格预审结果或者潜在投标人投标的，且属依法必须进行招标的项目的，招标人应当在修改资格预审文件或者招标文件后重新招标。

2.《政府采购货物和服务招标投标管理办法》第65条

《政府采购货物和服务招标投标管理办法》第65条规定，评标委员会发现招标文件存在歧义、重大缺陷导致评标工作无法进行，或者招标文件内容违反国家有关强制性规定的，应当停止评标工作，与采购人或者采购代理机构沟通并作书面记录。采购人或者采购代理机构确认后，应当修改招标文件，重新组织采购活动。

如果澄清或修改的内容存在上述问题，自然导致相应后果，但《政府采购货物和服务招标投标管理办法》第65条并不是针对“澄清或修改”所做的规定，而是针对招标文件所存在的问题所作的一般性规定。

3. 结论

当然，如果澄清或修改内容涉及《招标投标法实施条例》第23条和《政府采购货物和服务招标投标管理办法》第65条的规定，招标人自然面临修改相应问题并重新招标。

四、分析案例

综上，并没有法律法规规定，因澄清或修改资格预审文件，招标文件或采购文件，招标邀请书等并不必然延长资格预审文件，招标文件或采购文件，招标邀请书等发售或购买时间，因此，招标代理公司有权拒绝超过招标文件等发售期前来购买的潜在投标人。

加之，是否延长发售招标文件取决于招标人根据项目情况自行决定，他人无权干涉或不正当施加影响。

因此，本案H公司无权向招标代理机构要求购买招标文件。监管部门“责令”招标代理公司改正于法无据。

【操作指引】

1. 澄清或修改时，由风控部门和外部法律顾问进行充分论证，避免“触雷”。

2. 澄清或修改时，明确招标文件等发售时间不延长。

3. 澄清或修改时，须严格按法律法规规定的时间节点、时限及发布公告要求全面落实。

4. 当遭遇异议，质疑或投诉时，充分分析和论证异议，质疑或投诉的理由和法律依据，根据事实和法律法规规定进行依法合规应对。

【风险防控】

1. 澄清或修改时，审慎论证澄清或修改的内容，需注意内容应避免涉及“标的和资格条件”。

2. 不可涉及违反法律、行政法规的强制性规定，违反公开、公平、公正和诚实信用原则，存在歧义或重大缺陷。

3. 澄清或修改时，注意时间节点，对可能影响投标文件等编制的，需注意距离首次提交投标文件或响应文件的时限。

4. 是否延长招标文件或采购文件，虽取决于招标人或采购人，但不建议延长。

【法律适用】

《招标投标法》第 7 条、第 23 条

《招标投标法实施条例》第 4 条、第 21 条、第 23 条、第 64 条

《政府采购法实施条例》第 31 条

《政府采购非招标采购方式管理办法》第 29 条、第 45 条

《政府采购货物和服务招标投标管理办法》第 27、第 65 条

《政府采购竞争性磋商采购方式管理暂行办法》第 10 条

第三章　投标或响应采购的道与术

市场是竞争化的市场，竞争是市场化的竞争。

招标投标法体系也好，政府采购法体系也罢，是为招标人或采购人公平、公正选择诚实守信的匹配合作伙伴作规范、指引，也为主管部门及监管机构履行监管和监督职责提供法律法规及政策依据。否则，对于必须招投标的项目或政府采购项目，任由招标人或采购人喜好选择合作伙伴，不只是损害招标人或采购人自身利益，还损害国家利益、社会公共利益，最终损害人民的利益；同时，还会扰乱市场经济秩序，助长歪风邪气。

对于投标人或供应商，在参与招标投标活动或政府采购活动中，就得严格遵循招标投标法或政府采购法及相应法律法规、政策规定行事。

当然，投标人或供应商仅严格遵照相关政策法律法规行为，亦未必就能如愿。除此之外，还需要研究招标文件或采购文件，吃透其内容和精神，结合以往的教训和经验，根据自身的风险控制流程和参与投标或采购活动的标准化流程及清单，全面、系统、精准、细致编制投标文件或响应文件，并做好参与投标或响应采购的系列准备。

第一节　投标或响应采购的学问

俗话说，一着不慎，满盘皆输。借此用在投标人或供应商在投标或响应时的处境，并不为过。

近些年，因缘际会，笔者有幸担任了几家招投标代理公司的法律顾问，同时，也担任一些建筑类公司的法律顾问，由此对招标投标、政府采购也增长了不少见识，积累了不少经验，对招标投标法体系和政府采购法体系也渐渐熟悉。

尤其，笔者也时常参与评标或评审活动，目睹不少投标人或供应商因某些细微之处没有重视，或忽略，以致与投标或采购项目擦肩而过。每遇到或看到这些情形，甚为遗憾，为之叹息。职是之故，特撰此节以飨投标人或供应商。

一、以招标或采购文件为尺度，避免演绎式解读

经常投标或响应的人都懂得，要想命中率高，就得不折不扣响应招标或采购文件的具体要求。道理虽然大家都懂，但真正落地实施时，就可能差之毫厘，谬以千里了。

招标或采购文件是招标或采购人就招标或采购项目最直接、全面的意思表示，为便于投标人或供应商在投标或响应时有统一的要求或标准，招标或采购文件也是评判投标人或供应商所投标或响应是否符合其要求的标准。因此，作为投标人或供应商需注意：

1. 投标或响应文件不能超出招标或采购文件的要求。比如，针对暗标投标，制作投标文件时，就需使用招投标管理部门统一印制的封面、封底及装订，在规定的位置按要求填写单位名称、盖章并密封，施工图纸绘制、打印、纸张的选择，文本一律采用何种规格的纸张、字体字号等，页码编排方式和位置，版面整洁、字迹清楚、不得涂改、不得作任何标识或暗示投标人单位名称或人员姓名的标记等，否则，将可能导致被否决或废标。因此，招标或采购文件明确要求什么就相应准备什么，不要自作聪明、画蛇添足。

2. 要充分理解招标或采购文件的内容，特别是澄清、修改及答疑的文件。一定要对招标或采购文件和澄清、修改及答疑文件充分理解，避免造成矛盾而导致废标。理解招标或采购文件，切忌演绎式推理，比如，关于投标人或供应商资格问题，无论是资格预审还是资格候审，都需要仔细研究招标或采购文件对投标人或供应商的资格要求，尤其是否接受分支机构投标，联合体投标及对联合体各方的资格要求。作为投标人或供应商，若没有准确领会招标或采购文件的内容，盲目准备材料投标，恐连陪衬的资格都得不到，更遑论中标了。

3. 避免以常识代替招标文件或采购文件的具体要求。如招标文件或采购文件明确要求了“对招标文件或采购文件封套密封并加盖密封章”，但有的投标人或供应商便自以为是，认为只要密封好随意加盖一个印章就万事大吉，有的投标人或供应商不以为然，居然加盖财务印章或部门印章，甚至法

定代表人私章等五花八门的印章；有的招标或采购文件要求在招标文件或采购文件每页由法定代表人签字，投标人或供应商想当然用签名章或仅在某些页签字；有的明明要求原件，投标人或供应商却以复印件代替；等等。这些偷梁换柱精简招标或采购文件标准的投标都可能面临被否决或废标。

不少投标人或供应商还不知道是怎么回事，就这样稀里糊涂地被自己人“枪毙”了。等回过味来，还振振有词向招标人或采购人，抑或招标代理机构异议或质疑一番，如此不过是自讨没趣。

二、磨刀不误砍柴工，切忌临阵磨枪

暂且抛开那些潜规则投标或政府采购的情形，对于确需以专业或能力见高下的投标或政府采购，作为投标人或供应商，需严阵以待，抱有势在必得的决心才行。古人云，凡事预则立，不预则废。只有我们有了规划，有了信心，往往才会得到好结果的垂青。

1. 明确投标或响应采购的截止时间，统筹投标或响应采购计划。截止时间就是投标或响应采购的有效期，一旦错过，也就失去了机会。在投标或响应采购期内，要做好系统安排，制作投标或响应采购计划，人员分工、时间进度、内容要求、形式把关等，都要一一布好局，做到严谨、细致、连贯。

2. 投标文件或政府采购响应文件的准备，分工需先行。研究招标或采购文件是投标或响应采购精准回应的第一步，在具体的投标或政府采购响应材料准备过程中，不乏有的投标人或供应商同一时间可能要在好几处投标或响应采购，即使仅应付一个标，在某些领域亦是非常复杂的，这就需要团队通力合作才能完成，比如在建设工程领域投标或响应采购过程中，需要很多的专业技术人员群策群力，共商才能定夺一些关键点，否则，单枪匹马将难以完成。

面对此种情形，需注意对负责人员进行必要分工，最好一标一负责人，每标必合理分工，避免慌乱中发生材料准备的牛头不对马嘴，混装材料等低级错误。

3. 分头行动易，合标需排难。合标主要针对整个项目材料进行有机的组合、整合，从形式和内容上达到浑然一体。这需要足够的时间进行深度梳理，找出其内在逻辑关系，而不能简单堆砌、拼凑。

如果没有足够时间保障，在合标的时候，将可能忽略其内在的逻辑，使内容含混不清，尤其是套用其他投标文件或政府采购响应文件的模板或复制粘贴其他文件材料，容易出现张冠李戴、指鹿为马的问题，导致文不对题。

因此，投标人或供应商在确定投标或采购项目时，最好团队协作，统筹安排，有机联动，亮剑必胜。

三、投标或响应政府采购，特别要注意细节

投标或响应政府采购中，经常有些人信心满满而来，却败兴失落而归。待最终回过神来，往往不是因原则性问题丢盔弃甲，大多是一两处细微的出入或错误导致无缘中标或成交。此处，简要罗列一些常见的现象：

1. 密封套装的问题。上文已提及，没有按照招标或采购文件的密封要求进行封套密封，结果痛失良机。在封套装袋方面，须严格按招标或采购文件要求，切莫自作聪明，草草随意应付。

2. 招标或采购文件需法定代表人或负责人亲笔签名的情形。虽招标文件或政府采购文件信誓旦旦要求出现法定代表人或负责人的签名章，但投标或政府采购响应文件却没有亲笔签名——当然，对于这样的形式问题是否必然遭致资格审查就搁浅，抑或被否决或废标，的确值得立法主管监管部门研究处理。

3. 报价内容切莫忽略货币单位。不少投标人或供应商因参加投标或响应政府采购项目多了，自然习惯套用此前类似的模板，这期间，很容易患“眉毛胡子一把抓”的毛病，将内容整体“移植”，慌忙凌乱中，不是将小数点弄错，就是单位忘记修正。尤其针对招标或采购项目设定拦标价的情形，如设定了拦标价为 100 万元，有不少投标人或供应商居然在 1 000 000.00 或 900 000.00 后面标注“万元”作为货币单位，就这么一字不慎，相去甚远——让评标委员会成员吃惊不少。

4. 提交证明资格材料时，一定要注意资料的准确、完整、及时且在有效期内。不少投标人或供应商在准备投标或响应文件的某些证明材料时，居然还存在错别字——这可是一大忌讳。除此之外，公司或单位的资质证书都有时效性，也就是说，有一定的有效期限，或每经过一定的时间须经过主管部门年检，只有通过年检的才能继续从事相应的经营范围。因此，所提交的材料务必在有效期内。可是，现实中，不少投标人或供应商为了方便，遵从径直拿来主义，将此前某些投标文件或政府采购响应文件中的材料直接复制粘

贴，结果忘了审查相关证照是否在有效期限内等问题，导致在资格审查时，只能昙花一现。

5. 对于委托人前往参与投标或响应的情形。投标人或供应商应该在投标文件或政府采购响应文件中装订委托书的原件。

6. 电子投标或采购。电子投标或采购要严格按照招标或采购文件的要求，要求用 Word 格式，就不能想当然用 FDF 格式。电子投标建议提早上传文件，避免因为网络原因导致上传不成功而废标，还有些时候，电子投标需提前签到，那就必须按章办事，不能错过。

7. 不能出现如《招标投标法实施条例》第 39 条、第 40 条[①] 所规定的情形，段落分明，结构层次，措辞严谨，避免啰嗦重复，存在错别字及明显不当的标点符号等。

总之，投标或响应不仅是技术活，更是细致活。作为投标人或供应商，不仅要有拼命三郎的精神，更需科学家的精神，在准备标书或响应文件的过程中，务必一丝不苟，谨小慎微，从形式到内容，从封面到封底，从开篇到结尾，从页眉到页脚，从标题到标点，处处需小心，事事需谨慎，一以贯之，中标或成交则指日可待。

第二节　不同潜在投标或供应商人可以委托同一自然人购买招标或采购文件吗

［案例］

不同潜在投标人或供应商均委托了同一自然人 A 购买招标或采购文件。

①《招标投标法实施条例》第 39 条规定：禁止投标人相互串通投标。有下列情形之一的，属于投标人相互串通投标：（1）投标人之间协商投标报价等投标文件的实质性内容；（2）投标人之间约定中标人；（3）投标人之间约定部分投标人放弃投标或者中标；（4）属于同一集团、协会、商会等组织成员的投标人按照该组织要求协同投标；（5）投标人之间为谋取中标或者排斥特定投标人而采取的其他联合行动。

《招标投标法实施条例》第 40 条规定：有下列情形之一的，视为投标人相互串通投标：（1）不同投标人的投标文件由同一单位或者个人编制；（2）不同投标人委托同一单位或者个人办理投标事宜；（3）不同投标人的投标文件载明的项目管理成员为同一人；（4）不同投标人的投标文件异常一致或者投标报价呈规律性差异；（5）不同投标人的投标文件相互混装；（6）不同投标人的投标保证金从同一单位或者个人的账户转出。

[问题]

1. 不同潜在投标人或供应商是否可以委托同一自然人A购买同一项目的招标或采购文件?

2. 不同潜在投标人或供应商是否可以委托同一自然人A向同一招标人购买其不同项目的招标或采购文件?

3. 不同潜在投标人或供应商是否可以委托同一自然人A购买不同招标人所属项目的招标或采购文件?

4. 自然人A可否同时为自己购买招标或采购文件?

法律人难免习惯于在法律逻辑圈中寻求推衍的快感，或建构法律逻辑的理想国，可偏偏现实的精灵冷不丁恶作剧般粉碎我们惯常陶醉的、津津乐道的以逻辑构筑城堡的美梦，好比我们偶尔正做着黄粱美梦，却被一旁的小猫突然惊醒般扫兴或沮丧。

霍姆斯曾说，法律的生命不在于逻辑，而在于经验。正如案例中所遇到的现实问题，检索主要的法律法规，答案仿佛藏在些许支离的法条中，有时候，需要深究才能找到恰如其分的答案；有时候，又总觉得法律法规所指向的答案若隐若现，如水中望月、雾里看花始终不能找到匹配的。此时，若不理会是过意不去的，毕竟笔者已习惯探究个案，定要刨根问底，将答案弄个水落石出才肯罢休。

一、现行法律规定

潜在投标人或供应商委托他人的行为属于典型的委托法律关系。根据《民法典》第161条[①]规定，除依法律规定、当事人约定或者民事法律行为的性质，应当由本人亲自实施的民事法律行为外，任何进入市民社会的完全民事行为能力人都有权委托代理人实施民事行为。

本案中，潜在投标人或供应商委托自然人A代理其购买招标或采购文件的民事行为自然符合法律规定。

不过，这看似普通的法律关系，却未必真如我们司空见惯的稀松平常。比如不同潜在投标人或供应商之间存在利益冲突，此时是否仍可以委托自然

①《民法典》第161条规定：民事主体可以通过代理人实施民事法律行为。依照法律规定、当事人约定或者民事法律行为的性质，应当由本人亲自实施的民事法律行为，不得代理。

人A购买招标或采购文件？如果自然人A觉得项目不错，是否顺便也为自己购买招标或采购文件？

在此，笔者暂且存而不论。对于代理方面的禁令，在《民法典》第168条[①]中规定：（1）除非被代理人同意或者追认，否则，代理人不得以被代理人的名义与自己实施民事法律行为；（2）除非被代理的双方同意或者追认的，代理人不得以被代理人的名义与自己同时代理的其他人实施民事法律行为。

也就是说，被委托人不得以委托人名义与自己实施民事法律行为，比如，房屋买卖中，被委托人就不得以委托人名义与自己进行交易，除非委托人同意或追认。

对于不得双方代理问题，在招标活动或政府采购活动中存在以下情形：

1. 潜在投标人或供应商之间分别委托同一人，即自然人A不得接受不同潜在投标人或供应商的委托在彼此之间产生交易行为，除非取得代理双方的同意或追认。显然，作为潜在投标人或供应商针对同一项目而言，自然存有不同立场。因此，不仅不允许自然人A“脚踏两只船”介入这样的利益冲突，而且也会遭致其他投标人或供应商提出存有“串标”嫌疑的异议或质疑。

2. 潜在投标人或供应商与招标人或采购人之间分别委托同一人，即自然人A是招标人或采购人B的代理人，同时，又接受了潜在投标人或供应商C的委托，此时，更不能为双方代理。但其是否可以经招标人或采购人B与潜在投标人或供应商C同意或追认便产生效力呢？不可以，因为这样的行为免不了遭致其他潜在投标人或供应商提出存在串通的嫌疑。

3. 潜在投标人或供应商委托招标人或采购人员工的情形。这样的情形，易被认定为如《招标投标法实施条例》第34条[②]规定不得参加投标的情形。

---

①《民法典》第168条规定：代理人不得以被代理人的名义与自己实施民事法律行为，但是被代理人同意或者追认的除外。

代理人不得以被代理人的名义与自己同时代理的其他人实施民事法律行为，但是被代理的双方同意或者追认的除外。

②《招标投标法实施条例》第34条规定：与招标人存在利害关系可能影响招标公正性的法人、其他组织或者个人，不得参加投标。

单位负责人为同一人或者存在控股、管理关系的不同单位，不得参加同一标段投标或者未划分标段的同一招标项目投标。

违反前两款规定的，相关投标均无效。

如果自然人 A 系不同潜在投标人或供应商的负责人，结果又如何？根据《招标投标法实施条例》第 34 条或《政府采购法实施条例》第 18 条[①]的规定，显而易见，如存有这样的情形，投标无效或不得参加采购响应，因此也就没有讨论的必要了。

除此之外，我们还须进一步考察授权内容。如果仅授权代为购买招标或采购文件，不涉及其他内容，尤其后续制作标书，递交投标或响应文件等，法律法规是否允许呢？笔者认为，既然不同的潜在投标人或供应商仅授权自然人 A 购买招标或采购文件本身，不涉及其他参与后续投标或响应事项的，虽没有法律法规障碍，但仍免不了遭致其他投标人或供应商提出存在串通嫌疑的异议或质疑。

值得注意的是，一旦授权内容涉及后续制作标书或响应文件，递交投标或响应文件等，是否就必然无效或不可如此作为呢？如果授权内容体现了后续制作和递交表述等前述内容，但自然人 A 并没有实际履行其后续代理行为。笔者认为，仍没有法律法规障碍，除非自然人 A 履行了后续投标或响应行为，不过，仍免不了遭致其他投标人或供应商提出招标人与投标人或供应商存在串通嫌疑的质疑。

如果其中一名潜在投标人或供应商委托自然人 A 制作标书，递交投标文件等，其他潜在投标人或供应商仅委托自然人 A 购买招标或采购文件呢？在这样的情形下，笔者认为，虽然从逻辑上没有障碍，但仍免不了遭致其他投标人或供应商提出招标人与投标人或供应商存在串通嫌疑的异议或质疑。

因此，对于常见的民事代理关系，一旦运用于招标投标或政府采购领域，自然带来了诸多的复杂性和特殊性。因此，我们不能简单、径直适用民事代理进行表面分析，而需要结合《民法典》的规定、现有法律法规、行业惯例，体系化理解法谚“法不禁止即可为”的指引，对实际问题进行剖析，进而找出精准答案。

---

①《政府采购法实施条例》第 18 条规定：单位负责人为同一人或者存在直接控股、管理关系的不同供应商，不得参加同一合同项下的政府采购活动。

除单一来源采购项目外，为采购项目提供整体设计、规范编制或者项目管理、监理、检测等服务的供应商，不得再参加该采购项目的其他采购活动。

二、共性与特性，彼此链接系统考察

上文仅从立法逻辑角度进行了梳理和分析，但并没有置身于招标投标行业进行系统考察。

招标投标行业必然应依法贯穿执行“公开、公平、公正”和“诚实守信”原则。虽然以纯粹的民事行为或民事法律关系来推敲，其间的法律关系仿佛清晰无碍，但若放置在招标投标行业，并非那么天理昭昭。招标投标行业不仅受基本法和其他法律法规调整，还须受特别法和行业规章、政策等调整。因此，即便根据基本法或一般法某些“行为”是允许的，但若行业特别法或规章政策另有规定的，还须遵循相关规定。

作为常见的委托代理法律关系，在民商事领域是屡见不鲜的，可在招标投标领域则要特别慎重，否则，极易出现“串标”“围标”“剪不断、理还乱”的情况。

如根据《招标投标法实施条例》第 39 条、第 40 条规定，无论是禁止串标的现象还是视为串标的现象，并没有将购买招标或采购文件纳入规范调整范畴。从立法逻辑而言，购买招标或采购文件的主体必须是潜在投标人或供应商本人，还是可以委托他人，法律并没有明确规定，同时，也没有排斥不同潜在投标人或供应商不得委托同一人购买招标或采购文件，即使其中部分潜在投标人或供应商的授权委托内容还包括了后续投标文件的制作与递交等情形。

根据这样的逻辑，是否意味着法律法规对购买招标或采购文件阶段的漠视，或视为潜在投标人或供应商只要遵循了基本法等规定就可以了呢?

笔者认为，虽然购买招标或采购文件没有明确的特别法或行业法规调整，但结合招标投标或政府采购领域的“三公”原则和诚实守信原则及有关串标、围标等规定来看，购买招标或采购文件阶段仍须遵循各原则和立法精神，否则，将面临被视为串标或围标，最终被否决投标或废标的风险。

从外观主义及程序正义角度而言，委托同一主体购买招标或采购文件，不能排除“串标”“围标”的嫌疑。正如法律格言“正义不仅应得到实现，而且要以人们看得见的方式加以实现”所说，程序正义是保证实体正义的关键，因此，需避免委托程序阶段出现瑕疵。

如不同潜在投标人或供应商委托同一人购买招标或采购文件，自然会让其他潜在投标人、投标人或供应商产生质疑，这些潜在投标人或供应商一旦参与了投标，在整个参与的过程中，难免令人产生不同潜在投标人或供应商通过委托人自然人A沟通融合，达成共识的质疑。且谁又能澄清这些投标人或供应商之间就是清白无辜的呢？如果这些潜在投标人或供应商最终都参与了投标，其结果自然会被否决。而被否决的原因不单单是因委托关系，而是触犯了《招标投标法实施条例》第34条的规定。

除此之外，如果授权内容包括了后续投标文件的制作和递交等，而这些投标人或供应商有证据证明委托人自然人A自购买招标或采购文件后，其自始至终都没有参与后续行为，其是否又能澄清己方的清白无辜？是否可以有效抗辩其他投标人或供应商异议或质疑这些投标人或供应商相互之间存在串标或围标的嫌疑呢？

诚然，上文的疑问大多停留在逻辑推衍，或过于宽泛，但作为投标人或供应商，断不可以此侥幸，一旦足以引起监管部门的关注或其他投标人或供应商的异议、质疑或投诉的话，那么抱着侥幸的系列做法便不可取。

三、结论

一起在民事领域看起来稀松平常的委托法律关系，在招标投标领域就可以激起千层浪。这足以体现法律法规的效用与具体行业、领域或个案是息息相关的，也充分说明了个案才是法律生命的鲜活呈现。

对于不同潜在投标人或供应商是否可委托同一自然人A购买招标或采购文件这一问题，不能笼统言之，需要具体问题具体分析。

假设不同潜在投标人或供应商委托自然人A分别向不同招标人购买招标或采购文件，自然是没有任何法律障碍。如果不同潜在投标人或供应商委托自然人A分别向同一招标人购买其不同项目的招标或采购文件，在此情形下，前述作为不同潜在投标人或供应商之间就没有冲突，同时，不同潜在投标人或供应商与后续的投标人或供应商之间也不存在冲突，更没有串标或围标的现实基础和可能，其代理行为自然没有任何法律障碍。如果不同潜在投标人或供应商委托自然人A向同一招标人购买其同一项目的招标或采购文件，在此情形下，前述不同潜在投标人或供应商之间显然存在冲突，同时，前述潜在投标人或供应商与后续的投标人或供应商之间自然也存在利益冲突。如此，便存在被其他投标人或供应商质疑串标或围标或监管部门认定存在串标或围标的可能。因此，这种情形将面临法律法规制裁的风险。

对于自然人A为各潜在投标人或供应商的负责人情形，前文已分析，此处不再赘述。但如果自然人A分别代表各潜在投标人或供应商向不同招标人购买招标或采购文件的行为，则没有法律障碍；如果分别向同一招标人购买其不同项目的招标或采购文件，也没有法律障碍（前文已述）；如果购买同一招标人的招标或采购文件，明显存在法律障碍。

假设不同潜在投标人或供应商向自然人A出具的授权委托书内容仅为购买招标或采购文件，是否可行？根据上文分析，就相互之间是否存在通过委托人自然人A进行意思通联等难以自证清白，建议慎用。但如果不同潜在投标人或供应商明确授权自然人A分别向不同招标人购买招标或采购文件，则自然可行。同时，如果向同一招标人购买不同项目的招标或采购文件，也不受法律禁止。如果委托内容中部分包括了后续招标或采购文件的制作和递交等，对于明确授权内容的部分潜在投标人或供应商，一旦投标后，自然面临被否决的可能。同时，还可能殃及其余仅授权购买招标或采购文件而后参与投标的这部分潜在投标人或供应商。

综上，不同潜在投标人或供应商委托同一自然人购买招标或采购文件，法律法规是否允许或禁止，则需具体问题具体分析。在此，笔者建议，尽量避免委托同一自然人购买招标或采购文件，否则，百口难辩、难以自证清白。

【操作指引】

1. 委托固然是市场经济的常态，可具体个案中，需要具体分析。

2. 被委托人亦需熟知《民法典》等对委托的相关规定，尤其是不得双方代理、自行代理等特殊情形，避免影响他人事务处理和利益。

3. 投标人或供应商在办理委托时，也需留意相关法律法规对委托的限定等条件，避免无效委托。

【风险防控】

1. 办理委托时，需考察被委托人的行为能力，综合考量其诚信、品德等方面，以免受制于人。

2. 办理委托时，最好为己方工作人员或专人，切不可拉壮丁般，随意决定。

3. 当被委托人实施了损害己方利益的行为或将有损害行为发生时，需即刻采取措施，保护己方权益。

【法律适用】

《民法典》第 161 条、第 168 条

《招标投标法实施条例》第 34 条、第 39 条、第 40 条

《政府采购法实施条例》第 18 条

第三节　分公司可否与总公司组成联合体投标

[案例]

某一项目招标，有专业资质要求。总公司没有资质，其某分公司却具有相应资质。

[问题]

为满足项目招标条件，总公司可否与分公司组成联合体投标？

法律法规之所以立法规制联合体投标，其初衷在于强强联合，彰显各自长处，发挥各自优势，优化资源配置，从而更好地满足招标人或采购人的招标或采购需求，促使投标人或供应商，招标人或采购人尽可能满足各自所需，达到最优选择的结果。

现实中，既要严格践行立法的宗旨，又要避免对联合体立法的误解或滥用。因此，需精准把握哪些主体，在什么样的条件下，如何联合等问题。否则，将导致联合体的立法理想与现实适用的偏离。

一、法律：究竟哪些主体可以联合

笔者曾在《联合体的立法解读和现实困境》一文中指出，无论是招标投标法体系，还是政府采购法体系，均规定了联合体投标。在主体方面，两部法体系的差异仅在于，招标投标法体系没有规定自然人可以联合，而政府采购法体系规定了自然人可以组建联合体。

二、适用：如何理解法律规定的主体联合条件

根据《招标投标法》第 31 条[①]规定，主体为两个以上法人或者其他组织可以组成一个联合体。此处明显将自然人排除在外，同时，强调除“形”为两个以上法人或其他组织外，还需各方应具备承担招标项目的相应能力和资格条件的“质”。

根据《政府采购法》第 24 条[②]规定，主体为两个以上的自然人、法人或者其他组织可以组成一个联合体。同时规定，供应商参加政府采购活动均应当具备《政府采购法》第 22 条[③]规定的条件。

从以上规定可知，联合一定是外在（市场参与个体向外寻求他方主体之间）的联合，而不是内在（市场参与主体向内与己方的手、臂、足之间寻求）的联合。

分析市场主体，有两类极易混淆，即总公司与分公司或其他企业公司与分公司或其他企业及其分支机构，犹如人体与四肢，分公司或分支机构仅为总公司或企业的部分。从法人独立责任或企业对外责任角度审视，其实，总

---

①《招标投标法》第 31 条规定：两个以上法人或者其他组织可以组成一个联合体，以一个投标人的身份共同投标。

联合体各方均应当具备承担招标项目的相应能力；国家有关规定或者招标文件对投标人资格条件有规定的，联合体各方均应当具备规定的相应资格条件。由同一专业的单位组成的联合体，按照资质等级较低的单位确定资质等级。

联合体各方应当签订共同投标协议，明确约定各方拟承担的工作和责任，并将共同投标协议连同投标文件一并提交招标人。联合体中标的，联合体各方应当共同与招标人签订合同，就中标项目向招标人承担连带责任。

招标人不得强制投标人组成联合体共同投标，不得限制投标人之间的竞争。

②《政府采购法》第 24 条规定：两个以上的自然人、法人或者其他组织可以组成一个联合体，以一个供应商的身份共同参加政府采购。

以联合体形式进行政府采购的，参加联合体的供应商均应当具备本法第 22 条规定的条件，并应当向采购人提交联合协议，载明联合体各方承担的工作和义务。联合体各方应当共同与采购人签订采购合同，就采购合同约定的事项对采购人承担连带责任。

③《政府采购法》第 22 条规定：供应商参加政府采购活动应当具备下列条件：（1）具有独立承担民事责任的能力；（2）具有良好的商业信誉和健全的财务会计制度；（3）具有履行合同所必需的设备和专业技术能力；（4）有依法缴纳税收和社会保障资金的良好记录；（5）参加政府采购活动前 3 年内，在经营活动中没有重大违法记录；（6）法律、行政法规规定的其他条件。

采购人可以根据采购项目的特殊要求，规定供应商的特定条件，但不得以不合理的条件对供应商实行差别待遇或者歧视待遇。

公司与分公司或企业与分支机构就是“一家人”，这属于典型的一个实质主体。而母公司与子公司则为两个独立主体，虽然存在股权的血脉筋骨相连，但两者是完全独立的两个法律主体，好比家庭中的孩子成年后因结婚而独立门户一样。

因此，总公司与分公司或企业与分支机构如果形成联合就属于典型的内部联合，而母公司与子公司则属于典型的外部联合。显然，上述法律所指的联合不包括总公司与分公司或其他企业及其分支机构间的内部联合，仅指外部联合。

三、现实：并非形似或神似，而需形在、神在

法律规制的联合不是为了简单的数量叠加或凑数，而需实质的联合，以实现立法规制上的强强联合效应。

因此，实务中，需严格界定联合“主体”的法定条件和资质条件，不仅需要形似或神似，更需形在、神在。

四、结论

针对案例，有人认为，有些专业资质为分支机构或分公司获得，而企业或总公司没有该资质，理应依法组建联合体才能满足招标的条件，这本无可非议。所以，在招标或采购活动中，总公司或其他企业没有相应资质的前提下，只能联合分公司或其他企业分支机构才具备招标所需的资质条件。因此，分公司或其他企业分支机构作为“其他组织”，根据法律规定，法人或其他组织是可以组建联合体的。

如上，既然总公司与分公司，或其他企业及其分支机构是“一家人”、一个主体，那么就不应组建联合体进行投标或参与采购活动。上述案例的做法明显于法无据，且多此一举，以总公司或其他企业直接参与招标或采购活动即可。

【操作指引】

1. 联合体投标是招标或政府采购活动的通行做法，尤其针对 PPP 等项目更需要聚合参与主体力量，才能促进项目的有序平稳推进。

2. 招标文件或采购文件是否允许联合体投标得明确规定，若不规定，法

律将推定参与主体可以采取联合体投标方式。

3. 联合体投标是参与投标或响应政府采购各方的通力合作，需严格根据法律法规规定，签署联合体协议并明确由谁代表联合体参与投标，同时，对于没有代表联合体参与投标的主体亦需遵循法律法规规定，不得单独或联合其他主体参与本项目投标或响应。

【风险防控】

1. 招标人或采购人若不接受联合体投标或响应采购的，需在招标文件或采购文件中明确规定“不接受联合体投标”。

2. 联合体各方联合时也需要满足招标文件或采购文件的具体要求和条件。

3. 联合体各方需事先通过联合体协议将责权利明确，避免事后争议或分歧。

【法律适用】

《招标投标法》第 31 条

《政府采购法》第 22 条、第 24 条

第四节　分公司因受罚不具备投标资格，会牵连总公司吗

[案例]

某分公司被吊销了营业执照，总公司打算参与某政府采购项目投标。

[问题]

总公司是否具备投标资格？

根据《政府采购法》第 22 条[①]第 1 款第（5）项和《政府采购法实施条

①《政府采购法》第 22 条规定：供应商参加政府采购活动应当具备下列条件：……（5）参加政府采购活动前 3 年内，在经营活动中没有重大违法记录……

例》第19条[①]等规定，在政府采购领域，法律法规至少对供应商不得参加政府采购活动明确规定了五种违法情形，即：（1）因违法经营受到刑事处罚的；（2）责令停产停业的；（3）吊销许可证或者执照的；（4）较大数额罚款等行政处罚；（5）在参加政府采购活动前3年内因违法经营被禁止在一定期限内参加政府采购活动，且期限未届满的。

根据前述规定，本案分公司因违法经营被吊销营业执照，显然分公司不具备参加本次政府采购活动资格。问题是，对于总公司，是否也受分公司这一违法处罚影响，不得参加政府采购活动呢？

笔者认为，不能一概而论，需具体问题具体分析。

一、在民商事法律关系上，分公司与总公司究竟是什么关系

根据《民法典》第74条[②]的规定可知：（1）法人有权依法设立分支机构；（2）设立分支机构需按法规要求履行相应登记手续；（3）分支机构有权以自己的名义开展民事活动；（4）民事责任的归责问题。原则上分公司的民事责任由法人承担，亦兼顾了现实情形，明确了"先以该分支机构管理的财产承担，不足以承担的，由法人承担"的效率适用。[③]

《公司法》第14条[④]亦规定了四层意思：（1）公司有权设立分公司；（2）公司设立分公司，需向工商行政主管部门履行登记手续，即向公司登记机关申请登记，领取营业执照；（3）分公司不具有法人资格；（4）分公司的

①《政府采购法实施条例》第19条规定：《政府采购法》第22条第1款第（5）项所称重大违法记录，是指供应商因违法经营受到刑事处罚或者责令停产停业、吊销许可证或者执照、较大数额罚款等行政处罚。

供应商在参加政府采购活动前3年内因违法经营被禁止在一定期限内参加政府采购活动，期限届满的，可以参加政府采购活动。

②《民法典》第74条规定：法人可以依法设立分支机构。法律、行政法规规定分支机构应当登记的，依照其规定。

分支机构以自己的名义从事民事活动，产生的民事责任由法人承担；也可以先以该分支机构管理的财产承担，不足以承担的，由法人承担。

③注：另对于较为特殊的金融机构，诸如保险、银行等分支机构，无论在民商事交易活动，还是诉讼领域，常常作为其他组织形式参与。在现实处理纠纷中，常常也以分支机构财产先行承担。笔者将此亦概括为"民事追求效率的商事化"情形。

④《公司法》第14条规定：公司可以设立分公司。设立分公司，应当向公司登记机关申请登记，领取营业执照。分公司不具有法人资格，其民事责任由公司承担。

公司可以设立子公司，子公司具有法人资格，依法独立承担民事责任。

民事责任归责问题。即分公司的民事责任由总公司承担。

相较两部法律的规定，仅在主体资格和责任承担方面略有细微差别。《民法典》没有具体规定分支机构是否具备法人资格，《公司法》明确了分公司不具备法人资格；在责任承担上，《民法典》明确规定原则上分支机构的民事责任由法人承担，也规定分支机构的责任可先以该分支机构管理的财产承担，不足部分，由法人补充，《公司法》仅规定分公司的民事责任由公司承担。但实质而言，《民法典》与《公司法》在规定分支机构方面的法理和基本原理是一致的。

综上，总公司与分公司属于整体与部分，主干与枝叶的关系。总公司若存在违法情形，自然影响分公司，但分公司遭致违法处罚，其后果未必影响或牵连总公司。因部分的缺失并不能影响整体的有效运转，而整体的中枢遭致创伤，必然影响部分的正常运行。好比一棵树，主干没有受损，即便枝叶受损必然不会影响其生命；但若主干受损，定然影响其枝叶的生长与发育。这与“头痛医头，脚痛医脚”原理一致，亦即身体部分患疾，对人体生命无虞。相反，即便人体从物理属性上完好，而其心脏已经停止跳动或脑死亡，纵然有完整的躯体，又有何意义？

二、分公司所生的法律责任，总公司究竟需承担何种责任

分公司虽是总公司的分支机构，但亦单独申请了营业执照，符合《民法典》规定的“其他组织”。

根据《民法典》第 74 条和《公司法》第 14 条的规定，总公司仅对分公司的民事责任承担责任，但并没有规定总公司对分公司所产生的法律责任承担责任。《民法典》与《公司法》做如此规定是基于股东的有限责任（股东仅以出资为限对法人承担责任）和法人的独立责任原理（法人一经设立便以其拥有的资产对外独立承担责任，除揭开公司面纱和法规明确股东需承担责任外，法人的民事责任与出资人或股东不相关），如此原则性规定，从狭隘而言，至少对债权人有所保障，而不至于总公司与分公司互为壁垒或责任的避风港，宏观的目的在于解除投资人的“无限溯及”的“梦魇”束缚，同时，对交易相对人有合理预期的判断，也利于监管部门的有效管理。

上述法律安排仅在民事责任方面明确了归责，并没有明确刑事责任与行政责任的承担问题。这就涉及刑事责任和行政责任的归责原理和相关具体

规定。

我国学界通说认为，行政处罚与刑事犯罪处罚的适用需严格遵循其原则和严格程序，诸如行政处罚需遵守处罚法定原则，处罚公开、公正、过罚相当原则及处罚与教育相结合等，刑事犯罪处罚需遵守罪刑法定、罪刑相当等原则。根据行政处罚和刑事处罚的系统规定，除法律明确规定法人或其他组织可构成责任主体外，一律以自然人作为归责对象，而不牵扯行为人以外的他人。

对于分公司遭致刑事责任，吊销营业执照或证照、停产停业或较大数额处罚等行为，是否与总公司关联，还需要具体问题具体分析。如果分公司所牵扯的刑事责任，吊销营业执照或证照、停产停业或较大数额处罚等行为，受总公司指示安排或要求的，相应的后果自然与总公司有牵连，不允许总公司逍遥法外。若前述受处罚行为与总公司无关，属于负责人或相关人员个人行为或擅自行为，该行为所导致的处罚后果就不应归结总公司承担。虽然从民事责任角度，分公司的行为后果与总公司有关，但刑事责任和行政责任更强调的是个体行为的违法性和主观上是否有共谋或意思联络等情形，否则，就不能任意采用民法的推定原则牵扯无辜。

综上，对于分公司的刑事责任或行政责任，是否牵连总公司，得具体问题具体考察，在法律法规没有明确由总公司承担或相关执法部门没有判定总公司承担责任的前提下，总公司便不应受到影响和牵连。

三、结论

（一）业界观点

1. 一荣俱荣、一损俱损

有人说，分公司一旦涉及刑事责任，吊销营业执照或证照、停产停业或较大数额处罚等行为，总公司当然受影响，因为分公司是总公司的组成部分，所谓“一荣俱荣、一损俱损”。

2. 分支机构的区分认识

有人说，分公司或分支机构的违法行为是否溯及公司，需根据行业进行区别考察，比如对于特殊行业的分支机构，就需要将分支机构与总公司隔离开，比如银行、保险等金融机构，电信、移动等通信机构。法律做如此区分，是因为这些机构不仅需要办理营业执照，还需办理相应行业的许可证照，也意味着经营和监管方面具有较为特殊的要求，因此，需要区别对待。除此之外，其他行业就难以等量齐观了。

3. 司法观点

有司法判例认为，分公司自身不具备法人资格，作为总公司的分支机构，是总公司的组成部分。设立分公司主要基于总公司财税和经营便利等原因，根据总公司的意志所设立，且分公司的经营范围不得超出总公司的经营范围。既然分公司经营的业务只是总公司经营业务的一部分，那么对总公司经营业务的总体评判，必然包含对分公司经营业务的部分……倘若法律允许总公司以自身名义获得行政许可，此后又将许可事项交由分公司来具体经营，一旦分公司在实施行政许可事项中因存在违规而被认定为存在“重大违法记录”，而这种不利影响又不及于总公司，那么《政府采购法》及其他有关行政许可监督管理的法律、法规对行政相对人获取行政许可所设置的条件，必将流于形式。不仅损害了其他行政许可申请人的公平竞争权，也必将使得行政执法无所适从，且有违立法本意。[①]

（二）评述前述观点

针对第一种观点，笔者认为，持该观点的人士过于机械理解法律，或没有领会法律制定背后的法理基础和法律规制的目的与实质。该观点只认识到了整体与部分的关系，并没有弄清楚各种责任的区分与归责原则及《民法典》《公司法》仅在民事责任上理顺了分公司与公司之间的责任承担问题。因此，该观点只知其一，不知其二。

针对第二种观点，虽然不似第一种武断，但亦如五十步笑百步，无非认了保险、银行等金融机构和电信等行业的特定性作为例外，除此之外，仍没有脱离第一种观点的认知。

针对第三种观点，虽然该判决说理确有道理，但此处显然预设了两个前提，第一，将分公司的违法行为限定在“行政许可”事项；第二，从行政监督和公平竞争两个视角说理论证。笔者认为，该判决的说理只是针对具体个案，并不能由此泛化适用除行政许可的所有违法事项或行为，就法律的适用

① 参见某客运集团有限公司与延吉市财政局政府采购行政决定二审《行政判决书》[（2016）吉24行终138号]。

层面，必须结合个案的事实和法律的法理背景及立法原意进行合情合理解读才能导出相对合理的结论，而不能无视个案的具体情况，一概而论。

法谚，法无授权不可为。此即道明行政权力的权源基础和行政权力的界定。行政监督需要遵循法定原则，若法律没有明确规定便不能类推适用。分公司在行政许可内有违法情形的，首先需按照刑事、行政法律规定适用，而不能按照民事责任的思路简单地归结于总公司承担。

笔者从业近二十年，接触不少法律人时常将民事法律思维与商事法律思维不分，行政法律思维与民事法律思维不分等现象。如果不明各部门法或每部法律的立法原理和适用机理，在法律适用上自然张冠李戴、牛头不对马嘴。

（三）总结

对于分公司与总公司之间的法律责任，以家庭与成员来比附则显得更直观，分公司好比未成年子女，总公司好比家庭。当未成年子女违法犯罪，所依据的是刑法或行政法体系进行归责适用，遵循“谁行为，谁负责”的法律逻辑，刑罚或行政处罚所归责的只是具体实施行为的个体，而不涉及行为人以外的其他家庭成员。只是对于民事部分，需要由家庭或未成年人的监护人以被监护人的财产清偿，不足部分由家庭或监护人补足。这样的制度安排与《民法典》第 74 条规定精神一致。

笔者认为，针对分公司所受处罚，需要把握以下原则：

第一，需区分民事责任与行政责任、刑事责任三者的区别与联系，明白法律思维、归责体系和适用原则及背后法理原理的差异。

第二，《民法典》与《公司法》仅就分公司与总公司之间的民事责任进行了明确规定，但并没有明确刑事与行政责任如何处理。

第三，分公司与公司之间除民事责任外，其他刑事与行政责任自然适用刑事、行政相关法律法规的规定。

第四，当分公司触犯了刑事或行政责任时，亦得根据责任情形，具体考察是否可归责于总公司，若从相应的处罚决定或裁判文书不能归结于总公司的，显然不能运用民事的类推原则勉强为之。

第五，总之，法律问题需要个案考察，切不可天马行空，泛化适用。

回归本案，笔者认为，对于分公司不按具体要求接受工商行政监管，处以吊销营业执照的行政处罚，但该行政处罚并不能溯及总公司。无论总公司与分公司分属相同的工商行政监管，还是分别向工商行政部门申领了营业执照，该行政处罚并不能同于公司所受处罚，因此，公司参与政府采购的资格并不受此影响。

【操作指引】

1. 无论是招标文件还是采购文件编制，得区分总公司与分公司，母公司与子公司等区别。

2. 在资格审查时，尤需注意一些常识性法律术语的涵义，便于精准判断。

3. 在判断主体的是与非、对与错时，需根据民商法的主要法律法规，如《民法典》《公司法》等加以判断，切不可主观随意。

4. 投标人或供应商在设置母子公司或总分公司时，也需要考虑其目的和意义及加强管理，避免违法行为发生。

【风险防控】

1. 招标活动或政府采购活动的各方主体需根据法律法规进行判断，而不可僭越法律法规规定。

2. 市场经济遵循“谁行为，谁负责”，不可盲目扩大或株连无辜。

3. 总分公司或母子公司之间也需加强管控，在法律法规框架内开展合法经营活动。

【法律适用】

《政府采购法》第 22 条第 1 款第（5）项

《政府采购法实施条例》第 19 条

《民法典》第 74 条

《公司法》第 14 条

第五节 存在利害关系，必然影响招标公正性吗

[案例]

1. 公司 A 与公司 B 共同出资成立了公司 C。现公司 A 有一项目公开招投标。那么，公司 C 是否可以参与投标？

2. 公司 B 又是否可以参与投标？

3. 三者之间是否存在利害关系？

4. 对利害关系的理解真意到底是什么？

要厘清这个问题，不得不提《招标投标法实施条例》第 34 条。

《招标投标法实施条例》第 34 条规定：与招标人存在利害关系可能影响招标公正性的法人、其他组织或者个人，不得参加投标。单位负责人为同一人或者存在控股、管理关系的不同单位，不得参加同一标段投标或者未划分标段的同一招标项目投标。违反前两款规定的，相关投标均无效。笔者曾就第 34 条的规定进行了探讨，但仍感意犹未尽。此处，结合案例和法律文本再次梳理和融通理解，以期业内同行重新认知和评估该条立法的真意、价值取向及导引。

一、对《招标投标法实施条例》第 34 条第 1 款的文义解读

《招标投标法实施条例》第 34 条第 1 款规定了不得参加投标的法人、其他组织或者个人，系针对与招标人存在利害关系，且可能影响招标公正性的情形。

问题是，如何界定“与招标人存在利害关系”？据该条第 2 款规定，自然是除与招标人存在全资子公司，或控股、参股公司等以外的情形。由于该条并没有就“利害关系”进行定义，也就导致现实适用过程中的广义或扩大解释。

不过需要注意的是，该条款并非仅因投标人“与招标人存在利害关系”便一律不得参加投标，而是基于该利害关系足以达到“可能影响招标公正性”时，才不得参加投标。

也就是说，不仅需要判断投标人“与招标人是否存在利害关系”，还需

要判断该“利害关系”是否足以达到“可能影响招标公正性”的标准。

对于是否足以达到“可能影响招标公正性”的标准，该规定更倾向于主观认知标准，由此，给现实适用带来了莫大困境。

只依据该款的行文逻辑可以推导，一旦排除“可能影响招标公正性”的情形，投标人即便“与招标人有利害关系”，也不影响其参与投标。

二、“利害关系”是“利”与“害”的一体两面

查阅《现代汉语学生词典》，[1]“利害”指利益和损害，也指难以对付或忍受等，应指“利”与“害”的一体两面。

根据《招标投标法实施条例》第 34 条的规定，既指投标人与招标人存在利益关系的积极一面，又指投标人与招标人存在利益纠葛的消极一面。

对于投标人与招标人之间存有利益的积极一面，其他投标人不免担心，招标人在利益面前自然难以做到“公正公平”对待，也就必然影响项目招标的公平公正性。至于投标人与招标人存在“损害”或利益纠葛情形，作为其他投标人也就没有必要担心招标人会对投标人给予“优厚的特殊待遇”或暗箱操作，关键是投标人是否有勇气参加投标。

因此，此处的“利害关系”应狭义理解为投标人与招标人存在利益关联关系，而不是利益冲突，或不融洽、不友好等情形。

三、何为“‘可能’影响招标公正性”

如何判断“可能”影响招标公正性这个“度”？谁有权判断“可能”这个“度”？依据什么判断“可能影响招标公正性”？现行法规对前述问题都没有给出答案。

通过招投标法体系的系统梳理，对于上述三个问题，唯有“谁有权判定‘可能’这个度”的问题，或许相对清晰明。对于其他两个问题就难以应答了。

对于招标投标项目，判定“可能”的主体自然归属于评标委员会。但现实中，评标委员会并非都能做到独立、中立、专业、客观评标，从而也就出现其他投标人提出异议或投诉的后续问题。而且，从客观论，评标委员会成

---

① 参见《现代汉语学生词典》，延边人民出版社 1996 年版，第 664 页。

员属于临时组建，对各投标人与招标人之间是否存在“利害关系”知之甚少，也就丧失了评判的基础数据、材料，从而导致评标委员会的评判流于形式，形同虚设。从这个意义上，对于其他投标人等也就有了“异议”或“投诉”的客观基础，抑或客观上赋予了“评判”的“权力”。

由于法律法规没规定判定“可能影响招标公正性”的具体标准，自然导致现实适用的困境。

众所周知，招标投标须严格遵循“三公”原则和诚实守信原则。因此，从理论上，招标投标显然在遵循“三公”原则与诚实守信原则的前提下进行，因此，只要满足投标人资格的法人或其他组织、自然人都有权参与，故与招标人存在利害关系的投标人当然可以参与。但有的投标人或其他利害关系人有时找茬搬弄是非。一旦与招标人存在利害关系的投标人参与投标，不正好为他人“挑刺”留下了把柄和口舌。虽然整个招标投标过程都经得起“三公”原则和诚实守信原则检验，但在中标结果面前，纵有百口也难辩。

尤其《招标投标法》第 65 条[①]赋予投标人或其他利害关系有权向招标人提出异议或者依法向有关行政监督部门投诉的权利。一旦其他投标人或利害关系人提出异议或投诉，对与招标人存在利害关系的投标人自然是难以自证清白的。

四、谨慎判断影响公正性的利害关系

对于上述案例，笔者认为从立法原意、文义及法理剖析，公司 B 虽与公司 A 共同出资设立了公司 C，两者与公司 C 确有利害关系，但此种利害关系是否必然成为公司 B 与公司 A 之间的利害关系，不无疑问。

假设公司 C 参与该项目投标，则涉及《招标投标法实施条例》第 34 条第 2 款的适用，即单位负责人是否为同一人或者存在控股、管理关系等。

其实，即便勉强认为公司 B 与公司 A 存在利害关系，难道就必然造成“可能”影响招标公正性？这仍然值得深究。

当然，正如上文所提示，案例的情形若能尽量避免，以免授人以柄，自讨没趣。

---

①《招标投标法》第 65 条规定：投标人和其他利害关系人认为招标投标活动不符合本法有关规定的，有权向招标人提出异议或者依法向有关行政监督部门投诉。

【操作指引】

1. 招标人需广义界定“利害关系”，避免引起异议。

2. 投标人需狭义界定“利害关系”，斟酌是否可以参加投标。

3. 招标人得充分尊重评标委员会独立、中立、客观评标，避免“可能”影响招标公正性的扩大解读。

4. 评标委员会在评标过程中，得统一“利害关系”与“可能”影响招标公正性的评判标准。

【风险防控】

1. 招标人得严格适用《招标投标法实施条例》第 34 条。

2. 在法律法规适用时，紧扣法律法规立法原意、文义和旨意进行解读。

3. 投标人需领会法律法规的限制性或禁止性规定，避免劳而无功。

【法律适用】

《招标投标法实施条例》第 34 条、第 65 条

（载《中国招标》2019 年第 10 期）

第六节　招标投标，一枚密封章潜藏的大学问

[案例]

在一个招投标项目中，投标人没有按招标文件要求在封套上加盖“密封章”被拒收。事后，该投标人向招标人提出了异议，在招标人答复后，投标人对答复结果不满意进而向主管部门提起了相关投诉。

[问题]

这看似不经意的细枝末节的小事，为何各方都“小题大做”？

投标文件密封性检查是投标阶段“三公”形象的外在体现。在招标投标过程中，要求投标文件“形”“质”兼备，绝不允许重实质而轻形式，重内容而轻外观，这与法律所要求的“程序”与“实体”并重、“程序”与“实体”辩证统一，于此彰显招标投标的公平、公正、公开，维护招标投标的竞

争秩序。

招标投标活动原本就是严肃、严谨，不容许半点马虎和虚假的。但有不少投标人流于形式，走过场，缺乏招标投标必要的严谨性与积极性。

一、“密封章”的千机百变

本案中，虽招标文件已经要求在封套上加盖“密封章”，招标文件的相应条款也明确招标文件正文中凡是涉及盖章的地方，通常为加盖投标人公司的公章密封，而不是其他印章。可也推导不出封套密封处所加盖的就必定为“密封章”而不是其他印章。

同时，招标文件并没有明确该密封章究竟是“加盖印章”，或“公章”，或“财务章”，或法定代表人私章？因此，投标人认为，招标文件仅规定“投标文件封套密封并加盖密封章”，但并没有注明密封章是何种式样、规格及印章所体现的内容。

故，投标人亦进一步认为，“密封章”也可以解读为在密封处盖公章。

二、解决出路

诚然，目前确实没有法律法规就“密封章”确切规定，也就导致现实各方各执一词。

司法的使命就在于解决纠纷，本案虽是“投诉”，但仍需要作出“有问必答”的结论。此处，不妨借鉴司法活动的解决思路，在没有法律法规明确规定的前提下，同时双方又各执一词时，总得寻求公平公正且有公信力的解决途径。

根据《民法典》第466条“当事人对合同条款的理解有争议的，应当依据本法第一百四十二条第一款的规定，确定争议条款的含义。合同文本采用两种以上文字订立并约定具有同等效力的，对各文本使用的词句推定具有相同含义。各文本使用的词句不一致的，应当根据合同的相关条款、性质、目的以及诚信原则等予以解释”的规定，对招标文件进行词句、目的及交易习惯、诚实信用等解读。

前文已述，招标文件对何处盖什么章虽有明晰规定，但当文义有两种解释时，其实应作出对相对方有利的解释。同时，根据行业习惯，“密封章”其实并没有特定的式样和要求，通常也为加盖公章而已。因此，当招标文件没有规定“密封章”本身的式样、规格等细节，便应按惯例理解。而不是牵强认为非得要有“密封章”的专用章——其实，这样的章反而没有可识别性。

当然，作为受理投诉的工作人员，虽然法律法规没有对“密封章”进行明确，招标文件也没有明确“密封章”的特定式样，因此，可按“行业习惯”或“行业惯例”进行判断，不是任由招标人所认为的五花八门的“章”，从而破解各方的两难说辞难题。

三、结论

本案中，投标人虽然没有遵循招标人所认为的“密封章”封套密封，遭致拒收确实遗憾，但此外观形式并不影响其投标实质，同时，招标文件也语焉不详，所以，招标人拒收是违背“三公”原则与诚实守信原则的。

虽然形式是为内容服务的，但断不可自以为是偏离法律法规和招标文件及行业惯例而曲解或夸大“封套密封”形式要件。

笔者认为，招标人在编制招标文件时，尽可能严谨细致，减少行文歧义，便于招标活动有序开展。招标投标，要特别注意细节，定然不可自作聪明、随心所欲解读，更不能想当然自我推定。

【操作指引】

1. 招标人或采购人在编制招标文件或政府采购文件时，用词精准，避免歧义。

2. 招标人或采购人在编制招标文件或政府采购文件时，不标新立异，不随意突破行业惯例创新。

【风险防控】

1. 招标人或采购人遇投标人或供应商提出异议或质疑时，得依据法律法规客观审视，对于异议或质疑于法有据的，建议采取对话方式妥善处理。

2. 招标人或采购人遇投标人或供应商提出异议或质疑时，勿先入为主，强词夺理片面理解，尽可能回到立法本意、行业惯例等轨道上客观理解。

3. 招标人或采购人做好总结提炼并通过流程管控好文件编制风险。

【法律适用】

《民法典》第 466 条

第四章 评标和评审的学问

有关评标或评审，业界一直存有争议，也备受诟病。评标或评审，关乎招标人或采购人，投标人或供应商的切身利益，从这个角度，评标或评审活动是招标投标活动或政府采购活动的关键环节，在此环节便分出几家欢乐几家愁。

评标或评审活动如此重要，不只是该活动的必然必要环节，且亦是利益冲突或关注最为集中的环节，亦为各家聚焦的核心。在此环节，涉及招标人或采购人，投标人或供应商，评标委员会或评审专家，还有公证人员、代理人员等。

在众多人员中，评判优劣的大权理论上属于评标委员会或评审委员会。目前，法律法规对评标委员会或评审委员会没有过多过细的规制，导致在适用中会出现一些分歧或疑点难点。

当然，立法总是难尽如人意，这也是法律法规的魅力所在。就评标专家或评审专家的法律规制方面，目前也没有弄清楚评标专家或评审专家在评标或评审活动中所处的法律角色或地位，尤其与招标人或采购人，招标代理机构，投标人或供应商之间系何种法律关系，应为何种法律地位，若因参加评标或评审出现意外（如交通事故等），如何救济其权益；所发放的评标费用或评审费用是什么性质，如何支出，对于支出单位如何列支，在财税筹划上又应该如何体现，若出现评标或评审错误，甚至人为操作的情形，又如何归责（虽然有法律法规涉及，但仍不够系统全面？招标人或采购人可否授权评标委员会或评审委员会确定中标人或成交供应商，在评标或评审过程中，若人为干预评标委员会或评审委员会，又该如何救济和处理等，不一而足。

其中，评标委员会或评审委员会对招标文件或采购文件中编制的评标细则或评审细则与现有法律法规相冲突的，如何处理？虽然法律法规有所涉及，但毕竟过于单一，甚至可操作性不强，从而带来交易成本增加和其他困境。

以上诸多问题或现实规制的空白或不明，有待行业、立法层面根据轻重缓急，逐渐科学合理地厘清并规制，从而脱困于现实不足的局面。

第一节 注册地址与实际地址不符，能判定中标无效吗

[案例]

某政府采购服务项目，采购人对中标候选人履约能力实地审查时，发现第一中标候选人的注册地址与实际地址不吻合。对此采购人方产生了较大的争议。一方认为，注册地址与实际地址不符，等同于提供虚假材料；另一方认为，注册地址与实际地址不符，可能是企业迁址，迁址后又没有及时更改相关注册信息造成的，只能算工作的疏忽，没有提供虚假材料，骗取中标的本意。

[问题]

1.面对这种情况，采购人该如何处理？

2.是否可以注册地址与实际经营地址不一致认定其提供虚假材料，判定中标无效？

国人自古以来就有“安居乐业”“守土固本”的家国情怀。个体自然有追求家的强烈愿望，大多数人终其一生追求的就是买套住房，拥有一个属于自己的窝。于公司而言，属于法律拟制的人，自然也不能“居无定所”，必然需要一个固定的住所才能好好开展经营活动，亦更好取得交易对方的信任，同时亦便于国家的管理。

因此，住所对一家公司而言，至关重要，意义非凡。

一、住所对于公司，犹如心为神之舍

《黄帝内经》中《大惑论》篇记载，“心者，神之舍也”。其意为，人的“神”需要以“心”为舍，驻扎于“心”这个“窝”才行，否则，“神精乱而不转，卒然见非常处精神魂魄，散不相得……”

对于公司而言，住所为公司的“神之舍”。倘若无“舍”，公司难以“心安凝神”运营。

是故，《民法典》第 58 条[①] 规定：法人应当有自己的住所。《公司法》第 7 条亦规定：公司的营业执照应载明公司的住所，《公司登记管理条例》第 9 条规定了“住所”为公司的登记事项之一，该条例第 20 条、第 21 条再次明确登记注册有限责任公司或股份有限公司的，应向公司登记机关提交住所证明。

以上相关规定不难看出，在法律层面，法人必须拥有自己的住所，此为法人设立的必要条件。

二、住所一经确定，是否允许变更

虽然《民法典》《公司法》规定注册成立法人必须满足“住所”条件，但“住所”一经登记注册，是否允许变更呢？

《公司法》对此虽没有明确规定，但《公司登记管理条例》第 29 条[②] 进行了具体规定。

根据该条规定，公司有权变更住所，只是“在迁入新住所前”，需要“申请变更登记”并提交“新住所使用证明”。如果公司变更住所涉及“跨公司登记机关辖区的”，还需在“迁入新住所前”向迁入地公司登记机关“申请变更登记”。只有当迁入地公司登记机关“受理的”，由原公司登记机关将公司登记档案移送迁入地公司登记机关。

三、法律法规不仅允许公司变更住所，还默认公司可拥有多个“办公场地”

不仅法律法规对公司登记注册住所允许变更，同时，相关规定也明确了公司可在多个地点办公。根据《公司法》第 10 条的规定，公司以其主要办事机构所在地为住所。换言之，法律客观也允许公司拥有多处办事地点，甚

---

①《民法典》第 58 条规定：法人应当依法成立。法人应当有自己的名称、组织机构、住所、财产或者经费。法人成立的具体条件和程序，依照法律、行政法规的规定。设立法人，法律、行政法规规定须经有关机关批准的，依照其规定。

②《公司登记管理条例》第 29 条规定：公司变更住所的，应当在迁入新住所前申请变更登记，并提交新住所使用证明。

公司变更住所跨公司登记机关辖区的，应当在迁入新住所前向迁入地公司登记机关申请变更登记；迁入地公司登记机关受理的，由原公司登记机关将公司登记档案移送迁入地公司登记机关。

至允许登记注册的住所与主要办事机构所在地不一致的情形。

根据《公司登记管理条例》第12条规定，公司的住所是公司主要办事机构所在地。经公司登记机关登记的公司的住所只能有一个。公司的住所应当在其公司登记机关辖区内。该条规定客观上也承认了公司可有多个办事地点，即允许登记的住所与未登记住所并存。

法律法规之所以如此规定，客观上是为了迎合市场经济发展的瞬息万变、日新月异而采取的灵活规定，不至于掣肘或束缚公司的自由发展。

四、公司的登记注册的住所与实际住所不一致需要面临的法律后果

对于提供虚假住所证明材料的，根据《公司登记管理条例》第65条规定，提交虚假材料或者采取其他欺诈手段隐瞒重要事实，取得公司登记的，由公司登记机关责令改正，处以5万元以上50万元以下的罚款；情节严重的，撤销公司登记或者吊销营业执照。

对于公司登记事项发生变更，未依照《公司登记管理条例》规定办理有关变更登记的，根据《公司登记管理条例》第69条规定，公司登记事项发生变更时，未依照本条例规定办理有关变更登记的，由公司登记机关责令限期登记；逾期不登记的，处以1万元以上10万元以下的罚款。其中，变更经营范围涉及法律、行政法规或者国务院决定规定须经批准的项目而未取得批准，擅自从事相关经营活动，情节严重的，吊销营业执照。公司未依照本条例规定办理有关备案的，由公司登记机关责令限期办理；逾期未办理的，处以3万元以下的罚款。

综上，登记注册时提交不实材料，或登记信息发生变更未按《公司登记管理条例》履行变更登记义务的，将面临行政处罚，并没有涉及民事法律行为效力的判定问题。

因此，针对登记注册住所与实际经营场地不一致的情形，至多从工商登记的行政管理层面进行追责，但并不影响民事行为的法律效力。

五、注册地址与实际经营地址不一致，如何处理

本案中，对于采购人进行履约能力实地审查时，发现投标人的注册地址与实际经营场地不吻合的情形，究竟如何处理才妥当？

有观点认为，应将住所地作为中标候选人是否具备履约能力的考核条件。理由是住所地关系公司是否具有稳定的经营场地，是否根基牢固，倘若没有一个固定的经营场所，何谈经营发展，岂不与皮包公司无异。

反对观点认为，不能将此作为履约能力的条件，注册住所地或者营业场所不一致，至多违反了工商行政管理，只能施以工商行政处罚，并不影响其他经营行为的法律效力。

亦有观点认为，中标候选人提交的材料与实际不符，显然违背了《政府采购法》所规定的诚实守信原则。如此置诚信于不顾，怎能相信中标候选人的后续履约就能诚实守信？

反对观点认为，虽然中标候选人提交的投标文件所载明的住所地与实际经营场地不一致，但该不一致并不影响投标文件的实质和投标人的履约能力。何况《公司登记管理条例》也承认了住所地与实际经营场地不一致的客观情形。且履约能力审查的目的是衡量对方的履约能力，难道住所地与实际经营场地不一致就影响其履约能力？对此，早有规定不得以场地等作为资格条件等设定。本案还有一个关键问题，就是是否可以注册地址与实际经营地址不一致认定其提供虚假材料，判定中标无效？

如果招标文件明示投标人必须对住所地明确承诺，而投标人在投标文件中也作出明确承诺。此时，可否认定为投标人的行为属于隐瞒真实情况或提供虚假材料呢？笔者认为，在招标文件明确要求的情形下，投标人所做的承诺与事实不符时，招标人可以认定投标人存在提供虚假材料或隐瞒真实情况，有权认定成交无效。

但这样的处理方式不能泛滥或随意扩大，只在招标文件有明确规定的前提下适用，对于招标文件没有明确规定的，则不能以住所地与实际经营场地不一致，便认定存在提供虚假材料或隐瞒真实情况，进而主张成交无效。

实践中，还存在投标人提交的住所地根本不存在的情况，比如是投标人一开始登记注册时就伪造了材料进而骗取了登记，还是事后因征地拆迁被拆了，或因行政管理需要，对门牌进行了重新编号。上述“不存在”的情况是否需要具体问题具体分析呢？笔者认为，没有必要。

无论是投标人一开始就提供虚假材料骗取工商登记，还是投标人此前注册地址客观存在，只是经拆迁或行政区划等变迁导致与实际经营场地不一致等情形的，均应纳入工商行政管理规制，并不能以此与履约能力挂钩判断，何况现实中“注册地和经营地址不一致”是较为常见的。

同时，中标候选人的选出是评审专家根据《采购文件》《响应文件》独立评审而推荐，因此，对于中标候选人的住所地与实际经营场地不一致的问题，是否影响履约能力，应以严格的审查标准进行判断，不能扩大或随意认定。

【操作指引】

1. 采购人需在《采购文件》中明确成交无效的具体情形，增强评审的可操作性。

2. 采购人在适用相关法律法规或解读《采购文件》时，不能随意扩大或过于主观，应围绕文义，结合法律法规的规定意思及立法目的进行解读。

3. 供应商在制作响应文件时，不可报以侥幸，对程序性资料或非实质响应部分不以重视，企图蒙混过关。

4. 供应商应实事求是制作响应文件，切忌张冠李戴、指鹿为马。

【风险防范】

1. 采购人在整个采购活动中，无论程序还是实体方面，均严格依法依规，避免主观随意与草率。

2. 采购人一旦涉及认定成交无效等情形时，须认定好事实，找准法律适用，不可随心所欲、授人以柄。

3. 供应商在参与采购活动中，需严谨细致、准备充分。

4. 供应商所制作的每一份材料必须保障形式和内容完全响应《采购文件》的具体要求。

【法律适用】

《民法典》第 58 条

《公司法》第 7 条、第 10 条

《公司登记管理条例》第 9 条、第 12 条、第 20~21 条、第 29 条、第 65 条、第 69 条

（载《中国招标周刊》2018 年第 45 期）

第二节 投标文件中，被委托人身份证已过有效期，可以拒收投标文件或否决投标吗

[案例]

某招标项目，投标人提交的被委托人身份证复印件显示已过有效期。

[问题]

1.被委托人身份证过有效期，授权委托书无效吗?

2.若被委托人身份证过有效期，可以拒收投标文件吗?

3.若被委托人身份证过有效期，可以否决投标吗?

无论是自然人，还是法人或其他组织作为投标人参与投标活动时，要么自然人本人、法定代表人或负责人亲自参与投标活动，要么委托其他自然人代表其参与投标活动。

委托代理法律关系虽是常见的民事法律关系，但也不能大意，如果不严格按照法律法规规定办理相关手续，就会带来系列的法律风险。在招标投标过程中，须严格遵章照办，避免因委托手续的瑕疵带来不确定因素，影响招标投标活动正常开展。

一、委托代理的法律规制和要件审查

(一)法律规定

1.《民法典》总则编的规定

《民法典》第161条[①]规定，除依照法律规定、当事人约定或者民事法律行为的性质必须由本人亲自实施的民事法律行为外，民事主体可以通过代理人实施民事法律行为。

---

①《民法典》第161条规定：民事主体可以通过代理人实施民事法律行为。

依照法律规定、当事人约定或者民事法律行为的性质，应当由本人亲自实施的民事法律行为，不得代理。

如何产生代理法律关系呢？根据《民法典》第 163 条[①]规定，代理可以通过委托和法定方式产生。委托是当事人之间的意定方式，即充分体现意思自治；法定是遵照现有法律规定方式，比如监护权主要体现为法定方式。

被委托人凭什么履行代理权呢？委托代理人按照被代理人的委托行使代理权；法定代理人依照法律的规定行使代理权。

代理人行使代理权的法律后果，由谁承担？根据《民法典》第 162 条[②]规定，除《民法典》第 164 条[③]和第 171 条[④]规定外，代理人在代理权限内，以被代理人名义实施的民事法律行为由被代理人承担相应后果。

2.《民法典》合同编的规定

《民法典》第 919~920 条规定：委托合同是委托人和受托人双方约定，由受托人处理委托人事务的合同。同时，委托人可以特别委托受托人处理一项或者数项事务，也可以概括（笔者按：综合的或笼统的）委托受托人处理一切事务。

---

①《民法典》第 163 条规定：代理包括委托代理和法定代理。

委托代理人按照被代理人的委托行使代理权。法定代理人依照法律的规定行使代理权。

②《民法典》第 162 条规定：代理人在代理权限内，以被代理人名义实施的民事法律行为，对被代理人发生效力。

③《民法典》第 164 条规定：代理人不履行或者不完全履行职责，造成被代理人损害的，应当承担民事责任。

代理人和相对人恶意串通，损害被代理人合法权益的，代理人和相对人应当承担连带责任。

④《民法典》第 171 条规定：行为人没有代理权、超越代理权或者代理权终止后，仍然实施代理行为，未经被代理人追认的，对被代理人不发生效力。

相对人可以催告被代理人自收到通知之日起 30 日内予以追认。被代理人未作表示的，视为拒绝追认。行为人实施的行为被追认前，善意相对人有撤销的权利。撤销应当以通知的方式作出。

行为人实施的行为未被追认的，善意相对人有权请求行为人履行债务或者就其受到的损害请求行为人赔偿。但是，赔偿的范围不得超过被代理人追认时相对人所能获得的利益。

相对人知道或者应当知道行为人无权代理的，相对人和行为人按照各自的过错承担责任。

（二）要件审查

1. 审查被委托人的身份

委托代理是基于彼此信任，而信任是建立在双方身份明确的前提下。因此，首要审查彼此的身份信息，避免信息不实或相关信息或证书过有效期所带来的不利后果。

2. 签订委托合同

《委托合同》明确委托事项和期限及其他限定条件，明确界定授权委托范围和不按授权内容行使委托的法律后果等，以委托合同方式约定双方的责权利，利于法律风险控制。

通常，委托人与受托人之间不一定都以书面的委托合同方式约定彼此责任权利，往往直接出具《授权委托书》。

3. 出具授权委托书

《授权委托书》应根据委托人的意图或办理委托事项的需要和方便进行理性合理安排。比如，授权方式是一般授权还是特别授权，一般授权更多的是程序性权利，不能对委托事项径直进行处分，如放弃、变更委托事项和委托事项的实体内容，而特别授权内容基本与委托人处于同等地位，可以根据委托事项进行自主处分；授权期限，取决于委托人对被委托人的期望，是限定固定期限还是直至委托事项完成为止；是否可撤销或变更，在于激励被委托人全力完成委托事项，亦利于相对人减少顾虑，大胆与被委托人交易；转委托的权利，被委托人可根据情况，就委托事项转委托他人处理。

《委托合同》是委托人和被委托人之间权利义务关系的约定，是内部的协议。而《授权委托书》属于委托人对被委托人授权的权限、期限等外在表现，用于对外（双方之外的第三人）出示的。

故，《委托合同》和《授权委托书》是有所区别的，不少人以事务处理的功能主义为导向，往往不签书面的《委托合同》，直接出具《授权委托书》。不过，从风险防控而言，建议二者都签署，利于权责明确。

4. 签字与盖章

委托人为法人或其他组织的，需盖公章以表明委托的意思表示；被委托人为自然人不仅需要签字，还需摁手印，避免笔迹鉴定难以辨别是非的后果。

5. 明确授权日期

明确授权日期，不仅表明委托授权的具体日期，而且也便于起算委托授权期限。客观上，也利于自然分辨委托时间前后所做事项的效力，对于被委托人于委托授权日期前的行为起着不证自明的效果。

6. 明确是否允许转委托

若不允许委托人转委托，就需要明确“不得转委托”的字样，避免被委托人就委托事项委托他人办理的情形，导致委托人选任被委托人的失控。

总之，委托授权在民商事活动中颇为常见，也是延伸委托人手臂的一种法律制度或措施，但在办理委托手续过程中，需严格按法律法规规定进行明确约定，避免事后产生不可控的风险。

二、身份证的法律意义

（一）身份证的有效期

根据《居民身份证法》第 5 条[①] 规定，将不同年龄阶段的公民，划分规定为四类有效期。另根据该法第 11 条[②] 规定，居民身份证有效期满，应当申请换领新证。除此之外，没有规定居民身份证有效期届满后所导致的法律后果。

居民身份证有效期届满，究竟面临何种法律后果？是否必然意味着身份证失效或作废？如果视为“身份证作废”的话，那么“居民身份”是否受影响？如果一个人身份证过期，是否有权参与民事活动？参与民事活动的效力又如何？欲厘清这些问题，需弄明白《居民身份证法》的立法目的。

---

①《居民身份证法》第 5 条规定：16 周岁以上公民的居民身份证的有效期为 10 年、20 年、长期。16 周岁至 25 周岁的，发给有效期 10 年的居民身份证；26 周岁至 45 周岁的，发给有效期 20 年的居民身份证；46 周岁以上的，发给长期有效的居民身份证。

未满 16 周岁的公民，自愿申请领取居民身份证的，发给有效期 5 年的居民身份证。

②《居民身份证法》第 11 条规定：居民身份证有效期满、公民姓名变更或者证件严重损坏不能辨认的，应当申请换领新证；居民身份证登记项目出现错误的，公安机关应当及时更正，换发新证；领取新证时，必须交回原证。居民身份证丢失的，应当申请补领。

未满 16 周岁公民的居民身份证有前款情形的，可以申请换领、换发或者补领新证。

公民办理常住户口迁移手续时，公安机关应当在居民身份证的机读项目中记载公民常住户口所在地住址变动的情况，并告知本人。

（二）身份证的法律意义

根据《居民身份证法》第1条规定，制定本法的目的：（1）为了证明居住公民的身份；（2）保障公民的合法权益；（3）便利公民进行社会活动；（4）维护社会秩序。据此规定，居民身份证不是对公民或居民身份的赋予，而是起着证明、保障、便利等意义。

既然《居民身份证法》起着证权作用，而不是设权的话，那么身份证有效期届满，公民或居民身份并没有任何变化，所导致的不过是身份证作废或失效而已。而身份证作废或失效，并不影响身份的客观存在和辨识，至多带来民事活动的不便。但这种不便并不影响参与社会或民事活动主体身份和行为能力本身，因为，客观的人远远大于身份证的意义和证明效力。个体的身份并不因身份证的有效期经过而受到任何影响，个体的行为能力或民事活动亦不因身份证的有效期经过而受到任何否定性评价。因为，身份证只是个体本身和参与社会活动的人或文书中所记载或明确的主体归因的纽带。

因此，无论是相关主管部门，还是本人或交易相对方，不得以身份证有效期届满为由，不认公民或居民，抑或民事主体身份。

除此之外，出台“身份证”管理制度，也是户籍管理部门履行管理职能的手段和采取措施的方便，通过身份信息建档，以区别同名同姓、长相相似的个体，也便于人员流动的系统管理。

总之，作为个体身份，并不因身份证有效期届满与否而丧失。

三、分析案例

（一）身份证有效期届满，是否影响授权委托书效力

授权委托书是委托人向受委托人出具的法律文书。只要该文书符合《民法典》第143条规定，不触犯《民法典》合同编第三章合同的效力（第502~508条）规定，当然有效。

至于被委托人身份证有效期届满，所带来的后果至多是身份证失效或作废，身份本身并不受此影响。

基于此，《居民身份证法》规定了身份证有效期届满有两种救济手段：一是根据《居民身份证法》第11条规定，申请换领新证；二是根据《居民

身份证法》第 12 条规定，若急需的，可以申请临时居民身份证。

最为关键的是，根据《居民身份证法》第 3 条规定，居民身份证登记的项目包括：姓名、性别、民族、出生日期、常住户口所在地住址、公民身份号码、本人相片、证件的有效期和签发机关。而公民身份号码是每个公民唯一的、终身不变的身份代码，是公安机关按照公民身份号码国家标准编制的。因此，无论身份证期限是否届满，并不影响居民身份证登记的内容和公民身份号码的生成。

作为委托人所需注意的是被委托人是否具备完全民事行为能力和胜任处理委托事项的能力，而不问身份证是否经过有效期。

因此，不能因为受委托人身份证有效期届满，便视授权委托书无效。当然，是否视为存在效力瑕疵，有待探讨，比如，在被委托人未提供户籍管理部门的有效证明前提下，可否视为效力待定，以促使被委托人通过补正得以解决，有待进一步思考，以此完善，解决现实中的争议。

（二）若被委托人身份证过有效期，可以拒收投标文件吗

1. 拒收投标文件或响应文件的法定情形

（1）根据《招标投标法》第 28 条第 2 款规定，招标人应拒收的情形是，投标人在招标文件要求提交投标文件的截止时间后送达投标文件的。

（2）《招标投标法实施条例》第 36 条规定了三种应当拒收的情形：第一，未通过资格预审的申请人提交的投标文件；第二，逾期送达投标文件；第三，不按照招标文件要求密封的。

（3）《政府采购非招标采购方式管理办法》第 15 条第 1 款规定：供应商在截止时间后送达的响应文件为无效文件，采购人、采购代理机构或者谈判小组、询价小组应当拒收。

（4）《政府采购货物和服务招标投标管理办法》第 33 条第 2 款规定：投标人逾期送达或者未按照招标文件要求密封的投标文件，采购人、采购代理机构应当拒收。

（5）根据《政府采购竞争性磋商采购方式管理暂行办法》第 13 条第 1 款规定：供应商在截止时间后送达的响应文件为无效文件，采购人、采购代理机构或者磋商小组应当拒收。

2. 结论

如果招标文件或采购文件明确了被委托人需提交“有效的身份证件”，而投标人或供应商并没有对招标文件或采购文件提出异议或质疑的前提下，被委托人提交投标文件或响应文件时提交了显示“身份证过有效期”的身份证复印件，招标人或招标代理机构，采购人或采购代理机构是否有权拒收投标文件或采购文件？这就涉及如何理解“有效的身份证件”？“有效”是指能证明身份的文件还是“身份证”的有效状态？不无疑问。

当出现两种解释时，根据《民法典》合同编中的第 498 条[①]对格式条款的规定可以判定，会倾向于对提供者不利一方的解读或理解。同时，从文件的文义、目的角度理解，也应做宽泛的理解，不应做“身份证”的狭义理解。因此，作为身份证自然是有效的身份证明方式之一。至于“身份证”有效期经过，不过是此“身份证”失效或作废，但“身份证”自身的证明功能仍不因此丧失。

其实，根据现有法律法规规定，对于判定自然人行为的效力或合同效力，都只是涉及行为能力的判定，而没有将“身份证”的有效期经过作为判定依据。而身份证与建筑或经营资质还不能等同视之。作为居民个体，是先有身份，而后有“身份证”，而建筑资质或经营资质都是法律法规基于管理的需要而赋予。前者是证权，后者是赋权，两者相去甚远，不可同日而语。

因此，被委托人身份证有效期届满，并不影响授权委托的法律效力。即便授权委托书存在效力瑕疵，也不影响投标文件或响应文件的实质内容，何况法定拒收情形并没有规定被委托人身份证有效期届满的情形。

（三）若被委托人身份证有效期已过，可以否决投标吗

1. 否决投标的法定情形

《招标投标法》第 42 条第 1 款规定：评标委员会经评审，认为所有投标都不符合招标文件要求的，可以否决所有投标。

《招标投标法实施条例》第 51 条规定了七种可以否决投标的情形，分别是：第一，投标文件未经投标单位盖章和单位负责人签字；第二，投标联合

① 《民法典》第 498 条规定：对格式条款的理解发生争议的，应当按照通常理解予以解释。对格式条款有两种以上解释的，应当作出不利于提供格式条款一方的解释。格式条款和非格式条款不一致的，应当采用非格式条款。

体没有提交共同投标协议；第三，投标人不符合国家或者招标文件规定的资格条件；第四，同一投标人提交两个以上不同的投标文件或者投标报价，但招标文件要求提交备选投标的除外；第五，投标报价低于成本或者高于招标文件设定的最高投标限价；第六，投标文件没有对招标文件的实质性要求和条件作出响应；第七，投标人有串通投标、弄虚作假、行贿等违法行为。

2. 结论

赞成否决投标的认为，既然身份证有效期经过，自然身份证失效或作废，那么如何来认定被委托人身份？虽然身份证只是证明自然人身份的一种方式，但目前较为权威且方便证明的便是身份证。何况在电子招标投标中，万一投标人利用已逝世人的名义制作授权委托书提交投标材料，又不必现场核实原件（笔者按：现有规定已经取消部分核实原件的条件限制）的情形下，岂不闹出荒唐事情吗？这样的观点在逻辑上成立，但现实中究竟有无意义或必要？令人费解。

也有人认为，由于身份证过期，当然授权委托书无效，既然授权委托书无效，因此，所提交的投标文件也无效。上文已分析，被委托人身份证过期并不必然导致授权委托书无效。对于招标人或招标代理机构，采购人或采购代理机构是否可以约定或可以被委托人的身份证有效期届满作为判定投标文件或采购文件否决的事由呢？

如果招标人或招标代理机构，采购人或采购代理机构在接收投标文件或采购文件时，并没有拒收或提出正当理由，事后以此进行否决，显然与法律法规规定不符，因为授权委托书的瑕疵并不影响投标文件和采购文件是实质。问题的关键是，需弄明白招标投标和政府采购的意义和价值，而不是过于放大形式要件，何况被委托人的身份证有效期届满并不影响被委托人“身份”实质。亦不能在评审或事后复审等时，将此视为提供虚假材料而进行否决或废标处理。因为身份证不过是行政管理的便捷，并不是赋予公民或居民“身份”的法定要件。

综上，根据现有法律法规规定，不能因被委托人身份证有效期已过而否决其投标。

第三节　招标投标法体系中的效力判定情形

在招标投标活动中，业界常提及"废标"一说。倘若谈"废标"者非招标投标行业人士，则无须大惊小怪、加以指责，可偏偏提及"废标"说辞的多为行业内人士。

作为一名热衷招标投标行业者，对如此严肃的问题，岂能袖手旁观，置之不理。故，在此简要梳理招标投标法体系中的效力判定情形，供行业人士参考。

一、招标投标法体系中规定效力的情形

在招标投标法体系中，仅在法律和行政法规层面规定了否决投标、投标无效、中标无效等情形，而没有规定"废标"[①]情形。其实，"废标"仅在政府采购法体系中有所体现，且仅在《政府采购法》第36条[②]中明确了规定。除此之外，在法律行政法规层面，并无具体规定。

---

①但地方法规也有例外，如《云南省招标投标条例》第30条（评标过程中，评标委员会发现有以下情形之一的，应当作为废标处理：（1）投标文件没有对招标文件提出的实质性要求和条件作出响应的；（2）明显不符合招标文件规定的技术标准的；（3）投标人不符合国家或者招标文件规定的资格条件的；（4）串通投标、以行贿手段谋取中标的；（5）以他人名义、提供虚假证明、编造虚假业绩等弄虚作假方式投标的；（6）投标报价低于成本或者高于招标文件设定的最高投标限价的；（7）拒不按照要求对投标文件进行澄清、说明或者补正的；（8）招标文件规定废标的其他情形。

附有招标人不能接受的条件的，评标委员会可以否决该投标。本条便规定了评标委员会有权作"废标"处理的情形；《昆明市工程建设招标投标管理办法》第19条、第48条等均用了"废标"用语。

②《政府采购法》第36条规定：在招标采购中，出现下列情形之一的，应予废标：（1）符合专业条件的供应商或者对招标文件作实质响应的供应商不足3家的；（2）出现影响采购公正的违法、违规行为的；（3）投标人的报价均超过了采购预算，采购人不能支付的；（4）因重大变故，采购任务取消的。

废标后，采购人应当将废标理由通知所有投标人。

二、招标投标中效力判定的适用条件

（一）否决投标

根据《招标投标法》第 42 条第 1 款规定，否决投标的主体应为“评标委员会”，时间段为“评审阶段”，理由是“所有投标都不符合招标文件要求的”，但并没有明确否决投标后，是否重新招标。而该条第 2 款着重明确对于“依法必须进行招标的项目”，对所有投标被否决的，招标人应当重新招标。

《招标投标法》第 42 条仅规定了评标委员会“可以”否决投标。而《招标投标法实施条例》第 51 条[①]进一步细化了评标委员会“应当”否决投标的七种情形，笔者概括为三大类：（1）形式不符合要求的，包括投标文件未经投标单位盖章和单位负责人签字，或投标联合体没有提交共同投标协议。（2）实质条件不符合的，如投标人不符合国家或者招标文件规定的资格条件；同一投标人提交两个以上不同的投标文件或者投标报价，但招标文件要求提交备选投标的除外；投标报价低于成本或者高于招标文件设定的最高投标限价；投标文件没有对招标文件的实质性要求和条件作出响应。（3）存在违法行为的，如投标人有串通投标、弄虚作假、行贿等违法行为。

综上，仅评标委员会享有否决投标的权利，且只发生在评审阶段。至于对谁作出否决投标的结论，需结合实际并根据法定的否决投标所满足的条件，比如所有投标都不满足招标文件要求的，可以对所有投标进行否决，若仅涉及部分投标人违背了《招标投标法实施条例》第 51 条规定情形的，则仅可就相关投标人进行否决。

不过，部分地方性法规对此有所细化，比如《云南省招标投标条例》第 30 条第 2 款规定：附有招标人不能接受的条件的，评标委员会可以否决该投标，第 31 条便细化了《招标投标法》第 42 条规定，明确评标委员会可以

---

① 《招标投标法实施条例》第 51 条规定：有下列情形之一的，评标委员会应当否决其投标：（1）投标文件未经投标单位盖章和单位负责人签字；（2）投标联合体没有提交共同投标协议；（3）投标人不符合国家或者招标文件规定的资格条件；（4）同一投标人提交两个以上不同的投标文件或者投标报价，但招标文件要求提交备选投标的除外；（5）投标报价低于成本或者高于招标文件设定的最高投标限价；（6）投标文件没有对招标文件的实质性要求和条件作出响应；（7）投标人有串通投标、弄虚作假、行贿等违法行为。

否决所有投标人的两种情形：（1）评标委员会认定的合格投标人不足3个的；（2）所有投标人均没有响应招标文件提出的实质性要求和条件的。

（二）投标无效

根据《招标投标法实施条例》第34条[①]规定，投标无效的情形为：（1）与招标人存在利害关系可能影响招标公正性的法人、其他组织或者个人，参加了投标；（2）单位负责人为同一人或者存在控股、管理关系的不同单位，参加了同一标段投标或者未划分标段的同一招标项目投标。

根据《招标投标法实施条例》第37条[②]规定，联合体投标中导致投标无效的两种情形为：（1）联合体投标在资格预审后联合体增减、更换成员的，其投标无效；（2）联合体各方在同一招标项目中以自己名义单独投标或者参加其他联合体投标的，相关投标均无效。

根据《招标投标法实施条例》第38条[③]规定：投标人发生重大变化所导致投标无效的情形，即因投标人发生合并、分立、破产等重大变化的，不再具备资格预审文件、招标文件规定的资格条件或者其投标影响招标公正性的，其投标无效。

综上，投标无效系以"投标人"为中心，对投标人与招标人、投标人之间存在利害关系的；联合体投标中联合体成员内部数量发生变化和联合体成员中特立独行与联合体同室操戈，或参加其他联合体投标的等情形；投标人发生合并、分立、破产等重大变化的，不再具备资格预审文件、招标文件规

---

①《招标投标法实施条例》第34条规定：与招标人存在利害关系可能影响招标公正性的法人、其他组织或者个人，不得参加投标。

单位负责人为同一人或者存在控股、管理关系的不同单位，不得参加同一标段投标或者未划分标段的同一招标项目投标。

违反前两款规定的，相关投标均无效。

②《招标投标法实施条例》第37条规定：招标人应当在资格预审公告、招标公告或者投标邀请书中载明是否接受联合体投标。

招标人接受联合体投标并进行资格预审的，联合体应当在提交资格预审申请文件前组成。资格预审后联合体增减、更换成员的，其投标无效。

联合体各方在同一招标项目中以自己名义单独投标或者参加其他联合体投标的，相关投标均无效。

③《招标投标法实施条例》第38条规定：投标人发生合并、分立、破产等重大变化的，应当及时书面告知招标人。投标人不再具备资格预审文件、招标文件规定的资格条件或者其投标影响招标公正性的，其投标无效。

定的资格条件或者其投标影响招标公正性的等情形将导致投标无效。

因此，投标无效更注重投标人资格条件和严格遵循公平公正原则。

（三）中标无效

根据《招标投标法》第 50 条[①]规定：因招标代理机构的违法行为或与招标人、投标人串通损害国家利益、社会公共利益或者他人合法权益的，且影响中标结果的，中标无效。

根据《招标投标法》第 52 条[②]规定：招标人在依法必须进行招标的项目中，向他人透露已获取招标文件潜在投标人的名称、数量或者可能影响公平竞争的有关招标投标其他情况的，或者泄露标底且影响中标结果的，中标无效。

根据《招标投标法》第 54 条[③]规定：投标人以他人名义投标或者以其他方式弄虚作假，骗取中标的，中标无效。

---

①《招标投标法》第 50 条规定：招标代理机构违反本法规定，泄露应当保密的与招标投标活动有关的情况和资料的，或者与招标人、投标人串通损害国家利益、社会公共利益或者他人合法权益的，处 5 万元以上 25 万元以下的罚款，对单位直接负责的主管人员和其他直接责任人员处单位罚款数额 5% 以上 10% 以下的罚款；有违法所得的，并处没收违法所得；情节严重的，暂停直至取消招标代理资格；构成犯罪的，依法追究刑事责任。给他人造成损失的，依法承担赔偿责任。

前款所列行为影响中标结果的，中标无效。

②《招标投标法》第 52 条规定：依法必须进行招标的项目的招标人向他人透露已获取招标文件的潜在投标人的名称、数量或者可能影响公平竞争的有关招标投标的其他情况的，或者泄露标底的，给予警告，可以并处 1 万元以上 10 万元以下的罚款；对单位直接负责的主管人员和其他直接责任人员依法给予处分；构成犯罪的，依法追究刑事责任。

前款所列行为影响中标结果的，中标无效。

③《招标投标法》第 54 条规定：投标人以他人名义投标或者以其他方式弄虚作假，骗取中标的，中标无效，给招标人造成损失的，依法承担赔偿责任；构成犯罪的，依法追究刑事责任。

依法必须进行招标的项目的投标人有前款所列行为尚未构成犯罪的，处中标项目金额 5‰以上 10‰以下的罚款，对单位直接负责的主管人员和其他直接责任人员处单位罚款数额 5% 以上 10% 以下的罚款；有违法所得的，并处没收违法所得；情节严重的，取消其 1~3 年内参加依法必须进行招标的项目的投标资格并予以公告，直至由工商行政管理机关吊销营业执照。

根据《招标投标法》第57条[①]规定：招标人在评标委员会依法推荐的中标候选人以外确定中标人的，依法必须进行招标的项目在所有投标被评标委员会否决后自行确定中标人的，中标无效。

根据《招标投标法》第64条[②]规定：依法必须进行招标的项目违反本法规定，中标无效的。

根据《招标投标法实施条例》第67条[③]规定：投标人相互串通投标或与招标人串通投标的，投标人向招标人或者评标委员会成员行贿谋取中标的，中标无效。该条应为对《招标投标法》第50条规定的延伸与补充。

---

①《招标投标法》第57条规定：招标人在评标委员会依法推荐的中标候选人以外确定中标人的，依法必须进行招标的项目在所有投标被评标委员会否决后自行确定中标人的，中标无效。责令改正，可以处中标项目金额5‰以上10‰以下的罚款；对单位直接负责的主管人员和其他直接责任人员依法给予处分。

②《招标投标法》第64条规定：依法必须进行招标的项目违反本法规定，中标无效的，应当依照本法规定的中标条件从其余投标人中重新确定中标人或者依照本法重新进行招标。

③《招标投标法实施条例》第67条规定：投标人相互串通投标或者与招标人串通投标的，投标人向招标人或者评标委员会成员行贿谋取中标的，中标无效；构成犯罪的，依法追究刑事责任；尚不构成犯罪的，依照《招标投标法》第53条的规定处罚。投标人未中标的，对单位的罚款金额按照招标项目合同金额依照招标投标法规定的比例计算。

投标人有下列行为之一的，属于《招标投标法》第53条规定的情节严重行为，由有关行政监督部门取消其1~2年内参加依法必须进行招标的项目的投标资格：（1）以行贿谋取中标；（2）3年内2次以上串通投标；（3）串通投标行为损害招标人、其他投标人或者国家、集体、公民的合法利益，造成直接经济损失30万元以上；（4）其他串通投标情节严重的行为。

投标人自本条第2款规定的处罚执行期限届满之日起3年内又有该款所列违法行为之一的，或者串通投标、以行贿谋取中标情节特别严重的，由工商行政管理机关吊销营业执照。

法律、行政法规对串通投标报价行为的处罚另有规定的，从其规定。

《招标投标法实施条例》第 68 条[①] 规定：投标人以他人名义投标或者以其他方式弄虚作假骗取中标的，中标无效。该条规定与《招标投标法》第 54 条规定保持了一致。

综合上述，中标无效是围绕招标人、招标代理机构、投标人等参与招标投标活动中的三大主体行为的合法性进行考察的。其背后的理论支撑主要是招标投标法体系一以贯之所体现的“公开、公平、公正”的“三公”原则和诚实守信原则所使然。

三、结论

经过对《招标投标法》《招标投标法实施条例》的系统梳理，在招标投投标体系中的法律、行政法规中仅规定了“否决投标”“投标无效”“中标无效”三种效力判定情形，并没有所谓的“废标”情形。

不过，笔者在检索地方性规章时，发现一些地方性规章规定了“废标”的情形。诸如此类规定不知是对《招标投标法》《招标投标法实施条例》等体系的系统领会所悟出的道理，还是“南橘北枳”的自我创新。

笔者认为，要么严格按照招标投标法体系贯彻落实，切勿闭门造车般的创新说辞，要么就招标投标法体系与政府采购法体系合二为一，术语统一，从立法上杜绝理解和适用上的冲突。

---

①《招标投标法实施条例》第 68 条规定：投标人以他人名义投标或者以其他方式弄虚作假骗取中标的，中标无效；构成犯罪的，依法追究刑事责任；尚不构成犯罪的，依照《招标投标法》第 54 条的规定处罚。依法必须进行招标的项目的投标人未中标的，对单位的罚款金额按照招标项目合同金额依照招标投标法规定的比例计算。

投标人有下列行为之一的，属于《招标投标法》第 54 条规定的情节严重行为，由有关行政监督部门取消其 1 年至 3 年内参加依法必须进行招标的项目的投标资格：（1）伪造、变造资格、资质证书或者其他许可证件骗取中标；（2）3 年内 2 次以上使用他人名义投标；（3）弄虚作假骗取中标给招标人造成直接经济损失 30 万元以上；（4）其他弄虚作假骗取中标情节严重的行为。

投标人自本条第 2 款规定的处罚执行期限届满之日起 3 年内又有该款所列违法行为之一的，或者弄虚作假骗取中标情节特别严重的，由工商行政管理机关吊销营业执照。

第四节　专家库抽取错误，如何处理

［案例］

某招标人自主招标采购一批货物。在抽取专家时，习惯性地从政府采购专家库随机抽取了评审专家。后经评审，推荐了三家中标候选人，经中标候选人公示，也没有人提出质疑。待发出中标通知书后，招标人内部部门发现本项目没有从匹配的专家库中抽取评审专家。

［问题］

本项目该如何处理？

世间百态，无奇不有。不少事若不是真实发生，是难以通过逻辑推衍生成的。这或许亦再次印证“法律不是逻辑，而是经验”的真知灼见。

本案中，在抽取专家一环出现了岔子，问题一旦出现，总得依法合规判定究竟孰是孰非。

一、专家库的组建

（一）谁有权组建

根据《评标专家和评标专家库管理暂行办法》第 3 条[①]的规定，由省级（含省级，下同）以上人民政府有关部门或者依法成立的招标代理机构组建评标专家库。（笔者按：因 2017 年 12 月 27 日第十二届全国人民代表大会常务委员会第三十一次会议通过了修改《招标投标法》的决定，已对该法第 13 条做了修改，删去第 13 条第 2 款第（3）项，招标代理机构应当具备“有符合本法第 37 条第 3 款规定条件、可以作为评标委员会成员人选的技术、经济等方面的专家库”的内容。此举意味着招标代理机构无须自建专家库，但招标代理机构是否仍保留或继续自建问题，根据法谚“法无禁止即可为”而言，并无不可。毕竟还有不少招标投标项目属于招标人自主决定的

①《评标专家和评标专家库管理暂行办法》第 3 条规定：评标专家库由省级（含，下同）以上人民政府有关部门或者依法成立的招标代理机构依照《招标投标法》《招标投标法实施条例》以及国家统一的评标专家专业分类标准和管理办法的规定自主组建。

评标专家库的组建活动应当公开，接受公众监督。

情形)。

根据《政府采购评审专家管理办法》(财库〔2016〕198号)第4条的规定，财政部负责制定全国统一的评审专家专业分类标准和评审专家库建设标准，建设管理国家评审专家库；省级人民政府财政部门负责建设本地区评审专家库并实行动态管理，与国家评审专家库互联互通、资源共享。

(二)组建专家库的法律法规依据

评标专家库的组建需依照《招标投标法》《招标投标法实施条例》以及国家统一的评标专家专业分类标准和管理办法。

评审专家库的组建需按照《政府采购法》《政府采购法实施条例》等规定实施。

(三)专家库和专家所需的条件

1. 专家库的法定条件

根据《评标专家和评标专家库管理暂行办法》第8条的规定，评标专家库应当满足：(1)具有符合本办法第7条规定条件的评标专家，专家总数不得少于500人；(2)有满足评标需要的专业分类；(3)有满足异地抽取、随机抽取评标专家需要的必要设施和条件；(4)有负责日常维护管理的专门机构和人员。

2. 成为专家的条件

根据《评标专家和评标专家库管理暂行办法》第7条的规定，担任评标专家得满足：(1)从事相关专业领域工作满8年并具有高级职称或同等专业水平；(2)熟悉有关招标投标的法律法规；(3)能够认真、公正、诚实、廉洁地履行职责；(4)身体健康，能够承担评标工作；(5)法规规章规定的其他条件。

根据《评标委员会和评标办法暂行规定》(2013年4月修订)第11条的规定，成为评标专家应满足：(1)从事相关专业领域工作满8年并具有高级职称或者同等专业水平；(2)熟悉有关招标投标的法律法规，并具有与招标项目相关的实践经验；(3)能够认真、公正、诚实、廉洁地履行职责。

根据《政府采购评审专家管理办法》第6条的规定，评审专家应当具备：(1)具有良好的职业道德，廉洁自律，遵纪守法，无行贿、受贿、欺诈等不良信用记录；（2）具有中级专业技术职称或同等专业水平且从事相关领域工作满 8 年，或者具有高级专业技术职称或同等专业水平；（3）熟悉政府采购相关政策法规；（4）承诺以独立身份参加评审工作，依法履行评审专家工作职责并承担相应法律责任的中国公民；（5）不满 70 周岁，身体健康，能够承担评审工作；（6）申请成为评审专家前 3 年内，无本办法第 29 条规定的不良行为记录。另对评审专家数量较少的专业，前述第 2 项、第 5 项所列条件可以适当放宽。

以上规定无非强调专业技能和职业操守及人格道德等品德要求。相较而言，《政府采购评审专家管理办法》对担任政府采购专家的条件规定更细致、更具体。

二、评标委员会应如何组建

（一）依法必须招标项目或政府投资项目

根据《招标投标法》第 37 条[①]的规定，对于依法必须进行招标的项目，明确规定：（1）评标委员会的组成由招标人的代表和有关技术、经济等方面的专家组成；（2）成员人数为 5 人以上单数，其中技术、经济等方面的专家不得少于成员总数的 2/3；（3）专家应当从事相关领域工作满 8 年并具有高级职称或者具有同等专业水平，由招标人从国务院有关部门或者省、自治区、直辖市人民政府有关部门提供的专家名册或者招标代理机构的专家库内的相关专业的专家名单中确定；一般招标项目可以采取随机抽取方式，特殊招标项目可以由招标人直接确定。

根据《招标投标法实施条例》第 46 条的规定，除《招标投标法》第 37

---

①《招标投标法》第 37 条规定：评标由招标人依法组建的评标委员会负责。

依法必须进行招标的项目，其评标委员会由招标人的代表和有关技术、经济等方面的专家组成，成员人数为 5 人以上单数，其中技术、经济等方面的专家不得少于成员总数的 2/3。

前款专家应当从事相关领域工作满 8 年并具有高级职称或者具有同等专业水平，由招标人从国务院有关部门或者省、自治区、直辖市人民政府有关部门提供的专家名册或者招标代理机构的专家库内的相关专业的专家名单中确定；一般招标项目可以采取随机抽取方式，特殊招标项目可以由招标人直接确定。

与投标人有利害关系的人不得进入相关项目的评标委员会；已经进入的应当更换。

评标委员会成员的名单在中标结果确定前应当保密。

条第3款规定的特殊招标项目外，依法必须进行招标的项目，其评标委员会的专家成员应当从评标专家库内相关专业的专家名单中以随机抽取方式确定。任何单位和个人不得以明示、暗示等任何方式指定或者变相指定参加评标委员会的专家成员。依法必须进行招标的项目的招标人非因招标投标法和本条例规定的事由，不得更换依法确定的评标委员会成员。更换评标委员会的专家成员应当依照前款规定进行。

根据《评标专家和评标专家库管理暂行办法》第5条的规定，对于政府投资项目的评标专家，必须从政府或者政府有关部门组建的评标专家库中抽取。

根据《评标委员会和评标办法暂行规定》第8条的规定，评标委员会由招标人负责组建。第9条[①]第1款的规定与《招标投标法》第37条第1款规定一致，第2款明确了评标委员会设负责人的和由评标委员会成员推举产生或者由招标人确定的产生办法。第10条[②]的规定与《招标投标法》第37条第2款规定一致。

根据《政府采购法实施条例》第39条的规定，除国务院财政部门规定的情形外，采购人或者采购代理机构应当从政府采购评审专家库中随机抽取评审专家。《政府采购货物和服务招标投标管理办法》第48条规定：采购人或者采购代理机构应当从省级以上财政部门设立的政府采购评审专家库中，通过随机方式抽取评审专家。对技术复杂、专业性强的采购项目，通过随机方式难以确定合适评审专家的，经主管预算单位同意，采购人可以自行选定相应专业领域的评审专家。《政府采购评审专家管理办法》第12条规定：采购人或者采购代理机构应当从省级以上人民政府财政部门设立的评审专家库

---

①《评标委员会和评标办法暂行规定》第9条规定：评标委员会由招标人、招标代理机构熟悉相关业务的代表，以及有关技术、经济等方面的专家组成，成员人数为5人以上的单数。其中招标人或者招标代理机构以外的技术、经济等方面的专家不得少于成员人数的2/3。

评标委员会设负责人的，评标委员会负责人由评标委员会成员推举产生或者由招标人确定。评标委员会负责人与评标委员会的其他成员有同等的表决权。

②《评标委员会和评标办法暂行规定》第10条规定：评标委员会的专家成员应当从依法组建的专家库内的相关专家名单中确定。

按前款规定确定评标专家，可以采取随机抽取或者直接确定的方式。一般项目，可以采取随机抽取的方式；技术复杂、专业性强或者国家有特殊要求的招标项目，采取随机抽取方式确定的专家难以胜任的，可以由招标人直接确定。

中随机抽取评审专家。特别情形，如评审专家库中相关专家数量不能保证随机抽取需要的，采购人或者采购代理机构可以推荐符合条件的人员，经审核选聘入库后再随机抽取使用，第 13 条[①] 亦对技术复杂、专业性强的采购项目进行了特别规定。

（二）非必须招投标项目或非动用财政资金的采购项目

对于评标委员会或评审专家的组建，法律法规仅就政府投资项目或依法必须招投标项目进行了明确规定，并没有就非必须招标或非政府投资项目等进行明确规定。

据法谚，法不禁止即可为。对非必须招投标项目或非动用财政资金的采购项目的评标或评审，可根据相关法律法规和招标文件抑或采购文件进行组建。

（三）未依照相应法律法规组建评标委员会或评审专家的法律后果

根据《招标投标法实施条例》第 70 条的规定，对于依法必须进行招标的项目，招标人不按照规定组建评标委员会，或者确定、更换评标委员会成员违反招标投标法和本条例规定的：（1）将面临责令改正，罚款，对单位直接负责的主管人员和其他直接责任人员依法给予处分；违法确定或者更换的评标委员会成员作出的评审结论无效，依法重新进行评审等后果；（2）国家工作人员以任何方式非法干涉选取评标委员会成员的，依照本条例第 81 条的规定追究法律责任。

《政府采购法实施条例》第 68 条第（5）项规定：未依法从政府采购评审专家库中抽取评审专家的，依照政府采购法第 71 条、第 78 条的规定追究法律责任。《政府采购评审专家管理办法》第 30 条规定：采购人或者采购代理机构未按照本办法规定抽取和使用评审专家的，依照《政府采购法》及有关法律法规追究法律责任。

---

①《政府采购评审专家管理办法》第 13 条规定：技术复杂、专业性强的采购项目，通过随机方式难以确定合适评审专家的，经主管预算单位同意，采购人可以自行选定相应专业领域的评审专家。

自行选定评审专家的，应当优先选择本单位以外的评审专家。

三、结论

根据上述法律法规的梳理，虽然法律法规没有明确规定，组建评标委员会或评审专家时，没有准确按专家库分类进行抽取所导致的法律后果或处罚，但根据其字面意思、内在逻辑及立法原意，不难得出专家库的选择错误仍应按相关法律法规规定承担后果。

不过，有人提出，如果抽取的专家亦同时在专业分类专家库中如何处理？这就需要从专家评审的价值和意义上考察，既然专家评审就是仰赖专家的专业知识和技能进行判定，那么即便抽取的库存在错误，但专家本身的专业知识和技能并没有因此受影响。在这样的情况下，自然不能放大“抽取专家库错误”，背离专家评审的实质，而追求所谓的程序救济。自然得不偿失，与经济原则相左。

亦有人提出，虽然所抽取的专家不是专业库中成员，但该专家具备评审项目的资质或满足该库专家的技能和条件的，又如何呢？笔者认为，从经济和效率及评审实质论，该评审结论仍有效。

当然，亦有人提出，无论专家的专业知识和技能如何，只要没有遵照匹配专家库抽取，一律应废标或作为违法评标处理，得重新招标投标。还有人提出，对于评审专家，难道就没有义务审查个人是否与评审项目匹配吗？难道评审专家就应承做事，而不主动遵从相关法律法规规定评审吗？其实，相关法律法规也规定了作为专家的义务，比如回避制度中就规定了主动回避（此自然需要评审专家主动审查的），对于招标文件或采购文件有错误不能评审的，也有义务提出。为什么对于张冠李戴的抽取错误就可以不吱声呢？不无疑问。

综上，对于错误匹配专家库抽取专家所导致的问题，只能具体问题具体分析，尚不能一概而论。

第五节 第一中标候选人被废，第二中标候选人当然晋级中标吗

[案例]①

甲民族学校一政府采购项目，委托乙招标代理公司代为招标。招标文件发布后，丙集成公司与丁安装公司分别报名并交纳了保证金。经评标，评标委员会推荐了丙集成公司与丁安装公司分别为第一中标候选人和第二中标候选人。公示期间，第二中标候选人对第一名中标候选人提出质疑，后向区财政局提起投诉，被驳回，后向市财政局提起行政复议。经市财政局审查责令区财政局重新作出处理。最终，区财政局作出“因第一中标候选人丙集成公司提供具有虚假内容的投标文件取得中标违反法律规定，本项目中标无效；责令重新开展采购活动”的决定。

对此，丁安装公司不服，遂向人民法院提起诉讼，提出以下要求：（1）判令甲民族学校、乙招标代理公司依据招标文件的约定重新确定中标供应商为丁安装公司；（2）判令甲民族学校、乙招标代理公司依法向丁安装公司发出中标通知书等。

[问题]

1.第一中标候选人被废标后，第二中标候选人是否必然晋级为中标人？

2.招标人有无权利决定重新招标？

3.财政主管部门是否有权径直决定废标并责令招标人重新招标？

[裁判结论]

人民法院依据《政府采购法》第77条、《招标投标法》第64条之规定，判决：驳回丁安装公司的诉讼请求。

[争议焦点]

该案争议焦点为“丁安装公司是否可以取得中标供应商资格？”

① 参见北京市第二中级人民法院《上海良讯科技有限公司与北京市民族文化艺术职业学校、北京建智达建筑咨询有限公司招标投标买卖合同纠纷案》[（2009）二中民终字第10581号]。

丁安装公司认为，根据招标文件和相关法律规定，应确认其为中标供应商。理由如下：

第一，根据招标文件中招标评标办法第1.4条规定，“如果排名第一的投标人主动放弃其中标资格或因未遵循招标文件的要求被招标人取消其中标资格，则由排名第二的投标人获得中标资格”。该条款明确了“重新确定中标供应商”的条件或方式。作为招标人甲民族学校就应按照招标文件规定确定排名第二的中标候选人丁安装公司晋级为中标人。第二，招标文件对有关评标、确认中标供应商的办法已经有了明确的约定，该约定对招标、投标各方均有约束力。财政局作出取消丙集成公司中标资格的原因是因为丙集成公司提供虚假投标文件，但该项目本身不存在其他违法行为，整个开标、评标过程是合法的，不属于《政府采购法》规定的废标情况。区财政局作出的责令重新开展采购活动的决定，并非指废标后重新组织招标。第三，根据2004年《政府采购货物和服务招标投标管理办法》（财政部第18号令）[笔者按：已于2017年7月修订为（财政部令第87号）]第60条规定，中标无效的，应当依照本办法规定从其他中标人或者中标候选人中重新确定，或者依照本办法重新进行招标。第四，关于重新开展采购活动，不同的人对其内涵有不同的理解。只要招标文件中有关招标评标办法的约定没有违反法律法规的强制性规定，就得严格遵照招标文件中有关招标评标办法的约定。丁安装公司在投标单位中综合得分排名为第二，在排名第一的中标公司已经被宣告中标无效的情况下，自然晋级。

人民法院认为，丁安装公司于事无凭，于法无据，裁定驳回。理由如下：第一，丁安装公司对招标文件中招标评标办法第1.4条的规定扩大解释了其适用范围。本案，排名第一中标候选人的丙集成公司因提供虚假内容的投标文件而中标，已被区财政局认定项目中标无效，该情形与招标文件中招标评标办法第1.4条的规定的第二名递进的适用条件并不一致，故丁安装公司依据招标文件要求确认其为中标供应商，理由并不充分。第二，根据相关法律、法规规定，中标无效的，应当按照法律规定的中标条件从其余投标人中重新确定中标人或者依法重新进行招标，即对于中标无效所产生的法律后果，我国并未采取强制性规定，而是允许当事人自行选择。本案中，诉争政府采购项目并未确定最终适用方案，丁安装公司以相关法律规定作为依据确认其中标资格，理由不足，该院亦不予采信。故，丁安装公司的诉讼请求，缺乏事实和法律依据，该院不予支持。

【案件评析】

因本案于 2009 年 9 月前判决结案，所适用的不少法律法规已有所修订。故，笔者在评析过程中，将根据最新法规进行理析，以利于同行参考。

一、第一中标候选人被废标后，第二中标候选人是否必然晋级为中标人

（一）检索招标文件的支点

招标投标整个过程实质就是订立合同的过程，进一步而言，涉及招标人发布招标文件的要约邀请，投标人递交投标文件的要约，定标确定中标人后，招标人向中标人发出中标通知书的承诺等三个环节。因此，招标投标行为，本质上是缔约合同行为。

既然招标投标行为是合同订立磋商行为，必然应遵循合同的平等自愿、意思自治、公平、诚实守信等原则。

因此，当涉及合同订立过程或合同文本理解差异或各方争议时，首要考察合同订立过程各方的意思表示或合同文本的原意。只有当难以还原合同订立过程的客观情形或合同文本理解出现差异或歧义，甚至在合同订立过程中或合同文本对所发生的情形没有涉及或约定，合同订立过程或定式合同（亦称格式合同）等时，法律法规才有必要介入。当然，法律法规的适当介入除了前述的先决条件或满足适用前提时，也需要根据案情的性质和涉及内容，有针对性、选择性地适用或干预，或矫正，但尤为核心的是，所有的介入都不应是主动、强制性的介入，而是合同订立或合同各方有选择的适用，以追求各自内心的公平正义。

本案，因第一中标候选人被废标后，第二中标候选人是否必然晋级为中标人？争议各方得首要梳理招标文件。

根据《招标文件》中招标评标办法第 1.4 条“如果排名第一的投标人主动放弃其中标资格或因未遵循招标文件的要求被招标人取消其中标资格，则由排名第二的投标人获得中标资格”的规定，排名第二的投标人晋级中标的前提条件是：（1）排名第一的投标人主动放弃其中标资格；（2）排名第一的

投标人未遵循招标文件的要求被招标人取消其中标资格。

本案中，排名第一的投标人丙集成公司既没有主动放弃中标资格，又没有因未遵循招标文件的要求被招标人甲民族学校取消中标资格。而是财政局在事后监管过程中，根据案情径直对排名第一的投标人丙集成公司作出了废标处理。按此逻辑，若机械适用或解读，丁安装公司以《招标文件》中招标评标办法第1.4条规定，主张晋级中标，自然没有根据。

（二）寻求法律法规的支撑

目前，梳理《招标投标法》《政府采购法》《招标投标法实施条例》《政府采购法实施条例》四部主要法规，根据《招标投标法》第64条规定，当依法必须进行招标的项目违反本法规定，中标无效的，招标人既可以依照本法规定的中标条件从其余投标人中重新确定中标人，又可以依照本法重新进行招标。该条针对的是中标无效的情形，显然没有强制招标人必须从其余投标人中重新确定中标人，而对招标人采取了赋权设定，允许招标人自主决定。

而《招标投标法实施条例》第55条规定，只有当排名第一的中标候选人：（1）放弃中标；（2）因不可抗力不能履行合同；（3）不按照招标文件要求提交履约保证金；（4）或者被查实存在影响中标结果的违法行为等情形，不符合中标条件的等情形之一的，次第排名候选人才有可能晋级，即招标人可以按照评标委员会提出的中标候选人名单排序依次确定其他中标候选人为中标人。但该条同时也规定了，招标人“也可以重新招标”。综合研读该条款，显然赋予了招标人选择权利，换句话说，是否必须按照评标委员会提出的中标候选人名单排序依次确定其他中标候选人为中标人，还是重新招标，取决于招标人自主决定，法律并没有强制。

根据《政府采购法实施条例》第49条的规定，仅当“中标或者成交供应商拒绝与采购人签订合同的”，次第排序的中标或者成交候选人才可能晋级，即采购人可以按照评审报告推荐的中标或者成交候选人名单排序，确定下一候选人为中标或者成交供应商，同时，该条有亦规定采购人“可以重新开展政府采购活动”。该条同样赋予采购人自主选择采取“按照评审报告推荐的中标或者成交候选人名单排序，确定下一候选人为中标或者成交供应商”，还是“重新开展政府采购活动”的权利，并没有对采购人应采取何种方式进行强制规定。

除此之外，根据《政府采购货物和服务招标投标管理办法》（财政部令第18号）第60条（笔者按：财政部令87号文已删除了该条）规定，当中标供应商因不可抗力或自身原因不能履行政府采购合同的，采购人“可以”与排位在中标供应商之后第一位的中标候选供应商签订政府采购合同，以此类推。该条款用“可以”的措辞，显然赋予了采购人根据项目特点或其他因素进行自由裁量决定，而没有以“必须”或“应当”等强制性措辞。

本案，涉案项目因使用政府财政性资金，属于典型的政府采购项目，但不属于《政府采购法实施条例》第7条[①]规定范围，应适用《政府采购法》及其相关规定，不适用《招标投标法》及其相关规定。

根据《政府采购法实施条例》第49条的规定，第一中标人丙集成公司并非“拒绝”与采购人签订合同，而是财政局将其作为废标。本案显然不能适用该条款，亦同样不能适用《政府采购货物和服务招标投标管理办法》（财政部令第18号）第60条规定，何况2017年修订的《政府采购货物和服务招标投标管理办法》（财政部令第87号）对该条内容已作删除。

综上，第一中标候选人被废标后，第二中标候选人并不必然能晋级为中标人，关键在于项目自身特点和招标人的自主选择。

二、招标人有无权利决定重新招标

经上文对法律法规的梳理，当第一中标候选人被废标后，法律法规并没有强制招标人必须从第一中标候选人后次第排序的其他中标人中确定中标人，相反，从零星的条款规定考察，法律法规选择赋予招标人有权重新招标或从次第排序的中标候选人确定中标人。

另，从理论上，根据“要约邀请”“要约”“承诺”等合同磋商订立的环节考察，招标人或采购人针对各投标人或供应商提交“投标”的要约，可以

---

①《政府采购法实施条例》第7条规定：政府采购工程以及与工程建设有关的货物、服务，采用招标方式采购的，适用《中华人民共和国招标投标法》及其实施条例；采用其他方式采购的，适用政府采购法及本条例。

前款所称工程，是指建设工程，包括建筑物和构筑物的新建、改建、扩建及其相关的装修、拆除、修缮等；所称与工程建设有关的货物，是指构成工程不可分割的组成部分，且为实现工程基本功能所必需的设备、材料等；所称与工程建设有关的服务，是指为完成工程所需的勘察、设计、监理等服务。

政府采购工程以及与工程建设有关的货物、服务，应当执行政府采购政策。

不做承诺。一旦不承诺，双方之间自然没有达成合同的可能。因此，招标人或采购人自始至终具有是否启动“重新招标”的主动权（笔者按：当然，这样的随意自主行为，并非就不承担其他的法律后果，至少面临适用《民法典》合同编中的第500条[①]规定的缔约过失责任的规定）。

在现实操作中，招标人或供应商是不能真的可以随意任性的。无论招标投标，还是政府采购，都是严肃的活儿，如果任由招标人或采购人“牵”着投标人或供应商的“鼻子”走，岂不乱了有序商业竞争环境的“套”？对此，不仅相关法律法规有明确的规定，而且招标或采购项目自身也有现实紧迫要求。

对于招标人或采购人是否有权重新招标，关键在于重新招标是否具有招标文件或法律法规规定的依据。

三、财政主管部门是否可以径直决定废标并责令招标人重新招标

根据《政府采购法》第13条规定，各级人民政府财政部门是负责政府采购监督管理的部门，依法履行对政府采购活动的监督管理职责。作为监督管理部门，针对政府采购活动中出现的违法违规等现象，自然有权行使监督管理职责，履好职。

本案中，因丙集成公司提供具有虚假内容的投标文件取得了中标资格，区财政局自然有权认定该项目中标无效并责令招标人重新招标。

【风险提示】

1. 针对招标人或采购人。

（1）若招标文件或采购文件编制时，内容存在歧义、含混、不清晰时，容易受到询问、质疑等风险。

（2）若招标文件或采购文件编制内容不清晰明了，在投标人或供应商提出询问、质疑等时，将陷入被动局面。

（3）在招标文件或采购文件编制中，明确规定废标适用主体、条件、程

---

①《民法典》第500条规定：当事人在订立合同过程中有下列情形之一，给对方造成损失的，应当承担损害赔偿责任：（1）假借订立合同，恶意进行磋商；（2）故意隐瞒与订立合同有关的重要事实或者提供虚假情况；（3）有其他违背诚实信用原则的行为。

序等，避免事后的理论较量。

2. 针对投标人或供应商。

（1）针对行政复议、诉讼或民事诉讼方案，事前风险论证、评估，做到有的放矢。

（2）吃透法律法规和招标文件规定，避免望文生义，误读曲解。

【防范措施】

1. 针对招标人或采购人。

（1）检索招标或采购项目所涉及的全部法律法规，进行系统梳理，熟悉政策法规内容，为制作招标文件或采购文件作储备。

（2）尤其针对新修订或新颁布实施的法律法规进行系统学习，领会最新精神及找出新旧法律法规的差异，并及时调整此前的“看法”“做法”。

（3）聘请专业人士审查招标文件，避免与法律法规的冲突或衔接有出入，杜绝或减少他人演绎解读的可能。

（4）在编制招标文件时，尽可能规定得细致、系统、完善，便于项目的正常推进，减少过程中的询问、疑问、质疑等发生。

（5）涉及投标人或供应商提出质疑等，安排专业人士答复或应对，避免程序或实体上陷入错误。

（6）针对较为棘手或重大疑难问题，通过研讨会或专门小组碰头沟通方式寻求良策。

2. 针对投标人或供应商。

（1）仔细研究《招标文件》和相关法律法规，做到知己知彼。

（2）指定专业人士有理、有节、有据地提出质疑等权益主张。

（3）对需提起诉讼维权时，做好维权方案，有条件的尽可能庭前模拟，做到有备无患。

（4）庭前，形成完善的代理思路和代理词等材料。

【法律适用】

《政府采购法实施条例》第 49 条

第六节 在采购文件规定的服务期限内，采购人可否重新开展政府采购活动

［案例］

某服务采购项目，采购文件规定的服务期限为3年，合同一年一签。待第一年合同履行期将届满，采购人计划重新采购。

［问题］

采购人可否重新采购？

众所周知，招标投标或政府采购活动实质为合同订立的典型方式，系招标人或采购人在贯彻“公平、公开、公正”和“诚实守信”等原则前提下，通过充分竞争选择相对合适或匹配的合作伙伴活动。根据《民法典》合同编的规定，从合同订立的环节可知，招标文件或采购文件的发布属于要约邀请，投标文件或供应商提交的响应文件属于要约，中标通知书或成交通知书属于承诺，待中标通知书或成交通知书发出30日内，采购人与中标或成交供应商应签订书面合同。

一、合同就是订立各方的“法律”

合同自然视为各方在严格遵循公平自愿、平等公正、诚实守信等原则下达成的。除非有证据证明合同缔约过程和缔约内容存在《民法典》总则编和合同编规定的无效情形等情形，否则，合同一经成立便约束缔约各方。

根据《民法典》合同编第465条的规定，依法成立的合同，受法律保护。依法成立的合同，仅对当事人具有法律约束力，但是法律另有规定的除外。这是对缔约各方意思自治的尊重，也是缔约各方对己方民事权益的自由处分，同时，也是维护交易秩序和交易安全的必然，否则，允许合同缔约各方朝令夕改、出尔反尔，视同儿戏，合同的约束力或契约精神便形同虚设，将缔约各方置于摇摆不定、风雨飘摇中，合同的价值也就毫无所依、无从体现。

因此，一经缔约的合同，对缔约各方均具有约束力，是缔约各方达成的“合约”，是彼此应遵守的“法律”。

二、采购系列文件的法律意义

根据《政府采购法》第 42 条规定，采购文件包括采购活动记录、采购预算、招标文件、投标文件、评标标准、评估报告、定标文件、合同文本、验收证明、质疑答复、投诉处理决定及其他有关文件、资料。其中，采购活动记录至少包括，采购项目类别、名称；采购项目预算、资金构成和合同价格；采购方式，采用公开招标以外的采购方式的，应当载明原因；邀请和选择供应商的条件及原因；评标标准及确定中标人的原因；废标的原因；采用招标以外采购方式的相应记载。这里的“采购文件”取广义界定，而不是狭义的《采购文件》本身。

从合同订立所历经要约邀请、要约、承诺等阶段考察，《采购文件》虽是要约邀请，但作为供应商提交的响应文件必须全面实质响应《采购文件》内容，而后经过评审委员会评审，采购人或采购代理机构选定中标或成交供应商后发出中标或成交通知书为承诺。

因此，整个采购过程所形成的文件将构成合同的一部分，对各方都有约束力，各方都得严格遵守。

三、重新采购的法定条件

笔者就现行主要法律法规及部门规章进行粗略梳理，尽可能概括归纳、提炼其主要情形。

（一）《政府采购法》

第 36~37 条[①]规定：可以重新采购的情形是被废标后，采购任务未取消的情形。

---

①《政府采购法》第 36 条规定：在招标采购中，出现下列情形之一的，应予废标：（1）符合专业条件的供应商或者对招标文件作实质响应的供应商不足 3 家的；（2）出现影响采购公正的违法、违规行为的；（3）投标人的报价均超过了采购预算，采购人不能支付的；（4）因重大变故，采购任务取消的。

废标后，采购人应当将废标理由通知所有投标人。

《政府采购法》第 37 条规定：废标后，除采购任务取消情形外，应当重新组织招标；需要采取其他方式采购的，应当在采购活动开始前获得设区的市、自治州以上人民政府采购监督管理部门或者政府有关部门批准。

（二）《政府采购法实施条例》

1. 第 49 条规定：当中标或成交供应商拒绝与采购人签订合同的，采购人可以重新采购（笔者按：采购人也可以根据可以按照评审报告推荐的中标或者成交候选人名单排序，确定下一候选人为中标或者成交供应商）。

2. 第 71 条[①]规定：若存在《政府采购法》第 71~72 条[②]规定的违法行为之一的，因采购人或采购机构代理人违法违规行为影响或可能影响中标、成交结果的，将面临以下处理情形：

第一，对于影响或可能影响中标、成交结果的，未确定中标或成交供应商的，终止本次政府采购活动，重新开展政府采购活动；

第二，已确定中标或成交供应商但未签订政府采购合同的，可以重新开展政府采购；

第三，已签订政府采购合同但未履行的，撤销合同，在没有合格的中标

---

①《政府采购法实施条例》第 71 条规定：有《政府采购法》第 71 条、第 72 条规定的违法行为之一，影响或者可能影响中标、成交结果的，依照下列规定处理：（1）未确定中标或者成交供应商的，终止本次政府采购活动，重新开展政府采购活动。（2）已确定中标或者成交供应商但尚未签订政府采购合同的，中标或者成交结果无效，从合格的中标或者成交候选人中另行确定中标或者成交供应商；没有合格的中标或者成交候选人的，重新开展政府采购活动。（3）政府采购合同已签订但尚未履行的，撤销合同，从合格的中标或者成交候选人中另行确定中标或者成交供应商；没有合格的中标或者成交候选人的，重新开展政府采购活动。（4）政府采购合同已经履行，给采购人、供应商造成损失的，由责任人承担赔偿责任。

政府采购当事人有其他违反政府采购法或者本条例规定的行为，经改正后仍然影响或者可能影响中标、成交结果或者依法被认定为中标、成交无效的，依照前款规定处理。

②《政府采购法》第 71 条规定：采购人、采购代理机构有下列情形之一的，责令限期改正，给予警告，可以并处罚款，对直接负责的主管人员和其他直接责任人员，由其行政主管部门或者有关机关给予处分，并予通报：（1）应当采用公开招标方式而擅自采用其他方式采购的；（2）擅自提高采购标准的；（3）委托不具备政府采购业务代理资格的机构办理采购事务的；（4）以不合理的条件对供应商实行差别待遇或者歧视待遇的；（5）在招标采购过程中与投标人进行协商谈判的；（6）中标、成交通知书发出后不与中标、成交供应商签订采购合同的；（7）拒绝有关部门依法实施监督检查的。

《政府采购法》第 72 条规定：采购人、采购代理机构及其工作人员有下列情形之一，构成犯罪的，依法追究刑事责任；尚不构成犯罪的，处以罚款，有违法所得的，并处没收违法所得，属于国家机关工作人员的，依法给予行政处分：（1）与供应商或者采购代理机构恶意串通的；（2）在采购过程中接受贿赂或者获取其他不正当利益的；（3）在有关部门依法实施的监督检查中提供虚假情况的；（4）开标前泄露标底的。

或者成交候选人的情形时，可以重新开展政府采购；

第四，政府采购当事人有其他违反政府采购法或者本条例规定的行为，经改正后仍然影响或者可能影响中标、成交结果或者依法被认定为中标、成交无效的，适用前三种情形。

（三）《政府采购非招标采购方式管理办法》

1. 第 21 条[①] 规定了采购人、采购代理机构可以重新采购的两种情形：（1）资格性审查认定错误和价格计算错误的；（2）采购人、采购代理机构发现谈判小组、询价小组未按照采购文件规定的评定成交的标准进行评审的，应当重新开展采购活动，并同时书面报告本级财政部门。

2. 第 22 条规定：除不可抗力等因素外，成交供应商拒绝签订政府采购合同的，采购人可以重新开展采购活动（笔者按：采购人也可以按照本办法第 36 条第 2 款、第 49 条第 2 款规定的原则确定其他供应商作为成交供应商并签订政府采购合同。拒绝签订政府采购合同的成交供应商不得参加对该项目重新开展的采购活动）。

3. 第 37 条规定了采购人或者采购代理机构可以重新开展采购的三种情形：

第一，因情况变化，不再符合规定的竞争性谈判采购方式适用情形的；

第二，出现影响采购公正的违法、违规行为的；

第三，在采购过程中符合竞争要求的供应商或者报价未超过采购预算的供应商不足 3 家的，但本办法第 27 条第 2 款规定的情形除外。

注：一经出现上述情形质疑的，采购人或者采购代理机构应当终止竞争性谈判采购活动，发布项目终止公告并说明原因，重新开展采购活动。

4. 第 43 条规定了采购人或者采购代理机构可以重新开展采购活动的三种情形：

第一，因情况变化，不再符合规定的单一来源采购方式适用情形的；

第二，出现影响采购公正的违法、违规行为的；

---

①《政府采购非招标采购方式管理办法》第 21 条规定：除资格性审查认定错误和价格计算错误外，采购人或者采购代理机构不得以任何理由组织重新评审。采购人、采购代理机构发现谈判小组、询价小组未按照采购文件规定的评定成交的标准进行评审的，应当重新开展采购活动，并同时书面报告本级财政部门。

第三，报价超过采购预算的。

注：一经出现上述情形之一的，采购人或者采购代理机构应当终止采购活动，发布项目终止公告并说明原因，重新开展采购活动。

5. 第 50 条规定了采购人或者采购代理机构可以重新开展采购活动的三种情形：

第一，因情况变化，不再符合规定的询价采购方式适用情形的；

第二，出现影响采购公正的违法、违规行为的；

第三，在采购过程中符合竞争要求的供应商或者报价未超过采购预算的供应商不足 3 家的。

注：一经出现上述情形之一的，采购人或者采购代理机构应当终止询价采购活动，发布项目终止公告并说明原因，重新开展采购活动。

6. 第 56 条规定：涉及采购人、采购代理机构或谈判小组、询价小组成员存在有本办法第 51 条①、第 52 条②、第 55 条③违法行为之一，并且影响或

---

①《政府采购非招标采购方式管理办法》第 51 条规定：采购人、采购代理机构有下列情形之一的，责令限期改正，给予警告；有关法律、行政法规规定处以罚款的，并处罚款；涉嫌犯罪的，依法移送司法机关处理：（1）未按照本办法规定在指定媒体上发布政府采购信息的；（2）未按照本办法规定组成谈判小组、询价小组的；（3）在询价采购过程中与供应商进行协商谈判的；（4）未按照政府采购法和本办法规定的程序和要求确定成交候选人的；（5）泄露评审情况以及评审过程中获悉的国家秘密、商业秘密的。

采购代理机构有前款情形之一，情节严重的，暂停其政府采购代理机构资格 3 至 6 个月；情节特别严重或者逾期不改正的，取消其政府采购代理机构资格。

②《政府采购非招标采购方式管理办法》第 52 条规定：采购人有下列情形之一的，责令限期改正，给予警告；有关法律、行政法规规定处以罚款的，并处罚款：（1）未按照政府采购法和本办法的规定采用非招标采购方式的；（2）未按照政府采购法和本办法的规定确定成交供应商的；（3）未按照采购文件确定的事项签订政府采购合同，或者与成交供应商另行订立背离合同实质性内容的协议的；（4）未按规定将政府采购合同副本报本级财政部门备案的。

③《政府采购非招标采购方式管理办法》第 55 条规定：谈判小组、询价小组成员有下列行为之一的，责令改正，给予警告；有关法律、行政法规规定处以罚款的，并处罚款；涉嫌犯罪的，依法移送司法机关处理：（1）收受采购人、采购代理机构、供应商、其他利害关系人的财物或者其他不正当利益的；（2）泄露评审情况以及评审过程中获悉的国家秘密、商业秘密的；（3）明知与供应商有利害关系而不依法回避的；（4）在评审过程中擅离职守，影响评审程序正常进行的；（5）在评审过程中有明显不合理或者不正当倾向性的；（6）未按照采购文件规定的评定成交的标准进行评审的。

评审专家有前款情形之一，情节严重的，取消其政府采购评审专家资格，不得再参加任何政府采购项目的评审，并在财政部门指定的政府采购信息发布媒体上予以公告。

者可能影响成交结果的，存在两种重新采购的情形：

第一，未确定成交供应商的，终止本次采购活动；

第二，已确定成交供应商但采购合同尚未履行的，撤销合同且没有合格的成交候选人的。

（四）《政府采购货物和服务招标投标管理办法》

1. 第 25 条[①]规定了采购人或者采购代理机构重新招标需满足的条件：

第一，招标文件、资格预审文件的内容不得违反法律、行政法规、强制性标准、政府采购政策，或者违反公开透明、公平竞争、公正和诚实信用原则；

第二，有“第一”条规定情形，影响潜在投标人投标或者资格预审结果的；

第三，采购人或者采购代理机构应当修改招标文件或者资格预审文件。

2. 第 43 条规定了两种可以重新开展采购活动的情形，即公开招标数额标准以上的采购项目，投标截止后投标人不足 3 家或者通过资格审查或符合性审查的投标人不足 3 家的（除采购任务取消情形外）：

第一，招标文件存在不合理条款或者招标程序不符合规定的，采购人、采购代理机构改正后依法重新招标；

第二，招标文件没有不合理条款、招标程序符合规定，需要采用其他采购方式采购的，采购人应当依法报财政部门批准。

3. 第 65 条[②]规定了采购人或者采购代理机构重新组织采购活动的情形为，评标委员会发现：（1）招标文件存在歧义、重大缺陷导致评标工作无法进行；（2）招标文件内容违反国家有关强制性规定的。

---

①《政府采购货物和服务招标投标管理办法》第 25 条规定：招标文件、资格预审文件的内容不得违反法律、行政法规、强制性标准、政府采购政策，或者违反公开透明、公平竞争、公正和诚实信用原则。

有前款规定情形，影响潜在投标人投标或者资格预审结果的，采购人或者采购代理机构应当修改招标文件或者资格预审文件后重新招标。

②《政府采购货物和服务招标投标管理办法》第 65 条规定：评标委员会发现招标文件存在歧义、重大缺陷导致评标工作无法进行，或者招标文件内容违反国家有关强制性规定的，应当停止评标工作，与采购人或者采购代理机构沟通并作书面记录。采购人或者采购代理机构确认后，应当修改招标文件，重新组织采购活动。

（五）《政府采购竞争性磋商采购方式管理暂行办法》

1. 第 32 条[①]规定采购人或者采购代理机构重新采购活动的情形为，磋商小组未按照磋商文件规定的评审标准进行评审的。

注：采购人或者采购代理机构应向本级财政部门书面报告。

2. 第 33 条规定了采购人或者采购代理机构重新开展采购活动的三种情形：

第一，因情况变化，不再符合规定的竞争性磋商采购方式适用情形的；

第二，出现影响采购公正的违法、违规行为的；

第三，除本办法第 21 条第 3 款规定的情形外，在采购过程中符合要求的供应商或者报价未超过采购预算的供应商不足 3 家的。

注：拒绝签订政府采购合同的成交供应商不得参加对该项目重新开展的采购活动。

3. 第 34 条规定了采购人或者采购代理机构重新组织采购活动的三种情形：

第一，因情况变化，不再符合规定的竞争性磋商采购方式适用情形的；

第二，出现影响采购公正的违法、违规行为的；

第三，除本办法第 21 条[②]第 3 款规定的情形外，在采购过程中符合要求的供应商或者报价未超过采购预算的供应商不足 3 家的。

---

①《政府采购竞争性磋商采购方式管理暂行办法》第 32 条规定：除资格性检查认定错误、分值汇总计算错误、分项评分超出评分标准范围、客观分评分不一致、经磋商小组一致认定评分畸高、畸低的情形外，采购人或者采购代理机构不得以任何理由组织重新评审。采购人、采购代理机构发现磋商小组未按照磋商文件规定的评审标准进行评审的，应当重新开展采购活动，并同时书面报告本级财政部门。

采购人或者采购代理机构不得通过对样品进行检测、对供应商进行考察等方式改变评审结果。

②《政府采购竞争性磋商采购方式管理暂行办法》第 21 条规定：磋商文件能够详细列明采购标的的技术、服务要求的，磋商结束后，磋商小组应当要求所有实质性响应的供应商在规定时间内提交最后报价，提交最后报价的供应商不得少于 3 家。

磋商文件不能详细列明采购标的的技术、服务要求，需经磋商由供应商提供最终设计方案或解决方案的，磋商结束后，磋商小组应当按照少数服从多数的原则投票推荐 3 家以上供应商的设计方案或者解决方案，并要求其在规定时间内提交最后报价。

最后报价是供应商响应文件的有效组成部分。符合本办法第 3 条第（4）项情形的，提交最后报价的供应商可以为 2 家。

注：采购人或者采购代理机构应当终止竞争性磋商采购活动，发布项目终止公告并说明原因。

（六）《政府采购质疑和投诉办法》

1. 第16条规定了因供应商质疑成立且影响或者可能影响中标、成交结果的，采购人、采购代理机构可以重新开展采购活动的情形：

第一，除依法通过澄清或者修改可以继续开展采购活动的外，应当修改采购文件后重新开展采购活动；

第二，对采购过程、中标或者成交结果提出的质疑，应重新开展采购活动，除非合格供应商符合法定数量时，可以从合格的中标或者成交候选人中另行确定中标、成交供应商的；

注：质疑答复导致中标、成交结果改变的，采购人或者采购代理机构应当将有关情况书面报告本级财政部门。

2. 第31条规定了财政部门对投诉事项影响或者可能影响采购结果的，财政部门责令重新开展采购活动的情形：

第一，未确定中标或者成交供应商的；

第二，已确定中标或者成交供应商但尚未签订政府采购合同的，认定中标或者成交结果无效；

第三，政府采购合同已经签订但尚未履行的，撤销合同。

3. 第32条规定了财政部门认定投诉人对采购过程或者采购结果提起的投诉事项影响或者可能影响采购结果的，财政部门责令重新开展采购活动的情形：

第一，未确定中标或者成交供应商的；

第二，已确定中标或者成交供应商但尚未签订政府采购合同的，认定中标或者成交结果无效（笔者按：合格供应商符合法定数量时，可以从合格的中标或者成交候选人中另行确定中标或者成交供应商的，应当要求采购人依法另行确定中标、成交供应商）；

第三，政府采购合同已经签订但尚未履行的，撤销合同（笔者按：合格供应商符合法定数量时，可以从合格的中标或者成交候选人中另行确定中标或者成交供应商的，应当要求采购人依法另行确定中标、成交供应商）。

综上，是否重新开展政府采购活动有严格法律法规规定，并不能任由采购人单方发起。

四、结论

（一）采购文件可否约定三年服务期

根据《财政部关于推进和完善服务项目政府采购有关问题的通知》第3条[①]和地方政策法规，如《云南省财政厅关于政府采购服务项目合同履行期限相关事宜的通知》的相关规定，对于采购需求具有相对固定性、延续性且价格变化幅度小的服务项目，在年度预算能够保障的前提下，采购人可以签订不超过3年履行期限的政府采购合同。

本案中，对于采购需求符合相对固定性、延续性且价格变化幅度小的服务项目，以及在年度预算能够保障等前提条件，《采购文件》可以约定3年服务期限。

（二）在采购文件规定的服务期限内，可否调整履约条件

经检索相关法律法规及地方法规政策，如云南省财政厅于2016年9月2日发布了《云南省财政厅关于政府采购服务项目合同履行期限相关事宜的通知》（以下简称通知）。该通知具体对采购人已签订不超过3年履行期限合同的政府采购服务项目管理的有关事项予以了两种区分：（1）对于第一年已经按照2年或3年预算实施政府采购活动，合同也按照2年或3年总金额签

---

①《财政部关于推进和完善服务项目政府采购有关问题的通知》第3条规定：三、灵活开展服务项目政府采购活动　简化采购方式变更的审核程序。采购人要按照政府采购法律制度规定，根据服务项目的采购需求特点，选择适用采购方式。对于采购需求处于探索阶段或不具备竞争条件的第三类服务项目，符合《政府采购法》第27条规定申请适用公开招标以外的采购方式的，财政部门要简化申请材料要求，也可以改变现行一事一批的管理模式，实行一揽子批复。

积极探索新的政府采购合同类型。各地各部门可以根据政府采购服务项目的需求特点，灵活采用购买、委托、租赁、雇用等各种合同方式，探索研究金额不固定、数量不固定、期限不固定、特许经营服务等新型合同类型。各省级财政部门可在此基础上制定发布相应的合同范本。

积极培育政府购买服务供给市场。对于有服务区域范围要求、但本地区供应商无法形成有效竞争的服务项目，采购人可以采取将大额项目拆分采购、新增项目向其他供应商采购等措施，促进建立良性的市场竞争关系。采购需求具有相对固定性、延续性且价格变化幅度小的服务项目，在年度预算能保障的前提下，采购人可以签订不超过3年履行期限的政府采购合同。

订的政府采购项目，采购单位不需再进行第二年、第三年政府采购实施计划备案和合同备案；（2）对于第一年按照一年预算实施政府采购活动，合同按照第一年金额签订的政府采购项目，价格未发生变化或价格发生变化且变化幅度在10%以内的，采购单位不需重复开展政府采购活动，但第二年、第三年需按年进行政府采购实施计划备案和合同备案，政府采购的组织形式和采购方式，与第一年实施的保持一致。根据前述通知内容，似乎肯认价格发生变化的事实，因此，若价格发生变化且变化幅度在10%以上的，采购单位可以根据情况重复开展政府采购活动。

以上通知只是针对价格变化进行了规定，但并没有规定因价格变化幅度超过10%以上的，究竟需如何处理？除此之外，也没有规定其他履约条件的变动或调整问题。而且即便采购人与供应商协商一致欲变更合同，也不得违背《采购文件》《响应文件》的实质约定，否则，存在双方串通以规避政府采购或损害国家、第三人的权益等嫌疑。

（三）采购人究竟有无重新开展政府采购的权利

如果因中标或成交供应商违反《民法典》合同编第563规定，或合同约定的解除条件，采购人自然有权解除合同。在这样的情形下，采购人自然可以重新开展政府采购活动。只是在这样的情形下，此前中标或成交的供应商是否仍有权参加该采购人开展的政府采购活动？不无疑问。但根据笔者对法律法规的梳理和立法精神，对于在采购合同履行过程中存在违约的供应商，自然不能再次参加重新采购活动。

除此之外，如没有法定事由，采购人单方解除合同的，不仅要承担违约责任，而且还需受到相关主管部门监督承担法律法规的处罚。

本案中，由于采购文件规定的服务期限为3年，合同一年一签，在第一年合同履行期间，采购人自然应继续按《采购文件》《响应文件》约定履行，而不能重新开展政府采购。当然，若采购人自愿承担相应的违约责任和面临法律法规的处罚，仍可以重新开展政府采购活动，但是否能通过财政部门审批就另当别论了。

【操作指引】

1. 采购人或招标人在实施采购计划或招标计划时，不妨请专业人士先进行法律论证，出具法律意见。

2. 在专业人士法律意见同意实施采购或招标时，也须严格按法律法规的具体要求和程序实施，避免盲目或于法无据，甚至违法情形。

3. 招标代理机构在提供代理服务中，最好为采购人或招标人先进行法律论证，而后提出合理合法方案。

【风险防控】

1. 采购人或招标人避免盲目的招标或采购。

2. 招标代理机构在提供服务过程中，尤其在实施采购或招标活动前，建议先进行合规性审查。

【法律适用】

《政府采购法》第 71~72 条

《政府采购法实施条例》第 49 条、第 71 条

《政府采购质疑和投诉办法》第 16 条、第 31 条

《政府采购竞争性磋商采购方式管理暂行办法》第 32~33 条

《关于推进和完善服务项目政府采购有关问题的通知》第 3 条

《云南省财政厅关于政府采购服务项目合同履行期限相关事宜的通知》

第七节　政府采购活动中，参与供应商[①]不足 3 家，可以继续采购活动吗

[案例]

政府采购有关机电产品国际招标的，通过初步审查的单位不足 3 家。

[问题]

是否可以继续评审？

① 本文的“参与”采用广义定义，不限于某个阶段，而应为政府采购的整个过程，即购买采购文件，参与资格预审报名，提交响应文件，经过资格预审，进入评审阶段等整个过程。

一、问题的提出

本文案例属于机电产品的国际招标项目。根据《机电产品国际招标投标实施办法（试行）》[以下简称本办法（商务部令 2014 年第 1 号）] 第 21 条规定，招标文件编制内容原则上应当满足 3 个以上潜在投标人能够参与竞争。本办法第 27 条规定：招标文件发售期截止后，购买招标文件的潜在投标人少于 3 个的，招标人可以依照本办法重新招标。只是若“重新招标后潜在投标人或投标人仍少于 3 个的，可以依照本办法第 46 条第 2 款有关规定执行”。

而根据本办法第 46 条的规定，包括了四种情形：第一，在开标前，投标人少于 3 个的，不得开标，招标人应当依照本办法重新招标；第二，开标后，经认定投标人少于 3 个的应当停止评标，招标人应当依照本办法重新招标；第三，重新招标后，投标人仍少于 3 个的，可以进入两家或一家开标评标（除外情形，若按国家有关规定需要履行审批、核准手续的依法必须进行招标的项目，报项目审批、核准部门审批、核准后可以不再进行招标）；第四，认定投标人数量的特殊情形：虽然形式为两家或两家以上的，但究其实质仍认定为一家，即（1）若两家以上投标人的投标产品为同一家制造商或集成商生产的，按一家投标人认定；（2）对两家以上集成商或代理商使用相同制造商产品作为其项目包的一部分，且相同产品的价格总和均超过该项目包各自投标总价 60% 的，按一家投标人认定。

通过以上可知，虽然法律法规等规定了参与投标的人数不得少于 3 家，但在特定情形下，也允许例外。问题是，在哪些情况下，才允许例外？这就需要对现行法律法规进行系统梳理，厘清相关规定才有助于现实实务操作。

二、现行政府采购法体系要求参与供应商不得少于 3 家

（一）《政府采购法》

根据《政府采购法》第 34 条规定，选择邀请招标方式采购的，应从符合相应资格条件的供应商中随机选择 3 家以上。

根据《政府采购法》第 36 条第 1 款第（1）项规定，符合专业条件或对招标文件作实质性响应的供应商不足 3 家的，应予废标。

根据《政府采购法》第38条规定，采用竞争性谈判方式采购的，谈判小组从符合相应资格条件的供应商名单中确定不少于3家的供应商参加谈判，并向其提供谈判文件。

根据《政府采购法》第40条第（2）项规定，采取询价方式采购的，询价小组根据采购需求，从符合相应资格条件的供应商名单中确定不少于3家的供应商，并向其发出询价通知书让其报价。

以上均要求“法定数量”最低是“3”。

（二）《政府采购法实施条例》

《政府采购法实施条例》第35条规定：谈判文件不能完整、明确列明采购需求，需要由供应商提供最终设计方案或者解决方案的，在谈判结束后，谈判小组应当按照少数服从多数的原则投票推荐3家以上供应商的设计方案或者解决方案，并要求其在规定时间内提交最后报价。

（三）《政府采购非招标采购方式管理办法》

根据《政府采购非招标采购方式管理办法》第8条规定，竞争性谈判小组或者询价小组在采购活动过程中应当从符合相应资格条件的供应商名单中确定不少于3家的供应商参加谈判或者询价。

根据《政府采购非招标采购方式管理办法》第12条规定，采购人、采购代理机构应当通过发布公告、从省级以上财政部门建立的供应商库中随机抽取或者采购人和评审专家分别书面推荐的方式邀请不少于3家符合相应资格条件的供应商参与竞争性谈判或者询价采购活动。

根据《政府采购非招标采购方式管理办法》第33条规定，谈判文件能够或不能详细列明采购标的的技术、服务要求谈判小组应当要求所有继续参加谈判的供应商在规定时间内提交最后报价，提交最后报价的供应商或推荐供应商不得少于3家。

根据《政府采购非招标采购方式管理办法》第37条[①]规定，若在采购过程中符合竞争要求的供应商或者报价未超过采购预算的供应商不足3家的，但本办法第27条第2款规定的情形除外，采购人或者采购代理机构应当终止竞争性谈判采购活动，发布项目终止公告并说明原因，重新开展采购活动。

根据《政府采购非招标采购方式管理办法》第50条[②]规定，若在采购过程中符合竞争要求的供应商或者报价未超过采购预算的供应商不足3家的，采购人或者采购代理机构应当终止询价采购活动，发布项目终止公告并说明原因，重新开展采购活动。

采用竞争性谈判和询价方式采购的，其"法定数量"最低是"3"。

（四）《政府采购货物和服务招标投标管理办法》

《政府采购货物和服务招标投标管理办法》第3条规定：货物服务招标采取邀请招标的，采购人依法从符合相应资格条件的供应商中随机抽取3家以上供应商。

《政府采购货物和服务招标投标管理办法》第14条规定：采用邀请招标方式的，采购人或者采购代理机构应当从符合资格条件的供应商中随机抽取3家以上向其发出投标邀请书。

《政府采购货物和服务招标投标管理办法》第18条第1款规定：采购人或者采购代理机构应当按照招标公告、资格预审公告或者投标邀请书规定的时间、地点提供招标文件或者资格预审文件，提供期限届满后，获取招标文件或者资格预审文件的潜在投标人不足3家的，可以顺延提供期限，并予公告。

---

①《政府采购非招标采购方式管理办法》第37条规定：出现下列情形之一的，采购人或者采购代理机构应当终止竞争性谈判采购活动，发布项目终止公告并说明原因，重新开展采购活动：（1）因情况变化，不再符合规定的竞争性谈判采购方式适用情形的；（2）出现影响采购公正的违法、违规行为的；（3）在采购过程中符合竞争要求的供应商或者报价未超过采购预算的供应商不足3家的，但本办法第27条第2款规定的情形除外。

②《政府采购非招标采购方式管理办法》第50条规定：出现下列情形之一的，采购人或者采购代理机构应当终止询价采购活动，发布项目终止公告并说明原因，重新开展采购活动：（1）因情况变化，不再符合规定的询价采购方式适用情形的；（2）出现影响采购公正的违法、违规行为的；（3）在采购过程中符合竞争要求的供应商或者报价未超过采购预算的供应商不足3家的。

《政府采购货物和服务招标投标管理办法》第 41 条规定：投标人不足 3 家的，不得开标。

《政府采购货物和服务招标投标管理办法》第 43 条规定：公开招标数额标准以上的采购项目，投标截止后投标人不足 3 家或者通过资格审查或符合性审查的投标人不足 3 家的，除采购任务取消情形外，若因招标文件存在不合理条款或者招标程序不符合规定的，采购人、采购代理机构改正后依法重新招标；若招标文件没有不合理条款、招标程序符合规定，需要采用其他采购方式采购的，采购人应当依法报财政部门批准。

《政府采购货物和服务招标投标管理办法》第 44 条规定：公开招标采购项目开标结束后，资格审查合格投标人不足 3 家的，不得评标。

（五）《政府采购竞争性磋商采购方式管理暂行办法》

《政府采购竞争性磋商采购方式管理暂行办法》第 6 条第 1 款规定：采购人、采购代理机构应当通过发布公告、从省级以上财政部门建立的供应商库中随机抽取或者采购人和评审专家分别书面推荐的方式邀请不少于 3 家符合相应资格条件的供应商参与竞争性磋商采购活动。

《政府采购竞争性磋商采购方式管理暂行办法》第 21 条规定：磋商文件能够或不能详细列明采购标的的技术、服务要求的，磋商小组应当要求提交最后报价的供应商或推荐供应商不得少于 3 家。

《政府采购竞争性磋商采购方式管理暂行办法》第 34 条规定：除本办法第 21 条第 3 款规定的情形外，在采购过程中符合要求的供应商或者报价未超过采购预算的供应商不足 3 家的，采购人或者采购代理机构应当终止竞争性磋商采购活动，发布项目终止公告并说明原因，重新开展采购活动。

（六）《政府和社会资本合作项目政府采购管理办法》

《政府和社会资本合作项目政府采购管理办法》第 8 条规定：项目有 3 家以上社会资本通过资格预审的，项目实施机构可以继续开展采购文件准备工作；项目通过资格预审的社会资本不足 3 家的，项目实施机构应当在调整资格预审公告内容后重新组织资格预审；项目经重新资格预审后合格社会资本仍不够 3 家的，可以依法变更采购方式。

三、现行政府采购法体系对参与供应商少于3家的除外规定

（一）仅为1家供应商的情形

《政府采购法》第26条、[①]第31条，[②]《政府采购法实施条例》第25条，[③]《政府采购非招标采购方式管理办法》第2条、[④]第四章单一来源采购均规定了单一来源采购方式。

采取单一来源采购方式的，供应商自然为1家。

（二）参与供应商可为2家的情形

1. 采取竞争性谈判采购的情形。《政府采购非招标采购方式管理办法》第27条规定：公开招标的货物、服务采购项目，招标过程中提交投标文件或者经评审实质性响应招标文件要求的供应商只有2家时，采购人、采购代理机构按照本办法第4条经本级财政部门批准后可以与该两家供应商进行竞争性谈判采购。符合本款情形的，本办法第33条、第35条中规定的供应商最低数量可以为两家。

---

①《政府采购法》第26条规定：政府采购采用以下方式：（1）公开招标；（2）邀请招标；（3）竞争性谈判；（4）单一来源采购；（5）询价；（6）国务院政府采购监督管理部门认定的其他采购方式。

公开招标应作为政府采购的主要采购方式。

②《政府采购法》第31条规定：符合下列情形之一的货物或者服务，可以依照本法采用单一来源方式采购：（1）只能从唯一供应商处采购的；（2）发生了不可预见的紧急情况不能从其他供应商处采购的；（3）必须保证原有采购项目一致性或者服务配套的要求，需要继续从原供应商处添购，且添购资金总额不超过原合同采购金额10%的。

③《政府采购法实施条例》第25条规定：政府采购工程依法不进行招标的，应当依照政府采购法和本条例规定的竞争性谈判或者单一来源采购方式采购。

④《政府采购非招标采购方式管理办法》第2条规定：采购人、采购代理机构采用非招标采购方式采购货物、工程和服务的，适用本办法。

本办法所称非招标采购方式，是指竞争性谈判、单一来源采购和询价采购方式。

竞争性谈判是指谈判小组与符合资格条件的供应商就采购货物、工程和服务事宜进行谈判，供应商按照谈判文件的要求提交响应文件和最后报价，采购人从谈判小组提出的成交候选人中确定成交供应商的采购方式。

单一来源采购是指采购人从某一特定供应商处采购货物、工程和服务的采购方式。

询价是指询价小组向符合资格条件的供应商发出采购货物询价通知书，要求供应商一次报出不得更改的价格，采购人从询价小组提出的成交候选人中确定成交供应商的采购方式。

2.《政府采购竞争性磋商采购方式管理暂行办法》(财库〔2014〕214号)、《政府采购竞争性磋商采购方式管理暂行办法》(财库〔2014〕214号)第25条[①]规定，磋商小组对于符合本办法第21条第3款[②]情形的，可以推荐2家成交候选供应商。但前述规定必须满足《政府采购竞争性磋商采购方式管理暂行办法》第3条第（4）项的规定，即对于市场竞争不充分的科研项目，以及需要扶持的科技成果转化项目可以推荐2家成交候选供应商。

3.《财政部关于政府采购竞争性磋商采购方式管理暂行办法有关问题的补充通知》(财库〔2015〕124号)、《财政部关于政府采购竞争性磋商采购方式管理暂行办法有关问题的补充通知》规定，采用竞争性磋商采购方式采购的政府购买服务项目（含政府和社会资本合作项目），在采购过程中符合要求的供应商（社会资本）只有2家的，竞争性磋商采购活动可以继续进行。

四、总结

我国政府采购法体系原则上规定，参与采购活动的供应商的“法定数量”不得低于“3”家。

但也有除外的情形，具体为：

第一，采用单一来源采购方式采购的，其“法定数量”就是“1”家；

第二，采取竞争性谈判的例外情形。根据《政府采购非招标采购方式管理办法》第27条规定，其“法定数量”就是“2”家。

第三，采取竞争性磋商的例外情形。根据《政府采购竞争性磋商采购方式管理暂行办法》第25条、第21条第3款及第3条第（4）项的规定，其“法定数量”就是“2”家；

---

①《政府采购竞争性磋商采购方式管理暂行办法》第25条第3款规定：磋商小组应当根据综合评分情况，按照评审得分由高到低顺序推荐3名以上成交候选供应商，并编写评审报告。符合本办法第21条第3款情形的，可以推荐2家成交候选供应商。评审得分相同的，按照最后报价由低到高的顺序推荐。评审得分且最后报价相同的，按照技术指标优劣顺序推荐。

②《政府采购竞争性磋商采购方式管理暂行办法》第21条第3款规定：最后报价是供应商响应文件的有效组成部分。符合本办法第3条第（4）项情形的，提交最后报价的供应商可以为2家。

第四，对 PPP 项目，采取竞争性磋商采购的例外情形。《财政部关于政府采购竞争性磋商采购方式管理暂行办法有关问题的补充通知》规定，采用竞争性磋商采购方式采购的政府购买服务项目（含政府和社会资本合作项目），在采购过程中符合要求的供应商（社会资本）只有 2 家的，竞争性磋商采购活动可以继续进行。

只是在实务操作中，一是需要严格判定何为合格供应商及法定数量，二是采购人应严格适用可以少于 3 家合格供应商的条件，否则，将导致采购人滥用以上除外规定的法定情形。

总之，政府采购活动中，参与供应商不足 3 家，采购人是否可以继续采购活动，取决于政府采购活动是否属于上述的例外情形并满足相应的具体条件，否则，便应停止相应采购活动，组织重新采购。

第五章 签订中标和采购合同过程中的标准动作

中标或采购合同的签订，是招标投标活动或政府采购活动的必然结果，也是招标投标活动或政府采购活动成果的集中体现。换句话说，既是招标人或采购人选择到了相对匹配的合作伙伴，又是招标代理机构履行代理职责的完成，还是中标人或成交供应商投标或响应采购的追求结果。

但对于每一桩招标投标活动或政府采购活动，在整个过程中，并非必然按其逻辑一一正常发生，在这个环节过程中，难免会出现插曲，甚至与法律法规规定相去甚远。尤其评审委员会或评标委员会推荐了成交供应商或中标人候选人后，并非一律必将签订采购或中标合同。在推荐成交供应商或中标人候选人后，是否确定最终中标人或成交供应商；在公示中标人或成交供应商后，是否存在采购人或中标人自身纠错发现中标人或成交供应商存在不满足招标文件或采购文件实质条件抑或与相关法律法规强制性规定相左的，或是否有人质疑或异议，抑或投诉亦不得而知，亦未可知；一经招标人或采购人发现，或经质疑、异议或投诉后，中标人或成交供应商存在违法违规或有违招标文件、采购文件，抑或法律法规强制性规定等情形的，将面临被废标或导致投标无效或中标无效等情形，从而导致重新招投标或政府采购活动。也可能出现招标人或采购人，中标人或成交供应商基于某种原因而不愿签订中标或采购合同；也可能出现招标人或采购人与中标人或成交供应商在签订合同过程中，因对合同条款的分歧难以达成共识，从而不能签订中标或采购合同，也有可能因第三方原因导致双方迟迟不能签订合同，如需要相关主管部门备案或审查，抑或具备审批权限职务的人员空缺，导致迟迟无法审批，从而影响合同的签订（笔者按：这主要针对必须招投标项目或政府采购项目而言）。

总之，在招标投标活动或政府采购活动中，存在诸多不确定因素或风险，从而也带来了不同的法律后果。作为招标人或采购人，唯有通过事先的合规审查和事前、事中的风险控制，维护己方权益，控制好风险，从而有序推进招标投标活动或政府采购活动。对于投标人或供应商，在投标或提交响应文件过程中，分析透彻招标文件或采购文件，结合己方情形，妥当参与，若因招标文件或采购文件存在设置不合理条件排斥潜在投标人或差别、歧视待遇的，或其中附载的合同文本与法律法规、采购文件或招标文件有出入，有违诚实守信或公平原则的，甚至违法违规，可根据政府采购法体系或招标投标法体系提出质疑或异议，进而以投诉的方式维护己方权益，从而有利于招标投标活动或政府采购活动的有序推进，达到预期结果。

第一节　非必招工程项目公开招标，招标人可以确定两名中标人吗

[案例]

某非必须招标建设工程项目，招标人选择公开招标方式确定承包方，经评标委员会评审，最终推荐了排名前三的投标人为中标候选人。事后，招标人选择了第一名、第二名中标候选人为中标人。

[问题]

1. 本项目为非必须招标项目，招标人确定两名中标人是否可行？

2. 类似这样的非必须招标项目，如果招标人选择进入公共资源交易中心公开招标，招标人是否可以确定两名中标人？

3. 对于类似的非必须招标项目，招标人在确定中标人时如何行为更妥当？

笔者认为，招标人选择公开招标与否，与项目是否属于必须招标项目没有必要联系。招标方式或其他采购方式的选择意义在于为招标人或采购人在市场化的场景下，更好地选择最优且匹配的合作伙伴，是充分自由选择缔约相对方的一种方式。

一、区分必须招标与非必须招标项目的意义

目前，涉及必须招标的工程项目的现行法律法规主要有《政府采购法》《政府采购法实施条例》《招标投标法》《招标投标法实施条例》《必须招标的工程项目规定》《必须招标的基础设施和公用事业项目范围规定》等。

上述法律法规、部门规章主要从项目的类型和资金性质两个方面进行界定：一方面是保障政府财政资金的使用效益；另一方面是针对大型基础设施、公用事业等关系社会公共利益、公众安全的项目。

法规政策之所以作“必须”与“非必须”招标项目的划分，主要在于保障政府财政资金或国际援助资金的有效使用、管控及过程的监管。如在事后监管方面，《最高人民法院关于审理建设工程施工合同纠纷案件适用法律问题的解释》（法释〔2004〕14号）第1条[①]便规定：建设工程必须进行招标而未招标的，将适用《合同法》第52条第（5）项的规定，认定无效。以此有效规范应招标的项目若未招标所面临的无效的法律后果，从而促使项目业主方严格根据法律法规开展项目，施工方也需严格按法律法规规定，经过公平竞争有序获得项目。

作为项目业主方，需根据招标投标法体系或政府采购法体系规定，对拟实施或启动项目属于必须招标的项目，则需严格按必须招标的方式进行公开招标，否则，不仅会导致项目实施的中断，还可能涉及对招标人的问责等后患。

二、非必须招标的项目如何开展更稳妥

众所周知，招标投标法体系或政府采购法体系都是为了规范招标人或采购人选择经济最优且匹配的合作伙伴而设计，同时，也为招标投标活动或政府采购活动的规则，一经选择就得严格按相关规定执行，切不可中途变换规则，任意创新。

招标投标活动或政府采购活动，为订立合同的环节，即要约邀请、要约、承诺三个环节，其最终落实到“合同”的订立。对于前述环节，《民法典》合同编已有明确规定，要约邀请是希望他人向己方发出邀请，要约是希望和他人订立合同的意思表示，承诺是受要约人同意要约的意思表示。承诺与要约须遵循镜像原则，若承诺改变要约实质内容，则为新的要约。

---

①《最高人民法院关于审理建设工程施工合同纠纷案件适用法律问题的解释》第1条规定：建设工程施工合同具有下列情形之一的，应当根据《合同法》第52条第（5）项的规定，认定无效：（1）承包人未取得建筑施工企业资质或者超越资质等级的；（2）没有资质的实际施工人借用有资质的建筑施工企业名义的；（3）建设工程必须进行招标而未招标或者中标无效的。

不仅招标活动受《民法典》合同编等约束，还受到行业惯例约束，若没有法律法规规定时，需遵循行业惯例，不可逾越，除非通过立法或找到法源适用，否则，将面临法律法规处罚。

除此之外，对于招标文件或采购文件编制时所参照或援引相关法律法规的，若没有潜在投标人或投标人，或供应商对招标文件或采购文件中所参照或援引法律法规提出异议或质疑而做相应修改或调整的，在涉及法律法规适用时，需优先以招标文件或采购文件为根据或参照，抑或援引相关的法律法规适用。此体现民法的意思自治原则，充分保障了民商事主体的自由，因缔约双方在缔约过程中所达成的一致意思，亦为彼此之间的法律。

既然招标文件或采购文件中已经根据、参照或援引了，自然需彼此遵守，当然，若所根据、参照或援引的法律法规明显错误，甚至违背了上位法或有错误的，文件中编制的根据，参照或援引自然无效。

除此之外，若招标人选择了招标方式，事后又以意思自治自行其是的，除非无人提出异议或投诉且也不属于监管部门监管范围或对象的，否则，仍面临相应法律法规的规范和约束。如2019年2月1日施行的《最高人民法院关于审理建设工程施工合同纠纷案件适用法律问题的解释（二）》第1条、[①]第9条、[②]第10条[③]等规定便充分体现了法律精神和司法裁判走向。

仔细梳理上述案例，不难发现，其表述较为模糊，并没有说明项目具体

---

①《最高人民法院关于审理建设工程施工合同纠纷案件适用法律问题的解释（二）》第1条规定：招标人和中标人另行签订的建设工程施工合同约定的工程范围、建设工期、工程质量、工程价款等实质性内容，与中标合同不一致，一方当事人请求按照中标合同确定权利义务的，人民法院应予支持。

招标人和中标人在中标合同之外就明显高于市场价格购买承建房产、无偿建设住房配套设施、让利、向建设单位捐赠财物等另行签订合同，变相降低工程价款，一方当事人以该合同背离中标合同实质性内容为由请求确认无效的，人民法院应予支持。

②《最高人民法院关于审理建设工程施工合同纠纷案件适用法律问题的解释（二）》第9条规定：发包人将依法不属于必须招标的建设工程进行招标后，与承包人另行订立的建设工程施工合同背离中标合同的实质性内容，当事人请求以中标合同作为结算建设工程价款依据的，人民法院应予支持，但发包人与承包人因客观情况发生了在招标投标时难以预见的变化而另行订立建设工程施工合同的除外。

③《最高人民法院关于审理建设工程施工合同纠纷案件适用法律问题的解释（二）》第10条规定：当事人签订的建设工程施工合同与招标文件、投标文件、中标通知书载明的工程范围、建设工期、工程质量、工程价款不一致，一方当事人请求将招标文件、投标文件、中标通知书作为结算工程价款的依据的，人民法院应予支持。

细节，目的在于开放性地展开讨论，尽可能地将涉及的主要法律问题进行梳理，以供参考。

（一）科学适用法律法规应把握几大规则

我国法律法规政策数量庞大，内容繁多，层级密集，在法规政策的罗织网络中，如何科学规范适用法律法规，尤为重要。正因如此，适用中就需明确它们相互间的效力层级与范围，根据《宪法》《立法法》及有关法律的规定，就法律适用规则的基本原则大致是：

第一，上位法的效力高于下位法。《立法法》第五章适用与备案审查规定非常明确，下位法应与上位法的规定保持一致，不得与上位法相抵触。

第二，同位法中，特别规定优先于一般规定。《立法法》第 92 条[①]对此进行了明确规定。

第三，同位法中，新的规定优先于旧的规定。参见《立法法》第 92 条规定。

第四，不溯及既往原则。这就是说，事后的法律法规规定不得就该法律法规制定前的行为或事件进行规范适用。

除此之外，还涉及具体法律适用的规则，如《民法典》第 10 条[②]规定，法律法规类推适用原则，当法律没有规定的，可适用习惯，只是不得违背公序良俗。

（二）非必招项目确定两名中标人是否可行

招标人既然已经选择了招标方式，无论是必须招标，还是非必须招标，一经选择招标方式，所适用的法律法规并没有何种差异，唯有前置性程序有别，至于招标投标活动本身和适用法律法规并没有什么区别。

其实，无论必须招标项目，还是非必须招标项目，对于招标人来说，确定中标人的权利是不变的。只是对于必须招标项目，招标人一贯遵循确定排

---

①《立法法》第 92 条规定：同一机关制定的法律、行政法规、地方性法规、自治条例和单行条例、规章，特别规定与一般规定不一致的，适用特别规定；新的规定与旧的规定不一致的，适用新的规定。

②《民法典》第 10 条规定：处理民事纠纷，应当依照法律；法律没有规定的，可以适用习惯，但是不得违背公序良俗。

名第一的中标候选人为中标人。例如，《招标投标法实施条例》第55条规定：国有资金占控股或者主导地位的依法必须进行招标的项目，招标人应当确定排名第一的中标候选人为中标人。排名第一的中标候选人放弃中标、因不可抗力不能履行合同、不按照招标文件要求提交履约保证金，或者被查实存在影响中标结果的违法行为等情形，不符合中标条件的，招标人可以按照评标委员会提出的中标候选人名单排序依次确定其他中标候选人为中标人，也可以重新招标。不过，对于不属于《招标投标法实施条例》第55条规定的项目，法律法规并没有要求必须选择排名第一的中标候选人为中标人，也就是说确定中标人的权利应由招标人自主决定。

因此，实际招标活动中，若不是必须招标的项目，招标人并不受《招标投标法实施条例》第55条约束，也即不是必须确定第一名为中标人。

因此，对于非必须招标项目，确定中标人的权利应为招标人意思自治——只是招标人是否具有"开先河"的勇气，不得而知，亦不可知。虽是如此，也没有同时确定两名中标人的先例。如此，招标人将面临缔约过失责任承担。

（三）进交易中心招标的非必招项目可确定两名中标人吗

对于虽非必须招标项目，但招标人选择进入公共资源交易中心公开招标，必然应遵守交易中心要求，也应按相关法律法规规定开展招标工作，招标人擅自确定两名中标人的行为，于法无据。

有人说，因不是必须招标项目，招标人有自主确定中标人的权利，反正也没有法律法规禁止这种做法。"法无禁止即可为"并不适合所有领域，其只不过是民商领域的大原则，利于民商主体意思自治，自由安排，体现小政府、大社会的发展理念。可招标投标和政府采购并非完全属于民商领域，还具有浓厚的行政性质，因此，也就不能以"法不禁止即可为"作为万能的"挡箭牌"了。

何况行业中亦没有先例，在《国务院办公厅关于聚焦企业关切进一步推动优化营商环境政策落实的通知》（国办发〔2018〕104号）等公平竞争优化营商环境政策发布前，或许还可以通过巧立名目的"入围"方式避实就虚，可如今，政策已不允许采取这样的方式规避刚性要求。

另根据《最高人民法院关于审理建设工程施工合同纠纷案件适用法律问

题的解释（二）》第 1 条、第 9~10 条等规定可知，司法的导向和法律法规适用及裁判精神也系严格适用招标投标法体系规定及精神，不容各方主体随意变动。

（四）非必招项目，招标人如何行为更妥当

大多数人认为，对于非必须招标的项目，项目业主根据己方需要采取合理的方式选择合作方即可，不必拘泥于招标投标法体系或政府采购法体系约束。该种认识也并非没有道理，可若不顾项目实情，一律盲目自行其是，势必带来后患。

笔者认为，对于涉及财政资金的，自然需根据政府采购法体系采取合理的方式采购，切不可自主。对于涉及国有企业中国有资金的，为防止国有资产流失和国有资金的高效支配，建议采取有效的招标投标方式或政府采购方式，以免在主管或监管部门面前难证清白。

其实，对于非必须招标项目，作为招标人大可不必邯郸学步，可径直自行选择合作伙伴或即便选择了招标方式，对于确定中标人的权利仍在自身，只是不能标新立异而已，何须多此一举。

【操作指引】

1. 对于必须招标项目，招标人得严格按主管部门的流程，事先落实，尤其是相应程序性要求和所需材料及沟通汇报途径等需仔细审慎，避免出纰漏。

2. 对于非必须招标项目，招标人得根据自身性质，如是否涉及国有资金或国有参股或控股情形的，建议采用严格招标方式，避免事后监管中难辞其咎。

3. 对于非必须招标项目，也不涉及国有资金或国有参股、控股等情形的，可根据自身情形，决定是否采用招标方式选择合作伙伴。

4. 招标人得吃透法律法规规定，才能合理妥当适用法律法规，避免受其桎梏或束缚。

5. 招标投标法体系或政府采购法体系并非民商事领域，更体现了行政法性质，属于典型的社会法领域，故，招标人需谨慎适用“法不禁止即可为”和类推适用原则。

【风险防控】

1. 作为招标人，对于法律法规没有明确规定的，行业亦没有先例的，建议不突破，不创新。

2. 作为招标人，若法律法规没有规定，而行业有先例的，也得查看研究先例的情形与自身的情形是否相同或相似，切不可盲目照搬。

3. 招标人在适用“法不禁止即可为”和类推适用原则时，建议请法律专业人士事先进行论证，避免草率或误读。

【法律适用】

《立法法》第 92 条

《民法典》第 10 条

《招标投标法实施条例》第 55 条

《国务院办公厅关于聚焦企业关切进一步推动优化营商环境政策落实的通知》

《最高人民法院关于审理建设工程施工合同纠纷案件适用法律问题的解释（二）》第 1 条、第 9 条、第 10 条

第二节　中标后，超过法律法规规定的时间，未签订合同存在哪些风险

在招标投标和政府采购活动中，时间与时限是保障整个招标投标和政府采购活动有序推进的精准衡量刻度，亦是关键的变量因素，同时也为相关部门或责任人等有效监督及相关权利人权益主张的自然尺度。

一、法律法规规定中标后，应在多少时日签订合同

（一）招标投标法体系

根据《招标投标法》第46条、[①]《工程建设项目货物招标投标办法》第51条[②]等招标投标法体系的规定，招标人和中标人应当自中标通知书发出之日起30日内，按照招标文件和中标人的投标文件实质内容订立书面合同。

（二）政府采购法体系

根据《政府采购法》第46条、[③]《政府采购非招标采购方式管理办法》第19条、[④]《政府采购货物和服务招标投标管理办法》第71条[⑤]等政府采购法体系规定，采购人与中标、成交供应商应当在中标、成交通知书发出之日

---

①《招标投标法》第46条规定：招标人和中标人应当自中标通知书发出之日起30日内，按照招标文件和中标人的投标文件订立书面合同。招标人和中标人不得再行订立背离合同实质性内容的其他协议。

招标文件要求中标人提交履约保证金的，中标人应当提交。

②《工程建设项目货物招标投标办法》第51条规定：招标人和中标人应当在投标有效期内并在自中标通知书发出之日起30日内，按照招标文件和中标人的投标文件订立书面合同。招标人和中标人不得再行订立背离合同实质性内容的其他协议。

招标文件要求中标人提交履约保证金或者其他形式履约担保的，中标人应当提交；拒绝提交的，视为放弃中标项目。招标人要求中标人提供履约保证金或其他形式履约担保的，招标人应当同时向中标人提供货物款支付担保。

履约保证金金额一般为中标合同价的10%以内，招标人不得擅自提高履约保证金。

③《政府采购法》第46条规定：采购人与中标、成交供应商应当在中标、成交通知书发出之日起30日内，按照采购文件确定的事项签订政府采购合同。

中标、成交通知书对采购人和中标、成交供应商均具有法律效力。中标、成交通知书发出后，采购人改变中标、成交结果的，或者中标、成交供应商放弃中标、成交项目的，应当依法承担法律责任。

④《政府采购非招标采购方式管理办法》第19条规定：采购人与成交供应商应当在成交通知书发出之日起30日内，按照采购文件确定的合同文本以及采购标的、规格型号、采购金额、采购数量、技术和服务要求等事项签订政府采购合同。

采购人不得向成交供应商提出超出采购文件以外的任何要求作为签订合同的条件，不得与成交供应商订立背离采购文件确定的合同文本以及采购标的、规格型号、采购金额、采购数量、技术和服务要求等实质性内容的协议。

⑤《政府采购货物和服务招标投标管理办法》第71条规定：采购人应当自中标通知书发出之日起30日内，按照招标文件和中标人投标文件的规定，与中标人签订书面合同。所签订的合同不得对招标文件确定的事项和中标人投标文件作实质性修改。

采购人不得向中标人提出任何不合理的要求作为签订合同的条件。

起30日内，按照采购文件、响应文件等确定的事项签订政府采购合同。

（三）结论

无论是招标投标法体系，还是政府采购法体系，均规定为中标或成交通知书发出之日起30日内，签订合同。

在此，笔者着重强调两点：第一，两部法体系规定签订合同的起算时间为"中标或成交通知书发出之日"；第二，时限为"30日内"，是自然日历日而不是工作日。

二、现实中存在哪些不签订合同的情形

实务中，招标人或采购人和投标人或供应商待中标后签订合同毕竟是常态，不签订合同是例外。对于不签订合同的情形，主要集中体现在主体间、各种原因等所导致。

（一）主体上

在招标投标法体系中，不签订合同的主体要么是招标人不愿意，要么是投标人不愿意，亦可能两者都不愿意签订。

在政府采购法体系中，不签订合同的主体要么是采购人不愿意，要么是供应商不愿意，亦可能两者都不愿意签订。

（二）原因上

1. 正当理由

（1）法律规定的不可抗力。此种情形，各方均不存在任何故意或过失，如因地震导致项目没有必要继续实施或没有继续履行该招标合同或采购合同的。

（2）项目被合法取消。项目在实施过程中，因政策等原因导致取消任务的。

（3）中标通知书发出后，相关监督部门发现该项目存在违法情形需废标或中标无效的情形，但并非招标人或采购人和投标人或供应商所导致。

2. 非正当原因

（1）招标人或采购人无正当理由不愿与投标人或供应商签订合同。

（2）投标人或供应商无正当理由或拒绝与招标人或采购人签订合同。

需指出的是，第一，两部法体系将“无正当理由”或“拒绝”作为不签订合同的情形；第二，两部法体系的立法措辞略有不同，招标投标法体系基本统一为“无正当理由”，而政府采购法体系则为“无正当理由”“不与”“拒绝”等。

由此可见，两部法体系在立法上的不严谨和用语上存在混乱，同时，因“无正当理由”等模糊界定，从而导致适用时，如何界定“无正当理由”便出现了公婆理论之争。如此，自然不利于法律法规适用。

笔者认为，不妨从民法归责原理出发，以故意、过失进行界定，或许更利于法律法规的精准适用和排除人为解读空间。

三、中标后，超过法律法规规定时间未签订合同，究竟存在哪些风险

（一）招标投标法体系

根据《招标投标法实施条例》第73条[①]的规定，针对依法必须进行招标的项目，招标人无正当理由不与中标人订立合同的，将面临：（1）有关行政监督部门责令改正，可以处中标项目金额10‰以下的罚款；（2）给他人造成损失的，依法承担赔偿责任；（3）对单位直接负责的主管人员和其他直接责任人员依法给予处分。

根据《招标投标法实施条例》第74条[②]的规定，中标人无正当理由不与招标人订立合同的，将面临：（1）取消其中标资格，投标保证金不予退还；（2）对依法必须进行招标项目的中标人，由有关行政监督部门责令改正，可

---

①《招标投标法实施条例》第73条规定：依法必须进行招标的项目的招标人有下列情形之一的，由有关行政监督部门责令改正，可以处中标项目金额10‰以下的罚款；给他人造成损失的，依法承担赔偿责任；对单位直接负责的主管人员和其他直接责任人员依法给予处分：（1）无正当理由不发出中标通知书；（2）不按照规定确定中标人；（3）中标通知书发出后无正当理由改变中标结果；（4）无正当理由不与中标人订立合同；（5）在订立合同时向中标人提出附加条件。

②《招标投标法实施条例》第74条规定：中标人无正当理由不与招标人订立合同，在签订合同时向招标人提出附加条件，或者不按照招标文件要求提交履约保证金的，取消其中标资格，投标保证金不予退还。对依法必须进行招标的项目的中标人，由有关行政监督部门责令改正，可以处中标项目金额10‰以下的罚款。

以处中标项目金额 10‰以下的罚款。

根据《工程建设项目货物招标投标办法》第 58 条[①]的规定，依法必须进行招标的项目，招标人无正当理由不与中标人签订合同的，将面临：（1）由有关行政监督部门责令改正，可以处中标项目金额 10‰以下的罚款；（2）给他人造成损失的，依法承担赔偿责任；（3）对单位直接负责的主管人员和其他直接责任人员依法给予处分。

（二）政府采购法体系

根据《政府采购法》第 71 条[②]的规定，采购人、采购代理机构在中标通知书中标、成交通知书发出后不与中标、成交供应商签订采购合同的，将面临：（1）责令限期改正，给予警告，可以并处罚款；（2）对直接负责的主管人员和其他直接责任人员，由其行政主管部门或者有关机关给予处分，并予通报。

---

①《工程建设项目货物招标投标办法》第 58 条规定：依法必须进行招标的项目的招标人有下列情形之一的，由有关行政监督部门责令改正，可以处中标项目金额 10‰以下的罚款；给他人造成损失的，依法承担赔偿责任；对单位直接负责的主管人员和其他直接责任人员依法给予处分：（1）无正当理由不发出中标通知书；（2）不按照规定确定中标人；（3）中标通知书发出后无正当理由改变中标结果；（4）无正当理由不与中标人订立合同；（5）在订立合同时向中标人提出附加条件。

中标通知书发出后，中标人放弃中标项目的，无正当理由不与招标人签订合同的，在签订合同时向招标人提出附加条件或者更改合同实质性内容的，或者拒不提交所要求的履约保证金的，取消其中标资格，投标保证金不予退还；给招标人的损失超过投标保证金数额的，中标人应当对超过部分予以赔偿；没有提交投标保证金的，应当对招标人的损失承担赔偿责任。对依法必须进行招标的项目的中标人，由有关行政监督部门责令改正，可以处中标金额 10‰以下罚款。

②《政府采购法》第 71 条规定：采购人、采购代理机构有下列情形之一的，责令限期改正，给予警告，可以并处罚款，对直接负责的主管人员和其他直接责任人员，由其行政主管部门或者有关机关给予处分，并予通报：（1）应当采用公开招标方式而擅自采用其他方式采购的；（2）擅自提高采购标准的；（3）以不合理的条件对供应商实行差别待遇或者歧视待遇的；（4）在招标采购过程中与投标人进行协商谈判的；（5）中标、成交通知书发出后不与中标、成交供应商签订采购合同的；（6）拒绝有关部门依法实施监督检查的。

根据《政府采购法实施条例》第 72 条[①]的规定，供应商中标或者成交后无正当理由拒不与采购人签订政府采购合同，将面临：（1）处以采购金额 5‰以上 10‰以下的罚款；（2）列入不良行为记录名单，在 1~3 年内禁止参加政府采购活动；（3）有违法所得的，并处没收违法所得；（4）情节严重的，由工商行政管理机关吊销营业执照；构成犯罪的，依法追究刑事责任。

根据《政府采购非招标采购方式管理办法》第 22 条[②]的规定，成交供应商拒绝签订政府采购合同的，应当承担相应的法律责任。

（三）结论

1. 招标投标法体系

招标投标法体系中，若不签订书面合同的，主要面临以下处罚：（1）面临处以中标项目金额 5‰以上 10‰以下的罚款；（2）由有关行政监督部门责令改正；（3）给他人造成损失的，依法承担赔偿责任；（4）对单位直接负责的主管人员和其他直接责任人员依法给予处分；（5）取消其中标资格，投标保证金不予退还。

其中，（1）、（2）、（3）、（4）项适用于招标人，（1）、（2）、（5）项适用于投标人。

2. 政府采购法体系

政府采购法体系中，若不签订书面合同的，主要面临以下处罚：（1）责

---

①《政府采购法实施条例》第 72 条规定：供应商有下列情形之一的，依照《政府采购法》第 77 条第 1 款的规定追究法律责任：（1）向评标委员会、竞争性谈判小组或者询价小组成员行贿或者提供其他不正当利益；（2）中标或者成交后无正当理由拒不与采购人签订政府采购合同；（3）未按照采购文件确定的事项签订政府采购合同；（4）将政府采购合同转包；（5）提供假冒伪劣产品；（6）擅自变更、中止或者终止政府采购合同。

供应商有前款第一项规定情形的，中标、成交无效。评审阶段资格发生变化，供应商未依照本条例第 21 条的规定通知采购人和采购代理机构的，处以采购金额 5‰的罚款，列入不良行为记录名单，中标、成交无效。

②《政府采购非招标采购方式管理办法》第 22 条规定：除不可抗力等因素外，成交通知书发出后，采购人改变成交结果，或者成交供应商拒绝签订政府采购合同的，应当承担相应的法律责任。

成交供应商拒绝签订政府采购合同的，采购人可以按照本办法第 36 条第 2 款、第 49 条第 2 款规定的原则确定其他供应商作为成交供应商并签订政府采购合同，也可以重新开展采购活动。拒绝签订政府采购合同的成交供应商不得参加对该项目重新开展的采购活动。

令限期改正，给予警告，可以并处罚款；（2）对直接负责的主管人员和其他直接责任人员，由其行政主管部门或者有关机关给予处分，并予通报；（3）处以采购金额5‰以上10‰以下的罚款；（4）列入不良行为记录名单，在1~3年内禁止参加政府采购活动；（5）有违法所得的，并处没收违法所得；（6）情节严重的，由工商行政管理机关吊销营业执照；构成犯罪的，依法追究刑事责任。

其中，（1）、（2）项适用于采购人，（3）、（4）、（5）、（6）项适用于供应商，只是此处的规定可以将各处罚一并执行而不是选择事项。

针对以上规定，无论两部法体系内部还是两部法体系之间在规定上均有较大差异，也存在不严谨和不体系化的地方，有待两部法体系内外的体系化梳理和立法技术的进一步臻熟，以利于法律法规的科学、合理、精准适用。

总之，无论招标人或采购人，还是投标人或供应商，一旦不签订书面合同，除不可抗力和法定无责外，均将面临不同的法定处罚后果和承受既定的法律风险。

【操作指引】

1. 招标人或采购人在实施招标投标活动或政府采购活动前，建议进行合规性和可操作性论证，切不可盲目招投标或政府采购。

2. 一旦满足合规和现实可操作性的，则需对招标文件或采购文件进行合规性审查和科学编制，避免事后发生争议导致不能签订合同。

3. 投标人或供应商在参与投标或提交响应活动过程中，结合法律法规审查招标文件或采购文件的合规性或科学合理性，一旦发现涉嫌违法违规等情形的，可根据法律法规，结合项目特点，妥当提出异议或质疑，甚至投诉，以维护己方权益，利于事后有序推进招标投标活动和政府采购活动。

【风险控制】

1. 一旦出现不能签订合同情形时，得审查是否具备客观原因或法律法规规定的情形，否则，将面临相应处罚或承担缔约过失责任等不利后果。

2. 确实存在不能签订合同的情形，招标人或采购人得依法向主管部门上报，避免受到处罚，同时，和中标人或成交供应商妥善沟通，避免承担相应民事责任。

3. 对于中标人或成交供应商，一旦涉及不能签合同情形，一方面和招标人或采购人友好沟通，寻求客观原因，避免限制参与投标或响采购的限制期限或禁止一段时间不得参与等处罚及民事责任。

4. 若没有客观原因或法律法规规定的正当原因，建议以沟通或谈判思维进行友好协商处理。

【法律适用】

《招标投标法》第 46 条
《招标投标法实施条例》第 73 条、第 74 条
《工程建设项目货物招标投标办法》第 51 条、第 58 条
《政府采购法》第 46 条、第 71 条
《政府采购法实施条例》第 72 条
《政府采购非招标采购方式管理办法》第 19 条、第 22 条
《政府采购货物和服务招标投标管理办法》第 71 条

第三节　签合同时，成交供应商或中标人可以主动降低交易价额吗

[案例]

某项目在签订合同时，成交供应商或中标人自愿主动降低合同交易价额。

[问题]

1. 采购人或招标人是否可签订该合同？

2. 该合同一旦签订后，是否有效？

从表面上看，成交供应商或中标人自愿主动降低合同交易价额，自然有利于采购人或招标人。可在政府采购法体系或招标投标法体系中，成交供应商或中标人的这种主动让利行为，真的就充满“利他主义”精神吗？这并非表面行为那么简单，值得业界严肃的研讨一番。

一、两种观点的博弈

对于成交供应商或中标人自愿主动降低合同交易价额的行为，业界存有两种截然相反的观点，即赞成与不赞成。

（一）赞成观点

赞成者认为，成交供应商或中标人主动降低交易价额自然是好事，理应支持为妥。理由是：

第一，利于节约采购人或招标人的成本。成交供应商或中标人主动降低交易价额，自然节约了采购人或招标人的成本。这对采购人或招标人自然有利。

第二，成交供应商或中标人有权处分个人权益。从法律角度，无论政府采购还是招标投标，都属于大民商法律事务范畴。法谚“法不禁止即可为”。何况成交供应商或中标人主动降低交易价额，属于对个人权益的合理处分或部分权益的放弃，此举于法、于理、于情都没有冲突。

第三，成交供应商或中标人主动降低交易价额系在合同签订阶段，并不影响招标投标活动或政府采购活动的“公开、公平、公正”原则。成交供应商或中标人主动降低交易价额系在经评标委员会或评审专家独立评标或评审后推荐了成交或中标候选人，经采购人或招标人选定成交供应商或中标人后，在合同签订阶段，单方主动降低交易价额。在此阶段的情形下，并不影响招标投标或政府采购活动的“三公”原则和“诚实守信”原则。

（二）不赞成观点

不赞成者认为，从个案而言，虽然有利于采购人或招标人，但从整个行业而言，显然得不偿失，不利于行业的持续良性发展和维护公平竞争的营商环境。

第一，若允许成交供应商或中标人在签订合同时降低交易价额，会进一步助长低价成交或中标的情形。如前不久出现的“零元中标”等严重与市场经济法则相违背的恶意投标或响应政府采购的情形。这样一来，不仅对其他投标人或供应商构成严重伤害，且对采购人或招标人同样会造成严重的伤害。

第二，虽然成交供应商或中标人主动降低交易价额发生在合同签订阶段，貌似没有影响其他供应商或投标人的利益，更没有直接损害采购人或招标人的利益，从表面上看，采购人或招标人是收益者。但这样的举措势必带来某些利益输送或形成不良性的竞争局面，一方面成交供应商或中标人可以取悦采购人或招标人；另一方面容易导致成交供应商或中标人在相关的货物或服务等品质方面打折扣或通过其他方式换取更大利益的可能。试想，在优胜劣汰的市场竞争环境下，如果成交供应商或中标人对正常利益都不图，就很难让人正常想象了。因此，面对这样的举措或动机，需要审时度势，遵循经济规律才于各方有利。

第三，虽然成交供应商或中标人有权处分个人权益，但别忘了权利也不得滥用，否则，不仅会影响他人的合法利益，而且会严重破坏现有的社会秩序。

在政府采购法体系中，《政府采购非招标采购方式管理办法》（财政部令第 74 号）第 19 条规定：采购人不得与成交供应商订立背离采购文件确定的合同文本以及采购标的、规格型号、采购金额、采购数量、技术和服务要求等实质性内容的协议。否则，采购人将按《政府采购非招标采购方式管理办法》（财政部令第 74 号）第 52 条[①]规定受罚，成交供应商将受第 54 条[②]规定处罚。《政府采购竞争性磋商采购方式管理暂行办法》（财库〔2014〕214

---

①《政府采购非招标采购方式管理办法》第 52 条规定：采购人有下列情形之一的，责令限期改正，给予警告；有关法律、行政法规规定处以罚款的，并处罚款：（1）未按照政府采购法和本办法的规定采用非招标采购方式的；（2）未按照政府采购法和本办法的规定确定成交供应商的；（3）未按照采购文件确定的事项签订政府采购合同，或者与成交供应商另行订立背离合同实质性内容的协议的；（4）未按规定将政府采购合同副本报本级财政部门备案的。

②《政府采购非招标采购方式管理办法》第 54 条规定：成交供应商有下列情形之一的，责令限期改正，情节严重的，列入不良行为记录名单，在 1~3 年内禁止参加政府采购活动，并予以通报：（1）未按照采购文件确定的事项签订政府采购合同，或者与采购人另行订立背离合同实质性内容的协议的；（2）成交后无正当理由不与采购人签订合同的；（3）拒绝履行合同义务的。

号）第 30 条[①] 亦规定采购人不得与成交供应商订立背离磋商文件确定的合同文本以及采购标的、规格型号、采购金额、采购数量、技术和服务要求等实质性内容的协议。虽然《政府采购法》《政府采购法实施条例》等没有明确规定采购人与供应商不得订立背离采购文件确定的实质条件，但从《政府采购非招标采购方式管理办法》（财政部令第 74 号）、《政府采购竞争性磋商采购方式管理暂行办法》（财库〔2014〕214 号）等规定不难解读，采购人与供应商不得订立背离采购文件所确定的实质内容属于基本要义，否则，政府采购活动形同虚设。

在招标投标法体系中，《招标投标法》第 46 条和《招标投标法实施条例》第 57 条[②] 均规定，招标人和中标人不得再行订立背离合同实质性内容的其他协议。否则，将按《招标投标法》第 59 条[③] 和《招标投标法实施条例》第 75 条[④] 进行处罚。

综上，无论是政府采购法体系，还是招标投标法体系，都明确了采购人或招标人不得与成交供应商或中标人签订背离实质性内容的协议。由此可见，采购人或招标人与成交供应商与中标人之间所签订的合同不仅仅涉及合同相对方利益，同时，还影响着其他供应商、投标人及国家、社会、公共等

---

①《政府采购竞争性磋商采购方式管理暂行办法》第 30 条规定：采购人与成交供应商应当在成交通知书发出之日起 30 日内，按照磋商文件确定的合同文本以及采购标的、规格型号、采购金额、采购数量、技术和服务要求等事项签订政府采购合同。

采购人不得向成交供应商提出超出磋商文件以外的任何要求作为签订合同的条件，不得与成交供应商订立背离磋商文件确定的合同文本以及采购标的、规格型号、采购金额、采购数量、技术和服务要求等实质性内容的协议。

②《招标投标法实施条例》第 57 条规定：招标人和中标人应当依照招标投标法和本条例的规定签订书面合同，合同的标的、价款、质量、履行期限等主要条款应当与招标文件和中标人的投标文件的内容一致。招标人和中标人不得再行订立背离合同实质性内容的其他协议。

招标人最迟应当在书面合同签订后 5 日内向中标人和未中标的投标人退还投标保证金及银行同期存款利息。

③《招标投标法》第 59 条规定：招标人与中标人不按照招标文件和中标人的投标文件订立合同的，或者招标人、中标人订立背离合同实质性内容的协议的，责令改正；可以处中标项目金额 5‰以上 10‰以下的罚款。

④《招标投标法实施条例》第 75 条规定：招标人和中标人不按照招标文件和中标人的投标文件订立合同，合同的主要条款与招标文件、中标人的投标文件的内容不一致，或者招标人、中标人订立背离合同实质性内容的协议的，由有关行政监督部门责令改正，可以处中标项目金额 5‰以上 10‰以下的罚款。

利益。

第四，从验收角度，无论政府采购还是招标投标，目前都从事先的监管转变为事后监管。若成交供应商或中标人主动降低交易价额，导致货物或服务，或工程存在与事先的预算价、合同价、合同清单、规格型号等不能一一对应，必然影响到项目验收问题。

以上是两种主要对立的观点。现实中，也有人提出，法律法规主要对采购人或招标人作出了禁止规定，并没有对供应商或投标人进行禁止。这是基于采购人或招标人处于优势地位，容易过度维护己方权益而不顾成交供应商或中标人的权益。姑且不论这样认识是对法律法规精神的片面理解，假设这样的认识是成立的前提下，一旦允许成交供应商或中标人单方主动降低交易价额的话，谁又能保证成交供应商或中标人的“主动降低交易价额”是其自愿而没有受制于任何外界影响呢？显然，抱这样认识的人士犯了一个美丽的错误——只天真以为成交供应商或中标人主动降价应该鼓励，而忘却了如何才能保障成交供应商或中标人是完全自由状态下作出的。

二、少谈主义，多解决问题

任何一个实务问题，若严肃追问或讨论，都会存在对立统一的观点或主义。可无论观点或主义谁是谁非，最终都是为解决问题服务的，否则，空谈观点或主义毫无实意。

上述主要的两种观点各有理由，但究竟谁是谁非，值得推敲琢磨。

对于赞成观点，主要从利于采购人或招标人的经济利益、权利处分、合同签订时点等层面进行了阐述，但并没有限定或置身于政府采购体系或招标投标体系的情境下予以分析，犯了刻舟求剑的荒诞错误。

对于不赞成观点，主要从成交供应商或中标人主动降低交易价额容易导致低价成交或中标等不良现象、滋生利益输送等腐败及破坏“三公”和诚实守信的竞争环境、权利不得滥用及验收等层面进行了阐述。笔者认为，不赞成的观点于法、于情、于理站得住脚，且与政府采购法体系和招标投标法体系的立法宗旨和精神是一致的。

笔者认为，如果允许成交供应商或中标人在签订合同时主动降低交易价额，那么谁又能保证采购人或招标人不利用己方优势地位迫使成交供应商或中标人在签订合同时，“被主动”降低交易价额呢？

对于成交供应商或中标人主动降低价额的行为，现实中，也有人提出，如果在采购人或招标人与成交供应商或中标人签订合同后，成交供应商或中标人再降价，是否可行？有人说，这样的做法会影响最终的品质或质量。持此观点的人认为，如果在不影响质量的前提下，是否可行？对于这样看似"智慧"的做法，与合同签订时主动降价没有实质的区别，其所带来的危害并不因此降低或减少。

三、结论

通过上文的分析，笔者认为，无论成交供应商或中标人在签订合同时主动降低交易价额，还是成交供应商或中标人在签订合同后主动降低交易价额，都与现行政府采购法体系和招标投标法体系的尊崇原则、立法宗旨及立法精神相悖。

（一）何为"实质内容"

无论政府采购法体系，还是招标投标法体系都规定不得与成交供应商或中标人签订背离实质内容的协议。但何为"实质内容"呢？

根据《民法典》第488条[①]的规定，有关合同标的、数量、质量、价款或者报酬、履行期限、履行地点和方式、违约责任和解决争议方法等的变更，是对要约内容的实质性变更。该条虽然是对要约内容的实质性变更规定，但也为实质性内容变更的法律指引。

同时，根据《政府采购非招标采购方式管理办法》（财政部令第74号）第19条和《政府采购竞争性磋商采购方式管理暂行办法》（财库〔2014〕214号）第30条的规定，采购人与成交供应商应按照磋商文件确定的合同文本以及采购标的、规格型号、采购金额、采购数量、技术和服务要求等事项签订政府采购合同。采购人不得向成交供应商提出超出采购文件以外的任何要求作为签订合同的条件，不得与成交供应商订立背离采购文件确定的合同文本以及采购标的、规格型号、采购金额、采购数量、技术和服务要求等实质性内容的协议。

---

①《民法典》第488条规定：承诺的内容应当与要约的内容一致。受要约人对要约的内容作出实质性变更的，为新要约。有关合同标的、数量、质量、价款或者报酬、履行期限、履行地点和方式、违约责任和解决争议方法等的变更，是对要约内容的实质性变更。

另根据《招标投标法实施条例》第57条规定，合同的标的、价款、质量、履行期限等主要条款应当与招标文件和中标人的投标文件的内容一致。招标人和中标人不得再行订立背离合同实质性内容的其他协议。

总之，有关合同标的、数量、质量、价款或者报酬、履行期限、履行地点和方式、违约责任和解决争议方法等，或采购标的、规格型号、采购金额、采购数量、技术和服务要求等均应为合同的实质性内容。

（二）采购人或招标人是否可签订该合同

成交供应商或中标人主动降低交易价额的行为实际就是变更合同的实质内容。根据上文分析，采购人或招标人不得签订该合同，否则，将面临受到政府采购法体系和招标投标法体系规定约束和处罚。

值得思考的是，如果双方在合同履行过程中，因费率、情势变更或工程增减项等原因改变价额并进而达成补充协议等合同变更方式，是否可以？从合同法视角审查，确实无可厚非，但如果相关监管部门放松或不严格监管，这样变通的做法将无所不用其极，逐渐成为绕开招标投标或政府采购规制的不二法门。

（三）该合同一旦签订后，是否有效

笔者认为，一旦成交供应商或招标人与采购人或招标人签订合同，可根据《民法典》第153条[①]和合同编第一分编通则第三章合同效力规定，判定为无效。

【操作指引】

1. 采购人或招标人须严格依法合规并按照《采购文件》《招标文件》等规定开展采购活动或招标投标活动。

2. 成交供应商或中标人亦应根据法律法规和《采购文件》《招标文件》等规定行事，不得自行其是或自以为是。

3. 在整个政府采购活动或招标投标活动过程中，采购人或招标人与成

---

①《民法典》第153条规定：违反法律、行政法规的强制性规定的民事法律行为无效。但是，该强制性规定不导致该民事法律行为无效的除外。违背公序良俗的民事法律行为无效。

交供应商或中标人之间的沟通协调等，须理解透彻法律法规和《采购文件》《招标文件》等确定内容履行各方义务和行使权利，不得逾越或随意调整、变更。

【风险控制】

1. 采购人或招标人在整个采购活动或招标投标活动过程中，首要检索并领会透彻相关法律法规规定，不可逾越或明知故犯。

2. 采购人或招标人在整个采购活动或招标投标活动过程中，遇到前沿问题，需严格依法合规并检索相关判例进行分析研判，便于精准把握和处理问题。

3. 成交供应商或中标人亦亦得严格遵循相关法律法规的规定及《采购文件》《招标文件》的确定内容，妥当履行义务并行使权利，避免弄巧成拙，适得其反。

4. 无论是采购人或招标人，还是供应商或投标人，都需要建立健全风险控制部门和管理制度，便于适法开展活动。

【法律适用】

《民法典》第153条、第488条

《招标投标法》第46条、第59条

《招标投标法实施条例》第57条、第75条

《政府采购非招标采购方式管理办法》第19条、第52条

《政府采购竞争性磋商采购方式管理暂行办法》第30条

第四节　中标后，招标人在签订合同过程中擅自提高履约保证金数额是否可行[①]

[案例]

甲学院就2015年物业管理项目进行招标，委托乙招标公司代理招标。

---

① 新郑市人民法院（2015）新民初字第202号民事判决书。

丙物业公司依法参与投标，并且按规定缴纳了10万元投标保证金。后经定标，丙物业公司中了全部7个标段中1、2、3、4四个标段的标，中标总金额为280万元。待丙物业公司领取了中标通知书后，签合同阶段，甲学院要求丙物业公司支付40万元履约保证金。双方因此无法达成一致意见。因学校即将开学，为解决物业管理事宜，甲学院便决定丙物业公司中标作废，重新招投标。

事后，丙物业公司将甲学院起诉至法院，要求甲学院退还10万元保证金及利息；赔偿损失20万元。

[问题]

1.中标后，招标人在签订合同过程中擅自提高履约保证金数额是否可行?

2.因投标保证金收取单位为乙招标公司，究竟是甲学院还是乙招标公司退还投标保证金?

3.乙物业公司的20万元损失，能否得到支持?

一、中标通知书发出后，招标人有无权利提供履行保证金数额

履约保证金是招标人为了防止投标人违约的担保形式，在招标文件中会对数额、形式、时间等有较为明确的规定，若招标文件有合理合法要求，投标人必须履行相应的义务。但是中标通知书发出之后，招标方能否再次提高履约保证金呢?

（一）何为合同“实质性内容”

根据《招标投标法》第46条规定，招标人和中标人应当自中标通知书发出之日起30日内，按照招标文件和中标人的投标文件订立书面合同。招标人和中标人不得再行订立背离合同实质性内容的其他协议。招标文件要求中标人提交履约保证金的，中标人应当提交。

其中，如何界定“合同实质性内容”？根据《招标投标法实施条例》第

57 条[①] 规定，"合同实质性内容"，主要指合同的标的、价款、质量、履行期限等主要条款应当与招标文件和中标人的投标文件的内容一致。另根据《民法典》第 488 条[②] 规定，要约内容实质性变更，是指"有关合同标的、数量、质量、价款或者报酬、履行期限、履行地点和方式、违约责任和解决争议方法等的变更"。此条款虽然针对的是要约，但作为合同内容实质性判断是一致的。

本案中，甲学院就其物业管理项目委托乙招标公司进行公开招标。招标文件规定甲学院物业管理项目分 7 个标段，分别为：标段 1 西校区校园物业，标段 2 东校区校园物业，标段 3 南校区校园物业，标段 4 北路校区校园物业，标段 5 校本部（西区）宿舍物业，标段 6 北校区宿舍物业，标段 7 南校区宿舍物业；投标保证金为投标报价的 2%，开标前交到乙招标公司；履约担保金额 10 万元。根据招标文件的规定，丙物业公司应在签订合同时，向甲学院交纳履约保证金 10 万元。但甲学院却要求丙物业公司缴纳 40 万元履行保证金。该要求显然背离了招标文件中所规定的"10 万元履约保证金"的"合同实质性内容"。

（二）履约保证金不能随意确定与更改，且数额须在法定比例之内

根据《招标投标法实施条例》第 58 条规定，招标文件要求中标人提交履约保证金的，中标人应当按照招标文件的要求提交。履约保证金不得超过中标合同金额的 10%。

首先，履约保证金在招标文件中明确，不能扩大解释。招标文件包括招标公告、资格预审文件、招标文件（书）、图纸、清单等要约邀请文件。中标通知书在招标过程中，属于要约，非要约邀请，所以招标文件的范畴是有

---

①《招标投标法实施条例》第 57 条规定：招标人和中标人应当依照招标投标法和本条例的规定签订书面合同，合同的标的、价款、质量、履行期限等主要条款应当与招标文件和中标人的投标文件的内容一致。招标人和中标人不得再行订立背离合同实质性内容的其他协议。

招标人最迟应当在书面合同签订后 5 日内向中标人和未中标的投标人退还投标保证金及银行同期存款利息。

②《民法典》第 488 条规定：承诺的内容应当与要约的内容一致。受要约人对要约的内容作出实质性变更的，为新要约。有关合同标的、数量、质量、价款或者报酬、履行期限、履行地点和方式、违约责任和解决争议方法等的变更，是对要约内容的实质性变更。

时间截点的，对招标文件的修改和澄清是有严格的时间限定的。在中标通知书发出后，对招标文件的修改，修改内容不应该属于招标文件的组成部分。在合同签订阶段上调履约保证金，即非对招标文件的澄清或修改。《招标投标法实施条例》第58条中明确规定，中标人应该按照招标文件的要求提交，招标人在合同签订阶段上调履约保证金，从事后法及诚实信用的原则而言，对于投标人无约束力。

本案，丙物业公司中标被告标段1、2、3、4，中标总金额为280万元。根据上文法规规定，履约保证金不得超过中标合同金额280万元的10%，即28万元。何况招标文件规定的履约保证金额为10万元，甲学院却要求丙物业公司交纳履约担保金40万元，显然于事实不符，于法无据。

二、因投标保证金收取单位为乙招标公司，究竟谁负有退还保证金的义务

（一）甲学院不与丙物业公司签订合同，应承担违约责任

上文已分析，因甲学院擅自提高履约保证金数额且该数额也远高于法规所规定的比例，因此，甲学院以丙物业公司不按要求交纳保证金40万元为由不与丙物业公司签订书面合同，责任不在丙物业公司，而属甲学院违约，甲学院应承担相应的违约责任。

（二）甲学院与乙招标公司间为委托代理关系

根据《民法典》第161条、第162条[①]规定，民事主体可以通过代理人实施民事法律行为。且代理人在代理权限内，以被代理人名义实施的民事法律行为，对被代理人发生效力。

本案中，甲学院作为委托人，乙招标公司作为被委托人。甲学院通过代理人乙招标公司实施民事法律行为，同时，代理人乙招标公司在代理权限内，以被代理人甲学院的名义实施民事法律行为所产生的后果，由被代

---

①《民法典》第161条规定：民事主体可以通过代理人实施民事法律行为。

依照法律规定、当事人约定或者民事法律行为的性质，应当由本人亲自实施的民事法律行为，不得代理。

《民法典》第162条规定：代理人在代理权限内，以被代理人名义实施的民事法律行为，对被代理人发生效力。

理人甲学院承担。因此，虽丙物业公司向乙招标公司交纳了投标保证金 10 万元，但由于乙招标公司作为甲学院的委托代理人，退还保证金的责任和决定权自然由甲学院承担。故，甲学院认为丙物业公司的投标保证金应由乙招标公司退还的辩解，于法无据。同时，因甲学院的违约行为导致双方未签订履约合同，根据法律法规规定，甲学院除退还 10 万元保证金外，还需按中国人民银行同期存款利率交纳自投标保证金之日起计算至清偿之日止的利息。

三、乙物业公司的 20 万元损失，能否得到支持

根据《民事诉讼法》第 64 条规定，当事人对自己提出的主张，有责任提供证据。同时，《最高人民法院关于适用〈中华人民共和国民事诉讼法〉的解释》第 90 条规定，在作出判决前，当事人未能提供证据或者证据不足以证明其事实主张的，由负有举证证明责任的当事人承担不利的后果。

本案，丙物业公司仅以“购货清单及发票”“考勤表及工资表”“汽油票及车辆维修票”“相片”等证据，要求甲学院赔偿购买物品费用、人员工资、汽油费、车辆维修费、标书制作费用和预期利润等共计 20 万元的损失。

丙物业公司的证据是否正当合理？由于丙物业公司购买货物及发票开具日期发生在发出中标通知书前及废标后，也没有向甲学院移交任何物品，汽油票及车辆维修票并没有显示维修的是谁的车辆，考勤表及工资表系丙物业公司单方制作的。因此，丙物业公司所提交证据与本案不具有关联性，故，丙物业公司应对其提交的证据承担不利的法律后果，其要求甲学院赔偿 20 万元损失的主张将得不到支持。本案，主张损失的证据必须与该招标项目有关联性、客观性和真实性才能得到支持。

【风险提示】

1. 招标人。

（1）履约保证金确定金额须在中标合同总金额的 10% 以内。

（2）履约保证金的收取须严格根据法规规定的比例和招标文件具体要求办理。

（3）与中标人签订合同过程中，不能背离招标文件、投标文件的实质性

内容。

（4）被委托人招标代理机构在授权、合法范围内的代理行为的后果，由委托人招标人承担。

2. 中标人或投标人。

（1）仔细阅读招标文件中履约保证金的支付数额、支付方式及条件。

（2）有意识搜集投标过程中所发生的费用单据，人工工资、采购物品等票据。

（3）向招标人主张赔偿时，重点论证、推敲损失的客观发生，与招标人不履行签约所导致损失的关联性及证据的合法性等。

【防范措施】

1. 投标人。

（1）严格根据法规规定要求，编制招标文件。

（2）针对投标保证金、履约保证金等数额具体明确，细化支付时间、支付方式和不按要求支付的法律后果。

（3）安排专人与招标代理机构对接，跟进招标代理项目，就需要明确具体要求或特殊要求的地方，重点跟进或沟通。

2. 中标人或投标人。

（1）仔细研究法规和招标文件要求，严格按相关要求有步骤、有计划地开展投标活动。

（2）一旦发现招标人不按招标文件或相关法规要求履行义务的，适时提出质疑、投诉等。

（3）对因招标人不按要求签订合同等行为，主张赔偿损失时，根据《民法典》第 500 条规定，只能从缔约过失责任角度主张，主张损失通常为直接损失（已实际发生的损失，通常不包括期待利益）。因此，在主张权益时，把握好法律精神和客观证据的系统性，严格从法律法理事实等三位一体进行论证。

【法律适用】

《民法典》第 161 条、第 162 条、第 488 条

《招标投标法》第 46 条

《招标投标法实施条例》第57~58条

《民事诉讼法》第64条第1款

《最高人民法院关于适用〈中华人民共和国民事诉讼法〉的解释》第90条

第六章 权利救济的规范方式

招标投标行业通过法律法规界定了参与者的责任权利，亦赋予了参与者相关权利。一旦有人违背法律法规规制的责任权利或某人权利受损，便有人站出来运用法律法规赋予的权利捍卫个人的权利或声张法律法规的公平正义。

无论是招标投标法体系，还是政府采购法体系，无不赋予招标人或采购人，投标人或供应商在不同阶段拥有不同的权利，并具体规定了适用的条件、时段、救济途径等。在招标投标活动中，投标人可以对招标文件提出异议，对开标、评标和评标结果公示等均有权提出异议，并进而向相关主管部门提出投诉等；而招标人有权拒绝投标人递交的投标文件，也可视情况重新投标；评标委员会可以视情况对投标人的投标文件作出否决投标、投标无效等决定以及各方均认为有违其权利，通过行政救济难以维护己身权益的，可视情况提起诉讼以维护个人权益。

政府采购活动同样赋予了采购人、供应商或评审委员会相应权利。从供应商的质疑、询问、投诉或检举，到采购人的废标、重新采购，监督管理部门的受理投诉、作出处罚决定，评审委员会的组建、回避等规制。

以下几篇文章主要围绕质疑、答复、举报、回避制度、请求权基础等角度，以个案形式呈现，有的是简要梳理，有的是针对现有法律法规规定提出质疑以期进一步完善解决法律法规规制上的模糊、矛盾等问题，以期促使行业更加规范权利的救济；同时，对在权利救济过程中所需要注意的要点和关键所在作出指引。

第一节　招标人，采购人或招标代理机构答复的要点与技巧——以《招标投标法》为视角展开

不少招标人或招标代理机构针对投标人提出的“询问”“异议”“质疑”，时常想当然的以“回函”或“回复”等方式回应，而不是以法律法规所明确规定的采取“答复”方式规范应对。

采取“回函”或“回复”等方式回应自然显现出招标人、采购人或招标代理机构对法律法规的理解、领会有较大出入，客观上会令人觉得招标人，采购人或招标代理机构对法律法规吃得不透，从而对已方的形象多少有些负面影响。

近些年，笔者时常处理招标投标领域相关法律问题，略有一些积累，并细嚼出些许心得，在此简单加以整理。

一、答复的情形

根据《招标投标法》和《招标投标法实施条例》第 22 条、[①] 第 44 条、[②] 第 54 条[③] 等规定，结合行业的实际操作，同时，为了更好地掌握和区分答复的类型，笔者在此进行了简单的提炼和总结。

第一，根据被答复人提起“询问”“异议”“质疑”等所针对的事项不同，

---

①《招标投标法实施条例》第 22 条规定：潜在投标人或者其他利害关系人对资格预审文件有异议的，应当在提交资格预审申请文件截止时间 2 日前提出；对招标文件有异议的，应当在投标截止时间 10 日前提出。招标人应当自收到异议之日起 3 日内作出答复；作出答复前，应当暂停招标投标活动。

②《招标投标法实施条例》第 44 条规定：招标人应当按照招标文件规定的时间、地点开标。

投标人少于 3 个的，不得开标；招标人应当重新招标。

投标人对开标有异议的，应当在开标现场提出，招标人应当当场作出答复，并制作记录。

③《招标投标法实施条例》第 54 条规定：依法必须进行招标的项目，招标人应当自收到评标报告之日起 3 日内公示中标候选人，公示期不得少于 3 日。

投标人或者其他利害关系人对依法必须进行招标的项目的评标结果有异议的，应当在中标候选人公示期间提出。招标人应当自收到异议之日起 3 日内作出答复；作出答复前，应当暂停招标投标活动。

可大致区分为“资格预审文件”“招标文件”“开标”及“评标结果”等;

第二，根据招标投标的各阶段自然发生，可区分发布“招标文件”或“资格预审文件”后，招标投标过程，开标，评标结果公示四个阶段;

第三，根据被答复人提起的类型，可区分为“询问”“异议”“质疑”等。

总之，无论被答复人在哪个阶段，针对什么内容，采取“询问”“异议”“质疑”中何种方式提起的，作为招标人、采购人或招标代理机构应根据法律法规的明确规定，采取统一的“答复”方式，不应采取除“答复”以外的其他方式。

二、答复的要点

(一) 美化形式

俗话说，人靠衣装马靠鞍。公司往来的文书也不例外。对于答复文书的形式，建议不妨采取下列尝试:

第一，设计出体现公司形象气质、富有文化底蕴且美观艺术的封面。答复是否有必要设计封面？法律法规并没有作出统一要求，但答复人可根据公司的具体发展战略和规划，结合公司的文化建设及规范需要视情况酌定。

笔者认为，一家公司若有长远的战略和行业定位的话，不妨根据阶段性需要，结合公司的文化积淀及规范运作，尽可能制作出文书封面，如此客观上或许可以体现公司较好的形象，当然，也没有必要邯郸学步、刻意追求，适合公司阶段发展最好。

第二，设计出相对简约、美观且大气的 Word 电子格式模板。对于此模板，需答复人根据实际需要进行考量。

比如，有无必要体现公司的一些价值信息，诸如公司名称、Logo、联系方式等是否有必要在页眉、页脚等地方体现，同时在文稿的正文中有无必要体现公司 Logo 的暗纹等。

当然，具体是否每次答复都采用此电子模板，得根据实际情况，比如，如果涉及招标人或采购人和招标代理机构共同答复时，便没有必要，若一旦单方使用己方的文档模块，可能弄巧成拙，适得其反。

第三，答复文书的版式需作出统一的要求。尤其排版和文字等作出统一规范要求是必要的，比如正文标题采用什么字体，是否加粗加黑等，正文的文字选择什么字体，文中的多级标题如何处理，怎样才能呈现美感和层次感等，需要公司作统一的要求和规定，避免各个部门或具体草拟答复的工作人员过于个性和随性。

当然，针对某些较为特殊或更庄重的文书时，可以根据实情适当进行微调，不可犯刻舟求剑的毛病。

第四，正文内容排版的紧凑宽窄等也需要公司反复斟酌并调整出较为通用的行文样式，不妨多借鉴国家机关公文的格式标准。关键是拿捏好行间距、字间距、页边距，采取相对固定的标准，体现规范严谨、艺术效果。

第五，文本形成后，注意一些细节的处理，不要因为一点小瑕疵毁了整个内容的“容”。比如，如果涉及最后一页只有少许文字，尤其只有公司名称和答复时间的落款在该页时，最好通过整体排版调整加以处理，将该“尾巴”解决掉，不然好比孙猴子无论如何变化，它的尾巴始终暴露了它的身份。因此，对于这种特殊情形，最好灵活处理，凸显整体的视觉效果。

总之，建议公司要么设计出较为固定的电子文档模板，或对文书的格式要求作出统一标准。这样的话，在公司对外出具文书时，自然可以避免因员工的个体差异导致文书的五花八门、乱象丛生，影响了公司形象。

（二）醇化内容

形式是为内容服务的，内容也需仰赖形式方能更好体现。形式固然是内容的“包装”，而内容才是形式的灵魂，亦是答复的关键，没有好的“内容”，再好的形式不过“华而不实”。笔者认为，在答复内容的锤炼方面需要做到：

第一，先吃透、弄懂“询问”“异议”“质疑”的中心思想和内在精神，便于答复时做到心中有数，有的放矢。不少公司在答复时，存在答非所问，牛头不对马嘴的情形，这就是“磨刀”功夫不够，从而贻误了“砍柴”之工。

第二，答复不是简单对“询问”“异议”“质疑”文件的行文逻辑和内容机械对应回应。不少“询问”“异议”“质疑”文书也存在前言不搭后语，没有突出主题，亦没有层次感，有的甚至是废话一堆。

正如钱钟书先生所言，“眼睛只有长篇大论，瞧不起片言只语，甚至陶醉于数量，重视废话一吨，轻视微言一克……”[①]像这类“询问”“异议”“质疑”文书，就没有必要刻板地一一回应，需跳开其逻辑和行文次序，总结、提炼其中心意思，有针对性地答复。

第三，还有些“询问”“异议”“质疑”文书，因被答复人行文风格和习惯，将眉毛与胡子混在一起。如果不仔细规虑揣度，是难以抓住其要领和内在逻辑的。这时候，就需要答复人反复揣摩“询问”“异议”“质疑”文书的内在逻辑和孰轻孰重的次第顺序，便于答复时，找准着力点进行有力反击，“一招致命”，好比蛇打七寸才行。

第四，全盘梳理，理析思路，精准过滤，巧妙应对。姑且不论“询问”“异议”“质疑”文书的动机和目的，单就行文内容来看，有的可以忽略不计，有的需要迂回处理，有的需要果断针锋相对回绝。当然，具体到“询问”“异议”“质疑”文书时，则需要一事一议，斟酌处理。

第五，针对文件的编制，尽可能严谨不留破绽，事实描述尽量还原客观事实，引用法规条文一定要精准完整，不能张冠李戴，牵强附会。

总之，行文内容需要囿于合法、合理、合情三个层面，做到有理、有节、有据，加以理性匡扶才好。

（三）严化逻辑

第一，对于“询问”“异议”“质疑”文书，是否都一律按部就班地答复？不无疑问。比如对于超过法规规定时间提出的“询问”“异议”“质疑”，还需答复吗？个人觉得，需根据具体情况进行诊断把握，不可一概而论。

第二，答复的整体布局需要清晰明了，行文的主次轻重要分明，不能一味附和“询问”“异议”“质疑”文书的内容而“东一榔头，西一棒槌”。

第三，段与段之间，句子与句子之间定要层次分明，逻辑清晰。

第四，遣词造句，锤炼措辞，开门见山，简练清晰表达就好，避免啰里啰唆，废话一大篇，不着边际。当然，冰冻三尺非一日之寒，这需要不断锤炼。

总之，一旦公司在形式上不断优化，在内容上不断锤炼，在逻辑上渐趋严谨，自然增加公司文书版式的洋气、内容的文气、跻身行业的底气，彰显

① 钱钟书：《七缀集》，三联出版社2002年版，第34页。

公司的贵气。同时，传递公司的规范管理，展示公司形象，增加公司的美誉度。

三、答复的技巧

这就涉及如何答复的核心学问。同样是答复，有的邯郸学步，被对方来个“请君入瓮”；有的文不对题，答非所问；有的答复不仅无济于事，而且留下话柄，弄巧成拙；有的画蛇添足……

之所以出现上述情形，关键在于答复的策略和技巧。

笔者经常接触到不少答复不得要领，逻辑混乱，没有中心思想，也没有重点等。

笔者建议草拟答复时，需注意：

第一，找准“靶子”，斟酌思路，提炼主题开门见山；

第二，以“询问”“异议”“质疑”文书内容为对象，有主次、有条理、有层次地梳理答复观点，理好头绪，搭建好答复的逻辑框架；

第三，树立抓主动，补漏洞，布好局，控制局面的意识，好比诸葛孔明般料事如神，尽在掌握之中；

第四，直击痛点，攻击软肋，理性亮剑，有理有节地驳斥被答复人的观点；

第五，紧扣招标文件，招标投标过程及结合法规，仔细推敲，提炼素材及拣选法规进行详尽论证，驳倒对方观点，构建己方观点。

“答复”确实大有学问，不是三言两语就能说得清楚，道得明白，研究得透彻。“答复”需要熟悉法规，了然行业，反复锤炼，才能言之有物，述之有据。

第二节　中标结果公示期间，招标人收到举报如何处理

[案例]

中标结果公示期间，有人以电子邮件方式匿名举报第一中标候选人在三年内曾受过行政处罚。经查，举报属实。

[问题]

招标人或招标代理机构面对匿名举报，应如何处理为妥？

中标结果之所以公示，不仅为彰显“公开、公平、公正”的“三公”原则，并且若投标人或利害关系对评标结果有疑问的，可通过提出质疑或异议的方式维护己方权利。

在此，笔者不限于中标结果公示期间所提出的异议或质疑进行探讨，而是对“疑问制度”[①]进行系统理析。

一、梳理主要的法律法规

（一）《招标投标法》

《招标投标法》第 65 条[②]对“疑问”进行了相应规定，具体为：（1）事项：招标投标活动；（2）主体：投标人和其他利害关系人；（3）事由：招标投标活动不符合《招标投标法》有关规定；（4）方式：提出异议或者投诉；（5）受理主体：异议向招标人提出，投诉向有关行政机关提出。

（二）《招标投标法实施条例》

《招标投标法实施条例》第 60 条[③]是对“疑问制度”的规定，具体为：（1）事项：招标投标活动；（2）主体：投标人和其他利害关系人；（3）事由：招标投标活动不符合法律、行政法规规定；（4）方式：投诉；（5）时限：自知道或者应当知道之日起 10 日内；（6）要件：应当有明确的请求和必要的证明材料；（7）受理主体：有关行政机关。

---

① 笔者为了表达的方便，勉强用“疑问”概括潜在投标人、投标人，潜在供应商、供应商及利害关系人对招标活动或采购活动，招标文件（资格预审文件）或采购文件（资格预审文件），招标过程或采购过程，开标、中标结果或中标、成交供应商结果等提出的异议、询问、质疑、投诉、行政复议或行政诉讼、控告和检举等方式，为了探讨需要，以“疑问制度”归纳概括。

②《招标投标法》第 65 条规定：投标人和其他利害关系人认为招标投标活动不符合本法有关规定的，有权向招标人提出异议或者依法向有关行政监督部门投诉。

③《招标投标法实施条例》第 60 条规定：投标人或者其他利害关系人认为招标投标活动不符合法律、行政法规规定的，可以自知道或者应当知道之日起 10 日内向有关行政监督部门投诉。投诉应当有明确的请求和必要的证明材料。

就本条例第 22 条、第 44 条、第 54 条规定事项投诉的，应当先向招标人提出异议，异议答复期间不计算在前款规定的期限内。

特别强调：在向相关机构投诉前，须向招标人先提出异议前置程序的三类情形。详见表1：

表1

类型	主体	理由	方式	时限	备注
资格预审文件	潜在投标人或者其他利害关系	有异议	异议	提交资格预审申请文件截止时间2日前	参见第22条①
招标文件	潜在投标人或者其他利害关系	有异议	异议	投标截止时间10日前	
开标	投标人	有异议	异议	开标现场	参见第44条②
评标结果	投标人或者其他利害关系人	有异议	异议	中标候选人公示期间	参见第54条③ 注意两个条件：一是依法必须进行招标的项目；二是公示期不得少于3日(至少满足3日)

（三）《政府采购法》

《政府采购法》以“第六章”专章对“质疑与投诉”作出了明确规定，另第70条④还规定了“控告和检举”。

为便于对比与区分，详见表2：

①《招标投标法实施条例》第22条规定：潜在投标人或者其他利害关系人对资格预审文件有异议的，应当在提交资格预审申请文件截止时间2日前提出；对招标文件有异议的，应当在投标截止时间10日前提出。招标人应当自收到异议之日起3日内作出答复；作出答复前，应当暂停招标投标活动。

②《招标投标法实施条例》第44条规定：招标人应当按照招标文件规定的时间、地点开标。投标人少于3个的，不得开标；招标人应当重新招标。投标人对开标有异议的，应当在开标现场提出，招标人应当当场作出答复，并制作记录。

③《招标投标法实施条例》第54条规定：依法必须进行招标的项目，招标人应当自收到评标报告之日起3日内公示中标候选人，公示期不得少于3日。

投标人或者其他利害关系人对依法必须进行招标的项目的评标结果有异议的，应当在中标候选人公示期间提出。招标人应当自收到异议之日起3日内作出答复；作出答复前，应当暂停招标投标活动。

④《政府采购法》第70条规定：任何单位和个人对政府采购活动中的违法行为，有权控告和检举，有关部门、机关应当依照各自职责及时处理。

表 2

<table>
<tr><th>类型</th><th>提出主体</th><th>理由</th><th>方式</th><th>形式</th><th>受理主体</th><th>时限</th><th>备注</th></tr>
<tr><td>政府采购活动</td><td>供应商</td><td>疑问</td><td>询问</td><td></td><td rowspan="4">采购人或采购代理机构</td><td></td><td>参见第51条</td></tr>
<tr><td>采购文件</td><td rowspan="3">供应商</td><td rowspan="3">自己的权益受到损害的</td><td rowspan="3">质疑</td><td rowspan="3">书面</td><td rowspan="3">知道或者应知其权益受到损害之日起7个工作日内</td><td rowspan="3">参见第52条</td></tr>
<tr><td>采购过程</td></tr>
<tr><td>中标、成交结果</td></tr>
<tr><td>答复不满意</td><td rowspan="2">质疑供应商</td><td>答复不满意</td><td rowspan="2">投诉</td><td rowspan="2"></td><td rowspan="2">同级政府采购监督管理部门</td><td rowspan="2">在答复期满后15个工作日内</td><td rowspan="2">参见第55条</td></tr>
<tr><td>未在规定时间内答复</td><td>未在规定时间内答复</td></tr>
<tr><td>对投诉处理决定不服</td><td rowspan="2">投诉人</td><td>对投诉处理决定不服</td><td rowspan="2">行政复议或者向人民法院提起行政诉讼</td><td rowspan="2"></td><td rowspan="2"></td><td rowspan="2"></td><td rowspan="2">参见第58条</td></tr>
<tr><td>政府采购监督管理部门逾期未作处理的</td><td>政府采购监督管理部门逾期未作处理的</td></tr>
<tr><td>政府采购活动中的违法行为</td><td>任何单位和个人</td><td>违法行为</td><td>控告和检举</td><td></td><td>有关部门、机关</td><td></td><td>参见第70条</td></tr>
</table>

（四）《政府采购法实施条例》

《政府采购法实施条例》也以“第六章”专章对“质疑与投诉”作出了明确规定，该章的规定系对《政府采购法》第六章的细化和进一步明确，并没有实质突破。

需要说明的是，第 53 条[①] 对《政府采购法》第 52 条规定的“供应商应

---

①《政府采购法实施条例》第 53 条规定：《政府采购法》第 52 条规定的供应商应知其权益受到损害之日，是指：（1）对可以质疑的采购文件提出质疑的，为收到采购文件之日或者采购文件公告期限届满之日；（2）对采购过程提出质疑的，为各采购程序环节结束之日；（3）对中标或者成交结果提出质疑的，为中标或者成交结果公告期限届满之日。

知其权益受到损害之日”进行了明确界定；第 55 条[①]进一步明确了供应商质疑、投诉应当有明确的请求和必要的证明材料且投诉的事项不得超出已质疑事项的范围；第 57 条[②]规定了投诉人捏造事实、提供虚假材料或者以非法手段取得证明材料，或财政部门受理投诉后，投诉人书面申请撤回投诉等特定情形的投诉处理。

（五）《政府采购质疑和投诉办法》

《政府采购质疑和投诉办法》仅就质疑和投诉进一步细化与规范，有利于质疑和投诉有章可循及规范处理，亦利于政府相关主管部门的监管。比如，细化了针对采购文件、采购过程及中标、成交结果等提出的质疑主体，而不似《政府采购法》笼统规定为“供应商”，同时，规范了质疑函、投诉书等具体文本要求。详见表 3：

表 3

类型	提出主体	理由	方式	形式	受理主体	时限	备注	提示
采购文件	潜在供应商	自己的权益受到损害的	质疑	书面且符合法定要件	采购人或采购代理机构	获取采购文件或者采购文件公告期限届满之日起7个工作日内提出	参见第11条、第12条	(1)可以委托代理人(参见第8条)；(2)质疑供应商只能是参与所质疑项目的采购活动的供应商；(3)潜在供应商只能对采购文件提出质疑
采购过程	供应商					知道或者应知其权益受到损害之日起7个工作日内	参见第10条、第11条、第12条	
中标、成交结果								

---

①《政府采购法实施条例》第 55 条规定：供应商质疑、投诉应当有明确的请求和必要的证明材料。供应商投诉的事项不得超出已质疑事项的范围。

②《政府采购法实施条例》第 57 条规定：投诉人捏造事实、提供虚假材料或者以非法手段取得证明材料进行投诉的，财政部门应当予以驳回。财政部门受理投诉后，投诉人书面申请撤回投诉的，财政部门应当终止投诉处理程序。

（续表）

类型	提出主体	理由	方式	形式	受理主体	时限	备注	提示
答复不满意	质疑供应商	答复不满意	投诉	投诉书和必要证明文件	同级政府采购监督管理部门	在答复期满后15个工作日内	参见第18条	(1)投诉人的法定要件；(2)按照被投诉人和与投诉事项有关的供应商数量提供投诉书的副本(参见第18条)；(3)投诉程序和条件(参见第19条)；(4)投诉范围(参见第20条)
未在规定时间内答复		未在规定时间内答复						

二、“疑问”的正确姿势

（一）提出主体

根据上文图表可知：

1.《招标投标法》和《招标投标法实施条例》规定了三类主体，即潜在投标人、投标人及利害关系人；

2.《政府采购法》《政府采购法实施条例》及《政府采购质疑和投诉办法》针对询问和质疑规定了两类主体，即潜在供应商和供应商；

3.《政府采购法》《政府采购法实施条例》及《政府采购质疑和投诉办法》针对投诉规定了一类主体，即质疑供应商；

4.《政府采购法》《政府采购法实施条例》及《政府采购质疑和投诉办法》针对行政复议或行政诉讼规定了一类主体，即投诉人；

5.《政府采购法》针对控告与检举规定了两类主体，即任何单位和个人。

（二）采取方式

1. 异议

根据《招标投标法》和《招标投标法实施条例》的相关规定，无论是针对资格预审文件或招标文件，还是对开标、评标结果有异议的，作为潜在投标人、投标人或利害关系人，一概以“异议”方式提出。

2. 询问

根据《政府采购法》第51条的规定，供应商对政府采购活动事项有疑问的，可以向采购人提出询问。

3. 质疑

根据《政府采购法》《政府采购法实施条例》《政府采购质疑和投诉办法》等规定，潜在供应商或供应商认为采购文件或采购过程，以及中标、成交结果涉及自己的权益受到损害的，一概以“质疑”的方式向采购人或采购代理机构提出。

4. 投诉

投标人或其他利害关系人认为招标投标活动不符合法律、行政法规规定的，可以自知道或者应当知道之日起10日内向有关行政监督部门投诉。

质疑供应商对采购人、采购代理机构的答复不满意或者采购人、采购代理机构未在规定的时间内作出答复的，一律采用“投诉”方式向同级政府采购监督管理部门提出。

5. 行政复议或者行政诉讼

根据《政府采购法》第58条规定，投诉人对政府采购监督管理部门的投诉处理决定不服或者政府采购监督管理部门逾期未作处理的，可以依法申请行政复议或者向人民法院提起行政诉讼。

6. 控告和检举

根据《政府采购法》第70条规定，任何单位和个人对政府采购活动中的违法行为，有权向有关部门、机关控告和检举。

（三）表达形式

根据上文图表可知：

1. 异议

《招标投标法》和《招标投标法实施条例》并没有规定采取书面形式。不过，现实中，从痕迹管理或证据角度而言，除对开标提出异议的外，通常采用书面的形式；

2. 询问

《政府采购法》没有规定需采用书面形式，《政府采购法实施条例》《政府采购质疑和投诉办法》也没有进一步明确。

3. 质疑

《政府采购法》明确了书面形式且《政府采购法实施条例》《政府采购质

疑和投诉办法》对书面形式进行了细化，尤其是《政府采购质疑和投诉办法》对质疑函明确了具体格式和需满足的内容等要件。

4. 投诉

虽然《招标投标法》《政府采购法》没有明确采取书面形式，但《招标投标法实施条例》《政府采购法实施条例》《政府采购质疑和投诉办法》明确了“投诉书”及投诉书所应满足的内容和要件。

5. 行政复议或行政诉讼

《政府采购法》《政府采购法实施条例》《政府采购质疑和投诉办法》三部法律没有明确采取书面形式，但《行政复议法》和《行政诉讼法》等有明确要求，需要采取书面形式要件。

6. 控告和检举

《政府采购法》没有明确是否应以书面形式。

（四）时限要求

除对“开标”提出异议需在现场提出，对政府采购活动事项有疑问的询问及控告和检举没有明确具体时间外，其余的明确了提出疑问的时间范围，相关权利人必须在法律法规规定的时间内提出，否则就会丧失相应的权利。

（五）受理主体

根据上文图表显示，不同的疑问主张，需向不同的主体提出，切不可张冠李戴，搞错了对象。

总之，不同“疑问”方式的提出，需满足谁有权，在什么时间内，是否需要履行前置程序，以什么表现形式，向谁提出等具体条件和要求。

三、结论

通过上文的分析，审视本案自然清晰明了。

（一）案例中，有几处明显与法律法规不符

1.“匿名”疑问

综合各法律法规规定，“疑问人”自然应实名，一方面体现法律法规的严肃性，另一方面也便于受理主体回应或反馈。本案，以匿名的方式“举

报”，作为招标人或采购人自然有权要求“匿名举报人”实名，以示对法律法规和招标人或采购人的尊重，也是对自身权利的尊重。

2. “举报”方式

上文已述，“疑问”的方式并没有“举报”的方式，至多有“控告和检举”，但如果勉强将“举报”解读为“控告和检举”的话，那么招标人或采购人自然不是受理主体，只有有关部门、机关才行。

故因“举报”不属于法定形式，但法律法规又没有规定，若不按法定方式提出“疑问”的，一律无效或受理主体可以置之不理等规定，作为招标人或采购人不妨告知其应采取法定方式提出“疑问”，以尽善意提醒义务。

3. 电子邮件形式

上文已述，除开标现场的异议，对采购活动疑问的询问方式等没有明确书面形式外，其余理应采取书面形式。诚然，邮件也为书面形式的一种，但至少应明确“举报人”真实身份并在举报材料上电子签名或签章，或通过扫描纸质文件方式发送，以示对法律法规和受理主体的尊重。

（二）结论

本案中，因“举报”内容属实，招标人或采购人需根据现行法律法规主动纠错，将第一中标候选人撤销，[①] 可从后序的中标候选人中选择，也可以重新招标或采购。[②]

至于是否答复，如何答复？笔者认为，根据法律法规的规定，从严格意义上说，招标人或采购人有必要向“举报人”提示应采取的法定方式和受理机关及相应的时间范围。

不过，对“举报”这样不伦不类的方式，为了平衡各方权益，更好地维护“三公”原则，笔者建议，健全完善相关立法规定才是上策。

---

① 因法律法规规定不一致，形成了投标否决、中标无效、废标等说法，笔者正专门撰文剖析各概念之间的差异并建议各概念间需保持一致。此处，为避免法律法规规定的轩轾，笔者特以“撤销”表达。

② 参见李承蔚：《案例解说 | 第一中标候选人被废，第二中标候选人是否必然中标？》，载中国采购与招标网。

【操作指引】

1. 招标人或采购人。

（1）一旦涉及异议或质疑，需根据具体情况，是否停止招标或采购活动，否则，欲速则不达。

（2）须重视每一种“疑问”方式，不可厚此薄彼，掉以轻心，否则，牵一发而动全身。

（3）一旦“疑问”有理有据，自然相应调整或纠错，不可盲目自信或侥幸。

2. 潜在投标人、投标人或潜在供应商、供应商。

（1）严格按法定方式提出“疑问”，避免自以为是“创新”疑问方式，否则，无效。

（2）严格按法定时间提出“疑问”，避免“有权不用，过期作废”的悲剧发生，否则，对方不受理或无效。

（3）采用纸质或其他有效的书面形式提出“疑问”，避免无据可查，有理说不清。

【风险防控】

1. 招标人或采购人。

（1）无论“疑问”方式是“异议”“询问”还是“质疑”，一律以“答复”方式回复。

（2）严格按法定的答复时间予以答复。

（3）严肃对待每一起“疑问”，仔细研究、论证。一旦涉及有效“疑问”的，应自行调整及根据法律法规规定采取补救措施。

（4）对“疑问”人提出的“疑问”不符合法律法规规定的情形，也应以礼相待，善意提醒、提示或指引。

2. 潜在投标人、投标人或潜在供应商、供应商。

（1）严格按法律法规规定的方式、时间等要求提出“疑问”。

（2）除法律法规规定不用书面方式的，尽量采取纸质或有效的书面形式。

（3）对于政府采购中的质疑或投诉，严格按照《政府采购质疑和投诉办法》规定的要求和内容形成“质疑函”或“投诉书”并提交相应的证明文件。

【法律适用】

《招标投标法》第 65 条

《招标投标法实施条例》第 60 条

《政府采购法》第 51 条、第 52 条、第 55 条、第 58 条

《政府采购法实施条例》第 53 条、第 55 条、第 57 条

第三节　政府采购中质疑、投诉的学问——以供应商为视角

政府采购过程中，供应商认为己方权益受到损害的，有权对采购文件、采购过程及中标、成交结果提出质疑，并视情况进一步提起投诉等维权措施。

但哪些主体有权提出，对哪些事项可以提出，向谁提出，什么时候提出，提出的形式和实质要求，投诉不实将面临何种法律后果等问题，拟主张权益的供应商并非一一知晓，鉴于此，笔者在此做一番简要梳理，供供应商或潜在供应商参考。

一、提出质疑、投诉的主体资格

（一）质疑

根据《政府采购法》第 51~52 条[①]的规定，仅供应商才有提起质疑的资格，但并没有明确定义“供应商”的内涵和外延。而根据《政府采购法》第 21 条的规定，供应商是指向采购人提供货物、工程或者服务的法人、其他

①《政府采购法》第 51 条规定：供应商对政府采购活动事项有疑问的，可以向采购人提出询问，采购人应当及时作出答复，但答复的内容不得涉及商业秘密。

《政府采购法》第 52 条规定：供应商认为采购文件、采购过程和中标、成交结果使自己的权益受到损害的，可以在知道或者应知其权益受到损害之日起 7 个工作日内，以书面形式向采购人提出质疑。

组织或者自然人。因此，从《政府采购法》的规定可知，有权质疑的供应商与供应商并非等同划一，明显存在区别。

《政府采购质疑和投诉办法》(财政部令第 94 号）第 11 条[①]规定了两层意思：第一，有权质疑的供应商应当是参与所质疑项目采购活动的供应商，而不能泛指全部供应商；第二，潜在供应商在满足条件时，仍有权质疑，即潜在供应商已依法获取可质疑的采购文件的，可以对该文件提出质疑。

因此，有权质疑的供应商并非指向采购人提供货物、工程或者服务的法人、其他组织或者自然人，而是参与所质疑项目采购活动的供应商；同时，潜在供应商在已获取采购文件的条件下，亦有权对采购文件提出质疑。

存有疑问的是，何为参与所质疑项目采购活动？从立法用语理解，凡是自获取了采购文件起到递交响应文件，直至采购人与中标或成交供应商签订合同期间，都可以视为参与所质疑项目的采购活动，但并非定要全程参与。

（二）投诉

根据《政府采购法》第 55 条[②]、《政府采购质疑和投诉办法》(财政部令第 94 号）第 17 条[③]规定，只有质疑供应商才有权提起投诉。换句话说，质疑是投诉的前置性程序，只有经质疑的供应商，对质疑的答复不满意或采购人、采购代理机构未在规定的时间内作出答复的，才可以投诉。

二、可以质疑、投诉的事项

根据《政府采购法》第 52 条和《政府采购质疑和投诉办法》(财政部令

---

①《政府采购质疑和投诉办法》第 11 条规定：提出质疑的供应商（以下简称质疑供应商）应当是参与所质疑项目采购活动的供应商。潜在供应商已依法获取其可质疑的采购文件的，可以对该文件提出质疑。对采购文件提出质疑的，应当在获取采购文件或者采购文件公告期限届满之日起 7 个工作日内提出。

②《政府采购法》第 55 条规定：质疑供应商对采购人、采购代理机构的答复不满意或者采购人、采购代理机构未在规定的时间内作出答复的，可以在答复期满后 15 个工作日内向同级政府采购监督管理部门投诉。

③《政府采购质疑和投诉办法》第 17 条规定：质疑供应商对采购人、采购代理机构的答复不满意，或者采购人、采购代理机构未在规定时间内作出答复的，可以在答复期满后 15 个工作日内向本办法第 6 条规定的财政部门提起投诉。

第 94 号）第 10 条[①]的规定，潜在供应商仅有权对采购文件提出质疑，进而提起投诉，而参与质疑采购活动的供应商有权对采购文件、采购过程、中标或者成交结果提出质疑，进而提起投诉。

三、向谁提出质疑、投诉

（一）质疑

根据《政府采购法》第 52 条、第 54 条[②]和《政府采购质疑和投诉办法》（财政部令第 94 号）第 10 条的规定，潜在供应商或供应商应向采购人、采购代理机构提出质疑。

只是根据《政府采购法实施条例》第 52 条[③]规定，若供应商提出的质疑超出采购人对采购代理机构委托授权范围的，采购代理机构应当告知供应商向采购人提出。也就是说，采购代理机构只能在采购人委托授权范围内进行答复。但如果采购代理机构超越委托授权范围，其法律后果如何？不得而知（笔者按：具体可以根据《民法典》第 171 条[④]规定处理）。

---

①《政府采购质疑和投诉办法》第 10 条规定：供应商认为采购文件、采购过程、中标或者成交结果使自己的权益受到损害的，可以在知道或者应知其权益受到损害之日起 7 个工作日内，以书面形式向采购人、采购代理机构提出质疑。采购文件可以要求供应商在法定质疑期内一次性提出针对同一采购程序环节的质疑。

②《政府采购法》第 54 条规定：采购人委托采购代理机构采购的，供应商可以向采购代理机构提出询问或者质疑，采购代理机构应当依照本法第 51 条、第 53 条的规定就采购人委托授权范围内的事项作出答复。

③《政府采购法实施条例》第 52 条规定：采购人或者采购代理机构应当在 3 个工作日内对供应商依法提出的询问作出答复。供应商提出的询问或者质疑超出采购人对采购代理机构委托授权范围的，采购代理机构应当告知供应商向采购人提出。政府采购评审专家应当配合采购人或者采购代理机构答复供应商的询问和质疑。

④《民法典》第 171 条规定：行为人没有代理权、超越代理权或者代理权终止后，仍然实施代理行为，未经被代理人追认的，对被代理人不发生效力。

相对人可以催告被代理人自收到通知之日起 30 日内予以追认。被代理人未作表示的，视为拒绝追认。行为人实施的行为被追认前，善意相对人有撤销的权利。撤销应当以通知的方式作出。

行为人实施的行为未被追认的，善意相对人有权请求行为人履行债务或者就其受到的损害请求行为人赔偿，但是赔偿的范围不得超过被代理人追认时相对人所能获得的利益。

相对人知道或者应当知道行为人无权代理的，相对人和行为人按照各自的过错承担责任。

（二）投诉

根据《政府采购法》第 55 条[①] 规定，质疑供应商对采购人、采购代理机构的答复不满意或者采购人、采购代理机构未在规定的时间内作出答复的，可以向同级政府采购监督管理部门投诉。

何为“政府采购监督管理部门”呢？

根据《政府采购法》第 13 条[②] 规定，以各级人民政府财政部门为政府采购监督管理部门为原则，各级人民政府其他有关部门依法履行与政府采购活动有关的监督管理职责为例外。

《政府采购质疑和投诉办法》（财政部令第 94 号）第 6 条[③] 规定了两种情形：第一，质疑供应商投诉按照采购人所属预算级次，由本级财政部门处理；第二，跨区域联合采购项目的投诉又分两种情形，即（1）采购人所属预算级次相同的，由采购文件事先约定的财政部门负责处理，事先未约定的，由最先收到投诉的财政部门负责处理；（2）采购人所属预算级次不同的，由预算级次最高的财政部门负责处理。对此，第 17 条也明确规定向财政部门提起投诉。

总之，投诉应向采购人所属预算级次的同级财政部门提起；对于跨区域联合采购项目的投诉，预算级次相同的，采购文件有约定的按约定的财政部门受理，没有约定的，由最先收到投诉的财政部门受理；对于预算级次不同的，由预算级次最高的财政部门受理。

---

①《政府采购法》第 55 条规定：质疑供应商对采购人、采购代理机构的答复不满意或者采购人、采购代理机构未在规定的时间内作出答复的，可以在答复期满后 15 个工作日内向同级政府采购监督管理部门投诉。

②《政府采购法》第 13 条规定：各级人民政府财政部门是负责政府采购监督管理的部门，依法履行对政府采购活动的监督管理职责。各级人民政府其他有关部门依法履行与政府采购活动有关的监督管理职责。

③《政府采购质疑和投诉办法》第 6 条规定：供应商投诉按照采购人所属预算级次，由本级财政部门处理。跨区域联合采购项目的投诉，采购人所属预算级次相同的，由采购文件事先约定的财政部门负责处理，事先未约定的，由最先收到投诉的财政部门负责处理；采购人所属预算级次不同的，由预算级次最高的财政部门负责处理。

四、提出质疑、投诉的期间

（一）质疑

根据《政府采购法》第 52 条规定，供应商可以在知道或者应知其权益受到损害之日起 7 个工作日内，以书面形式向采购人提出质疑。

根据《政府采购质疑和投诉办法》（财政部令第 94 号）第 10~11 条的规定，供应商可以在知道或者应知其权益受到损害之日起 7 个工作日内，以书面形式向采购人、采购代理机构提出质疑；潜在供应商应当在获取采购文件或者采购文件公告期限届满之日起 7 个工作日内提出。

无论是《政府采购法》，还是《政府采购质疑和投诉办法》，均规定了“知道或应知权益受损害之日起 7 个工作日”的期限。但如何界定供应商应知其权益受损害之日呢？根据《政府采购法实施条例》第 53 条的规定，《政府采购法》第 52 条规定的供应商应知其权益受到损害之日，是指：（1）对采购文件提出质疑的，系收到采购文件之日或者采购文件公告期限届满之日；（2）对采购过程提出质疑的，系各采购程序环节结束之日；（3）对中标或者成交结果提出质疑的，系中标或者成交结果公告期限届满之日。

存有疑问的是，供应商或潜在供应商对采购文件提起质疑的起算时间规定不太明确，即收到采购文件之日或采购文件公告期限届满之日。此规定存在两个起算时间点：（1）收到采购文件之日；（2）采购文件公告期限届满之日。虽然两者指向有别，但并没有明确公告所涉及的情形，以及公告与收到竞合时，如何处理，故必将带来现实适用中以哪个时间点起算的争议。

对该疑问，有观点认为，两个时间起算均可，以最有利于质疑人为准起算。这样的认识显然是对法律的曲解。立法之所以如此规定，显然是针对现实获得采购文件的方式不同而作出的区分规定。

另有观点认为，法律之所以作出这样的规定，其本意是对若直接从网上下载标书等无法确定收到采购文件的，且也不用现场报名购买采购文件的情形，应按采购文件公告期满之日起算。因此，究竟以哪个时间点起算，应结合采购文件规定综合判断确定。

（二）投诉

根据《政府采购法》第55条的规定，质疑供应商可以在答复期满后15个工作日内向同级政府采购监督管理部门投诉。

《政府采购质疑和投诉办法》（财政部令第94号）第17条[①]也规定答复期满后15个工作日内提起投诉。

五、质疑、投诉的形式和实质要求

（一）形式要求

1. 质疑

《政府采购质疑和投诉办法》（财政部令第94号）第12条规定，供应商提出质疑应当提交质疑函和必要的证明材料。质疑函应当包括：（1）供应商的姓名或者名称、地址、邮编、联系人及联系电话；（2）质疑项目的名称、编号；（3）具体、明确的质疑事项和与质疑事项相关的请求；（4）事实依据；（5）必要的法律依据；（6）提出质疑的日期。详见下表：

质疑函范本

一、质疑供应商基本信息

质疑供应商：______________________________

地址：____________________邮编：____________________

联系人：____________________联系电话：____________________

授权代表：______________________________

联系电话：______________________________

地址：____________________邮编：____________________

二、质疑项目基本情况

质疑项目的名称：______________________________

质疑项目的编号：____________________包号：____________________

采购人名称：______________________________

---

①《政府采购质疑和投诉办法》第17条规定：质疑供应商对采购人、采购代理机构的答复不满意，或者采购人、采购代理机构未在规定时间内作出答复的，可以在答复期满后15个工作日内向本办法第6条规定的财政部门提起投诉。

采购文件获取日期：______________________________

三、质疑事项具体内容

质疑事项1：______________________________

事实依据：______________________________

____

法律依据：______________________________

____

质疑事项2

……

四、与质疑事项相关的质疑请求

请求：______________________________

签字（签章）：______________ 公章：______________

日期：________

质疑函制作说明：

1. 供应商提出质疑时，应提交质疑函和必要的证明材料。

2. 质疑供应商若委托代理人进行质疑的，质疑函应按要求列明"授权代表"的有关内容，并在附件中提交由质疑供应商签署的授权委托书。授权委托书应载明代理人的姓名或者名称、代理事项、具体权限、期限和相关事项。

3. 质疑供应商若对项目的某一分包进行质疑，质疑函中应列明具体分包号。

4. 质疑函的质疑事项应具体、明确，并有必要的事实依据和法律依据。

5. 质疑函的质疑请求应与质疑事项相关。

6. 质疑供应商为自然人的，质疑函应由本人签字；质疑供应商为法人或者其他组织的，质疑函应由法定代表人、主要负责人，或者其授权代表签字或者盖章，并加盖公章。

除满足以上格式外，若供应商为自然人的，质疑函需要本人签字；若供应商为法人或者其他组织的，质疑函需要法定代表人或主要负责人，或者其授权代表签字或者盖章，同时，加盖供应商公章。

2. 投诉

《政府采购质疑和投诉办法》(财政部令第94号)第18条规定了三个方面:第一,投诉人应当提交投诉书和必要的证明材料;第二,投诉人需按照被投诉采购人、采购代理机构和与投诉事项有关的供应商数量提供投诉书的副本;第三,投诉书应当包括的内容:(1)投诉人和被投诉人的姓名或者名称、通信地址、邮编、联系人及联系电话;(2)质疑和质疑答复情况说明及相关证明材料;(3)具体、明确的投诉事项和与投诉事项相关的投诉请求;(4)事实依据;(5)法律依据;(6)提起投诉的日期。具体详见下表:

投诉书范本

一、投诉相关主体基本情况

投诉人:______________________________

地址:______________ 邮编:______________

法定代表人/主要负责人:______________________________

联系电话:______________________________

授权代表:______________ 联系电话:______________

地址:______________ 邮编:______________

被投诉人1:______________________________

地址:______________ 邮编:______________

联系人:______________ 联系电话:______________

被投诉人2

……

相关供应商:______________________________

地址:______________ 邮编:______________

联系人:______________ 联系电话:______________

二、投诉项目基本情况

采购项目名称:______________________________

采购项目编号:______________ 包号:______________

采购人名称:______________________________

代理机构名称:______________________________

采购文件公告:是/否 公告期限:______________

采购结果公告：是/否　公告期限：______________________

三、质疑基本情况

投诉人于____年____月____日，向______________________提出质疑，质疑事项为：______________________

____

采购人/代理机构于____年____月____日，就质疑事项作出了答复/没有在法定期限内作出答复。

四、投诉事项具体内容

投诉事项 1：______________________

事实依据：______________________

____

法律依据：______________________

____

投诉事项2

……

五、与投诉事项相关的投诉请求

请求：______________________

____

签字（签章）：______________公章：______________

日期：__________

投诉书制作说明：

1. 投诉人提起投诉时，应当提交投诉书和必要的证明材料，并按照被投诉人和与投诉事项有关的供应商数量提供投诉书副本。

2. 投诉人若委托代理人进行投诉的，投诉书应按照要求列明"授权代表"的有关内容，并在附件中提交由投诉人签署的授权委托书。授权委托书应当载明代理人的姓名或者名称、代理事项、具体权限、期限和相关事项。

3. 投诉人若对项目的某一分包进行投诉，投诉书应列明具体分包号。

4. 投诉书应简要列明质疑事项，质疑函、质疑答复等作为附件材料提供。

5. 投诉书的投诉事项应具体、明确，并有必要的事实依据和法律依据。

6. 投诉书的投诉请求应与投诉事项相关。

7. 投诉人为自然人的，投诉书应当由本人签字；投诉人为法人或者其他组织的，投诉书应当由法定代表人、主要负责人，或者其授权代表签字或者盖章，并加盖公章。

除以上要求外，若投诉人为自然人的，应当由本人签字；若投诉人为法人或者其他组织的，应当由法定代表人、主要负责人，或者其授权代表签字或者盖章，同时，加盖投诉人的公章。

（二）实质要求

1. 请求明确，提供证明材料

根据《政府采购法实施条例》第55条的规定，供应商质疑、投诉应当有明确的请求和必要的证明材料。供应商投诉的事项不得超出已质疑事项的范围。对此，《政府采购质疑和投诉办法》（财政部令第94号）第12条、第18条均有规定。

2. 满足条件

根据《政府采购质疑和投诉办法》（财政部令第94号）第19条的规定，投诉人应当根据《政府采购质疑和投诉办法》（财政部令第94号）第7条第2款[①]规定的内容，并按照其规定的方式提起投诉。投诉人提起投诉应当符合如下条件：（1）提起投诉前已依法进行质疑；（2）投诉书内容符合本办法的规定；（3）在投诉有效期限内提起投诉；（4）同一投诉事项未经财政部门投诉处理；（5）财政部规定的其他条件。

3. 投诉范围限定

根据《政府采购法实施条例》第55条和《政府采购质疑和投诉办法》（财政部令第94号）第20条的规定，供应商投诉的事项不得超出已质疑事项的范围。但《政府采购质疑和投诉办法》（财政部令第94号）第20条的但书还规定，若质疑供应商基于质疑答复内容提出的投诉事项除外。也就是说，质疑供应商原则应在质疑事项范围内提起投诉，但质疑供应商可以就采

①《政府采购质疑和投诉办法》第7条第2款规定：县级以上财政部门应当在省级以上财政部门指定的政府采购信息发布媒体公布受理投诉的方式、联系部门、联系电话和通讯地址等信息。

购人或采购代理机构的质疑答复内容提出投诉，该投诉不受质疑范围限制，以此作为例外。

问题是如何理解“质疑答复内容”？凡是质疑答复所涉及的全部内容，还是质疑答复中仅针对质疑内容的陈述观点，而不包括事实陈述的部分？不无疑问。

4. 补正材料

根据《政府采购质疑和投诉办法》（财政部令第94号）第21条规定，财政部门收到投诉书后，应当在5个工作日内进行审查，审查后，若投诉书内容不符合《政府采购质疑和投诉办法》第18条规定的，应当在收到投诉书5个工作日内一次性书面通知投诉人补正（补正通知应当载明需要补正的事项和合理的补正期限）。

六、质疑、投诉的效果

（一）质疑

1. 继续或重新开展采购活动

《政府采购质疑和投诉办法》（财政部令第94号）第16条规定，主要存在两大后果，采购人、采购代理机构认为：第一，供应商质疑不成立，或者成立但未对中标、成交结果构成影响的，继续开展采购活动；第二，供应商质疑成立且影响或者可能影响中标、成交结果的，存在：（1）对采购文件提出的质疑，依法通过澄清或者修改可以继续开展采购活动的，待澄清或者修改采购文件后继续开展采购活动；依法通过澄清或者修改不能继续开展采购活动的，修改采购文件后重新开展采购活动；（2）对采购过程、中标或者成交结果提出的质疑，合格供应商符合法定数量时，可以从合格的中标或者成交候选人中另行确定中标、成交供应商的，应当依法另行确定中标、成交供应商；无法从合格的中标或者成交候选人中另行确定中标、成交供应商的，应当重新开展采购活动。

《政府采购质疑和投诉办法》（财政部令第 94 号）第 31~32 条[①]进一步作了规定，经认定成立的投诉事项不影响采购结果的，继续开展采购活动；影响或者可能影响采购结果的，财政部门将视情况处理：（1）未确定中标或者成交供应商的，责令重新开展采购活动；（2）已确定中标或者成交供应商但尚未签订政府采购合同的，认定中标或者成交结果无效，责令重新开展采购活动；（3）政府采购合同已经签订但尚未履行的，撤销合同，责令重新开展采购活动。

2. 提起投诉

根据《政府采购质疑和投诉办法》（财政部令第 94 号）第 17 条规定，质疑供应商对采购人、采购代理机构的答复不满意，或者采购人、采购代理机构未在规定时间内作出答复的，向采购人所属预算级次相同的财政部门提起投诉。

---

①《政府采购质疑和投诉办法》第 31 条规定：投诉人对采购文件提起的投诉事项，财政部门经查证属实的，应当认定投诉事项成立。经认定成立的投诉事项不影响采购结果的，继续开展采购活动；影响或者可能影响采购结果的，财政部门按照下列情况处理：（1）未确定中标或者成交供应商的，责令重新开展采购活动。（2）已确定中标或者成交供应商但尚未签订政府采购合同的，认定中标或者成交结果无效，责令重新开展采购活动。（3）政府采购合同已经签订但尚未履行的，撤销合同，责令重新开展采购活动。（4）政府采购合同已经履行，给他人造成损失的，相关当事人可依法提起诉讼，由责任人承担赔偿责任。

《政府采购质疑和投诉办法》第 32 条规定：投诉人对采购过程或者采购结果提起的投诉事项，财政部门经查证属实的，应当认定投诉事项成立。经认定成立的投诉事项不影响采购结果的，继续开展采购活动；影响或者可能影响采购结果的，财政部门按照下列情况处理：（1）未确定中标或者成交供应商的，责令重新开展采购活动。（2）已确定中标或者成交供应商但尚未签订政府采购合同的，认定中标或者成交结果无效。合格供应商符合法定数量时，可以从合格的中标或者成交候选人中另行确定中标或者成交供应商的，应当要求采购人依法另行确定中标、成交供应商；否则责令重新开展采购活动。（3）政府采购合同已经签订但尚未履行的，撤销合同。合格供应商符合法定数量时，可以从合格的中标或者成交候选人中另行确定中标或者成交供应商的，应当要求采购人依法另行确定中标、成交供应商；否则责令重新开展采购活动。（4）政府采购合同已经履行，给他人造成损失的，相关当事人可依法提起诉讼，由责任人承担赔偿责任。

投诉人对废标行为提起的投诉事项成立的，财政部门应当认定废标行为无效。

（二）投诉

1. 不予受理

根据《政府采购质疑和投诉办法》（财政部令第 94 号）第 21 条[①]规定，财政部门收到投诉书后，应当在 5 个工作日内进行审查，审查后，作如下处理：第一，若投诉书内容不符合本办法第 18 条规定的，应当在收到投诉书 5 个工作日内一次性书面通知投诉人补正，而投诉人不按照补正期限进行补正或者补正后仍不符合规定的，不予受理；第二，投诉不符合《政府采购质疑和投诉办法》第 19 条规定条件的，应当在 3 个工作日内书面告知投诉人不予受理，并说明理由。

2. 告知向有管辖权的部门提起投诉

根据《政府采购质疑和投诉办法》（财政部令第 94 号）第 21 条规定，财政部门收到投诉书后，应当在 5 个工作日内进行审查，若投诉不属于本部门管辖的，应当在 3 个工作日内书面告知投诉人向有管辖权的部门提起投诉。

3. 暂停采购活动

根据《政府采购法》第 57 条的规定，政府采购监督管理部门在处理投诉事项期间，可以视具体情况书面通知采购人暂停采购活动，但暂停时间最长不得超过 30 日。

对此，根据《政府采购质疑和投诉办法》（财政部令第 94 号）第 28 条[②]

---

①《政府采购质疑和投诉办法》第 21 条规定：财政部门收到投诉书后，应当在 5 个工作日内进行审查，审查后按照下列情况处理：（1）投诉书内容不符合本办法第 18 条规定的，应当在收到投诉书 5 个工作日内一次性书面通知投诉人补正。补正通知应当载明需要补正的事项和合理的补正期限。未按照补正期限进行补正或者补正后仍不符合规定的，不予受理。（2）投诉不符合本办法第 19 条规定条件的，应当在 3 个工作日内书面告知投诉人不予受理，并说明理由。（3）投诉不属于本部门管辖的，应当在 3 个工作日内书面告知投诉人向有管辖权的部门提起投诉。（4）投诉符合本办法第 18 条、第 19 条规定的，自收到投诉书之日起即为受理，并在收到投诉后 8 个工作日内向被投诉人和其他与投诉事项有关的当事人发出投诉答复通知书及投诉书副本。

②《政府采购质疑和起诉办法》第 28 条规定：财政部门在处理投诉事项期间，可以视具体情况书面通知采购人和采购代理机构暂停采购活动，暂停采购活动时间最长不得超过 30 日。

采购人和采购代理机构收到暂停采购活动通知后应当立即中止采购活动，在法定的暂停期限结束前或者财政部门发出恢复采购活动通知前，不得进行该项采购活动。

也作了同样的规定。但是否能暂停采购活动，取决于财政部门视情况决定。

4. 视为投诉不成立、被驳回或终止

根据《政府采购质疑和投诉办法》（财政部令第 94 号）第 25 条的规定，应当由投诉人承担举证责任的投诉事项，投诉人未提供相关证据、依据和其他有关材料的，视为该投诉事项不成立。

《政府采购法实施条例》第 57 条第 1 款规定了财政部门有权驳回的情形：对于投诉人存在捏造事实，或提供虚假材料，或者以非法手段取得证明材料进行投诉的，财政部门应当予以驳回；第 2 款规定了财政部门终止投诉处理程序：财政部门受理投诉后，投诉人书面申请撤回投诉的，财政部门应当终止投诉处理程序。

对于驳回投诉的情形，《政府采购质疑和投诉办法》（财政部令第 94 号）第 29 条进行了细化规定，即（1）受理后发现投诉不符合法定受理条件；（2）投诉事项缺乏事实依据，投诉事项不成立；（3）投诉人捏造事实或者提供虚假材料；（4）投诉人以非法手段取得证明材料。

何为“非法手段取得证明材料”？法规明确规定，如果证据来源的合法性存在明显疑问，投诉人又无法证明其取得方式合法的，视为以非法手段取得证明材料。

对于应终止投诉处理程序的情形，《政府采购质疑和投诉办法》（财政部令第 94 号）第 30 条[①]与《政府采购法实施条例》第 57 条一致。

5. 对投诉不服的救济措施

《政府采购法》第 58 条规定：投诉人对政府采购监督管理部门的投诉处理决定不服或者政府采购监督管理部门逾期未作处理的，可以依法申请行政复议或者向人民法院提起行政诉讼。

七、投诉不可任性

（一）列入不良记录

根据《政府采购质疑和投诉办法》（财政部令第 94 号）第 37 条第 1 款规定，投诉人满足三个条件的，将列入不良记录名单的条件是：（1）在全国

---

①《政府采购质疑和起诉办法》第 30 条规定：财政部门受理投诉后，投诉人书面申请撤回投诉的，财政部门应当终止投诉处理程序，并书面告知相关当事人。

范围；（2）12 个月内；（3）三次以上投诉查无实据的。此处的“12 个月内”是连续的自然时间。

（二）列入不良记录并禁止一定期限内参加政府采购活动

根据《政府采购法实施条例》第 73 条规定，供应商捏造事实、提供虚假材料或者以非法手段取得证明材料进行投诉的，由财政部门列入不良行为记录名单，禁止其 1~3 年内参加政府采购活动。对此，《政府采购质疑和投诉办法》（财政部令第 94 号）第 37 条第 2 款也作了同样的规定。

以上系笔者就有关质疑、投诉的法律法规进行的简要解读，通过对这些规定的系统梳理，利于供应商或潜在供应商在提出质疑或投诉时，尽可能依法合规，有根有据，做到有的放矢，全力维护己方合法权益。

第四节　异议、质疑或投诉，撤回还是撤销

[案例]

投标人或供应商提出异议或质疑后，因各种原因反悔了或打算私下处理。

[问题]

1. 投标人或供应商可以撤回吗？

2. 针对不同时间节点，是撤回还是撤销？

招标投标领域赋予了投标人等就招标文件（资格预审文件）、开标现场、评标结果等招标活动提出疑问的权利，具体表现方式为异议与投诉；政府采购领域同样赋予了供应商等就采购文件、采购过程、中标及成交结果、采购活动提出疑问的权利，具体表现方式为询问、质疑及投诉。在相关投标人或供应商提出异议或质疑、投诉后，究竟有无权利自行终止或阻断疑问的表达？阻断疑问的方式是撤回还是撤销？无不存在疑问。

笔者在此针对上述疑问进行简要梳理，以飨读者。

一、撤回与撤销的适用情形

《民法典》合同编第475条[①]规定：要约可以撤回，但须根据《民法典》第141条[②]规定，撤回要约的通知应当在要约到达受要约人之前或者与要约同时到达受要约人；该法第476条[③]规定：要约可以撤销。两种情形除外，即（1）要约人确定了承诺期限或者以其他形式明示要约不可撤销；（2）受要约人有理由认为要约是不可撤销的，并已经为履行合同作了准备工作。另根据《民法典》合同编第477条[④]规定，以是否为对话方式对撤销要约进行区分要求，即撤销要约的意思表示以对话方式作出的，该撤的内容应当在受要约人作出承诺之前为受要约人所知道；撤销要约的意思表示以非对话方式作出的，应当在受要约人作出承诺之前到达受要约人。

根据《民法典》合同编的上述规定，撤回指向的是未生效的法律行为或意思表示，而撤销指向的是生效的法律行为或意思表示。这样的界定为招标投标或政府采购提供了参照标准或指引。无论招标投标还是政府采购，均完整呈现合同签订的三个环节，即要约邀请、要约、承诺。

故笔者认为，撤回是指针对未生效的法律行为或意思表示予以回溯，阻碍其生效的法律行为；撤销是指针对已生效的法律行为或意思表示予以否定或消灭的意思表示或行为，从而阻断其持续的法律效力。

---

①《民法典》第475条规定：要约可以撤回。要约的撤回适用本法第141条的规定。

②《民法典》第141条规定：行为人可以撤回意思表示。撤回意思表示的通知应当在意思表示到达相对人前或者与意思表示同时到达相对人。

③《民法典》第476条规定：要约可以撤销，但是有下列情形之一的除外：（1）要约人以确定承诺期限或者其他形式明示要约不可撤销；（2）受要约人有理由认为要约是不可撤销的，并已经为履行合同做了合理准备工作。

④《民法典》第477条规定：撤销要约的意思表示以对话方式作出的，该意思表示的内容应当在受要约人作出承诺之前为受要约人所知道；撤销要约的意思表示以非对话方式作出的，应当在受要约人作出承诺之前到达受要约人。

二、对招标投标和政府采购中涉及撤回、撤销规定的分析

（一）招标投标法体系

《招标投标法》第 29 条[①]规定了投标人对投标文件在投标截止日期前可以撤回，此条的表述明显沿用了《民法典》合同编中对要约撤回的规定。

《招标投标法实施条例》第 35 条[②]规定了“撤回”与“撤销”的情形。前者是生效前的行为，后者是生效后的动作，其指向的前提和所带来的法律后果明显不一样。

根据《民法典》第 141 条[③]和第六章法律行为第二节意思表示的规定，《招标投标法》《招标投标法实施条例》所采用的措辞表述与法律及法学理论一致。

但《工程建设项目施工招标投标办法》第 39 条[④]规定了投标人对投标文件在投标截止日期前可以撤回。可对于投标截止日期后，该法规用了“撤销”[⑤]的措辞，在第 52 条[⑥]也用了“撤销”措辞。

---

①《招标投标法》第 29 条规定：投标人在招标文件要求提交投标文件的截止时间前，可以补充、修改或者撤回已提交的投标文件，并书面通知招标人。补充、修改的内容为投标文件的组成部分。

②《招标投标法实施条例》第 35 条规定：投标人撤回已提交的投标文件，应当在投标截止时间前书面通知招标人。招标人已收取投标保证金的，应当自收到投标人书面撤回通知之日起 5 日内退还。投标截止后投标人撤销投标文件的，招标人可以不退还投标保证金。

③《民法典》第 141 条规定：行为人可以撤回意思表示。撤回意思表示的通知应当在意思表示到达相对人前或者与意思表示同时到达相对人。

④《工程建设项目施工招标投标办法》第 39 条规定：投标人在招标文件要求提交投标文件的截止时间前，可以补充、修改、替代或者撤回已提交的投标文件，并书面通知招标人。补充、修改的内容为投标文件的组成部分。

⑤《工程建设项目施工招标投标办法》第 40 条规定：在提交投标文件截止时间后到招标文件规定的投标有效期终止之前，投标人不得撤销其投标文件。否则招标人可以不退还其投标保证金。

⑥《工程建设项目施工招标投标办法》第 52 条规定：投标文件不响应招标文件的实质性要求和条件的，评标委员会不得允许投标人通过修正或撤销其不符合要求的差异或保留，使之成为具有响应性的投标。

《工程建设项目货物招标投标办法》第35条[①]规定了投标人对投标文件在投标截止日期前可以撤回。对于投标截止日期后，该法规亦用了“撤回”[②]的措辞。匪夷所思的是，该规定的第43条[③]又采用了“撤销”的措辞。

上述诸如此类的规定，不科学、不严谨。

（二）政府采购法体系

1. 关于“撤回”的部分规定

《政府采购法实施条例》第57条[④]规定，财政部门受理投诉后，投诉人可以书面申请撤回投诉。

根据《政府采购非招标采购方式管理办法》（财政部令第74号）第15条[⑤]规定，供应商在提交询价响应文件截止时间前，可以对所提交的响应文

---

①《工程建设项目施工招标投标办法》第35条规定：投标人在招标文件要求提交投标文件的截止时间前，可以补充、修改、替代或者撤回已提交的投标文件，并书面通知招标人。补充、修改的内容为投标文件的组成部分。

②《工程建设项目货物招标投标办法》第36条规定：在提交投标文件截止时间后，投标人不得补充、修改、替代或者撤回其投标文件。投标人补充、修改、替代投标文件的，招标人不予接受；投标人撤回投标文件的，其投标保证金将被没收。

③《工程建设项目货物招标投标办法》第43条规定：投标文件不响应招标文件的实质性要求和条件的，评标委员会应当作废标处理，并不允许投标人通过修正或撤销其不符合要求的差异或保留，使之成为具有响应性的投标。

④《政府采购法实施条例》第57条规定：投诉人捏造事实、提供虚假材料或者以非法手段取得证明材料进行投诉的，财政部门应当予以驳回。财政部门受理投诉后，投诉人书面申请撤回投诉的，财政部门应当终止投诉处理程序。

⑤《政府采购非招标采购方式管理办法》第15条规定：供应商应当在谈判文件、询价通知书要求的截止时间前，将响应文件密封送达指定地点。在截止时间后送达的响应文件为无效文件，采购人、采购代理机构或者谈判小组、询价小组应当拒收。

供应商在提交询价响应文件截止时间前，可以对所提交的响应文件进行补充、修改或者撤回，并书面通知采购人、采购代理机构。补充、修改的内容作为响应文件的组成部分。补充、修改的内容与响应文件不一致的，以补充、修改的内容为准。

件撤回。不过，该办法第 20 条[①]对于提交响应文件截止后，仍然用“撤回”响应文件的措辞。

《政府采购货物和服务招标投标管理办法》（财政部令第 87 号）第 34 条[②]对投标人在投标截止时间前，可以对所递交的投标文件“撤回”。

《政府采购质疑和投诉办法》（财政部令第 94 号）第 30 条[③]规定，投诉人可以书面撤回投诉。

《政府采购竞争性磋商采购方式管理暂行办法》（财库〔2014〕214 号）第 13 条[④]规定，供应商在提交响应文件截止时间前，可以对所提交的响应文件撤回。

2. 关于“撤销”的部分规定

《政府采购法》第 73 条[⑤]对合同成立生效后没有履行的，有权撤销合同。

---

①《政府采购非招标采购方式管理办法》第 20 条规定：采购人或者采购代理机构应当在采购活动结束后及时退还供应商的保证金，但因供应商自身原因导致无法及时退还的除外。未成交供应商的保证金应当在成交通知书发出后 5 个工作日内退还，成交供应商的保证金应当在采购合同签订后 5 个工作日内退还。

有下列情形之一的，保证金不予退还：（1）供应商在提交响应文件截止时间后撤回响应文件的；（2）供应商在响应文件中提供虚假材料的；（3）除因不可抗力或谈判文件、询价通知书认可的情形以外，成交供应商不与采购人签订合同的；（4）供应商与采购人、其他供应商或者采购代理机构恶意串通的；（5）采购文件规定的其他情形。

②《政府采购货物和服务招标投标管理办法》第 34 条规定：投标人在投标截止时间前，可以对所递交的投标文件进行补充、修改或者撤回，并书面通知采购人或者采购代理机构。补充、修改的内容应当按照招标文件要求签署、盖章、密封后，作为投标文件的组成部分。

③《政府采购质疑和投诉办法》第 30 条规定：财政部门受理投诉后，投诉人书面申请撤回投诉的，财政部门应当终止投诉处理程序，并书面告知相关当事人。

④《政府采购竞争性磋商采购方式管理暂行办法》第 13 条规定：供应商应当在磋商文件要求的截止时间前，将响应文件密封送达指定地点。在截止时间后送达的响应文件为无效文件，采购人、采购代理机构或者磋商小组应当拒收。

供应商在提交响应文件截止时间前，可以对所提交的响应文件进行补充、修改或者撤回，并书面通知采购人、采购代理机构。补充、修改的内容作为响应文件的组成部分。补充、修改的内容与响应文件不一致的，以补充、修改的内容为准。

⑤《政府采购法》第 73 条规定：有前两条违法行为之一影响中标、成交结果或者可能影响中标、成交结果的，按下列情况分别处理：（1）未确定中标、成交供应商的，终止采购活动；（2）中标、成交供应商已经确定但采购合同尚未履行的，撤销合同，从合格的中标、成交候选人中另行确定中标、成交供应商；（3）采购合同已经履行的，给采购人、供应商造成损失的，由责任人承担赔偿责任。

《政府采购法实施条例》第71条[①]亦规定对签订的合同没有履行的有权撤销。

《政府采购非招标采购方式管理办法》（财政部令第74号）第56条[②]亦规定对签订的合同没有履行的有权撤销。

《政府采购货物和服务招标投标管理办法》（财政部令第87号）第23条[③]规定，对于在投标有效期内的投标文件"反悔的"为"撤销"。

---

①《政府采购法实施条例》第71条规定：有政府采购法第71条、第72条规定的违法行为之一，影响或者可能影响中标、成交结果的，依照下列规定处理：（1）未确定中标或者成交供应商的，终止本次政府采购活动，重新开展政府采购活动。（2）已确定中标或者成交供应商但尚未签订政府采购合同的，中标或者成交结果无效，从合格的中标或者成交候选人中另行确定中标或者成交供应商；没有合格的中标或者成交候选人的，重新开展政府采购活动。（3）政府采购合同已签订但尚未履行的，撤销合同，从合格的中标或者成交候选人中另行确定中标或者成交供应商；没有合格的中标或者成交候选人的，重新开展政府采购活动。（4）政府采购合同已经履行，给采购人、供应商造成损失的，由责任人承担赔偿责任。

政府采购当事人有其他违反政府采购法或者本条例规定的行为，经改正后仍然影响或者可能影响中标、成交结果或者依法被认定为中标、成交无效的，依照前款规定处理。

②《政府采购非招标采购方式管理办法》第56条规定：有本办法第51条、第52条、第55条违法行为之一，并且影响或者可能影响成交结果的，应当按照下列情形分别处理：（1）未确定成交供应商的，终止本次采购活动，依法重新开展采购活动；（2）已确定成交供应商但采购合同尚未履行的，撤销合同，从合格的成交候选人中另行确定成交供应商，没有合格的成交候选人的，重新开展采购活动；（3）采购合同已经履行的，给采购人、供应商造成损失的，由责任人依法承担赔偿责任。

③《政府采购货物和服务招标投标管理办法》第23条规定：投标有效期从提交投标文件的截止之日起算。投标文件中承诺的投标有效期应当不少于招标文件中载明的投标有效期。投标有效期内投标人撤销投标文件的，采购人或者采购代理机构可以不退还投标保证金。

《政府采购质疑和投诉办法》(财政部令第94号)第31条、第32条[①]亦规定对签订的合同没有履行的有权撤销。

(三)小结

招标投标法体系在《招标投标法》《招标投标法实施条例》中严格区分了“撤回”与“撤销”，但在具体的一些办法规定时，又含混不清，没有严格区分两者区别。

同样，政府采购法体系规定虽然遵循了撤回与撤销的区分，但仍在具体法律法规制定或表述上出现了混乱或不严谨的做法。

据上述法律法规和一些部门规定考察，显然立法者在“撤回”“撤销”上理解有偏差或并没有严格琢磨两者的区分，从而导致法律法规条文用词的混乱与不严谨。

三、异议人、质疑人或投诉人有无权利撤回或撤销相应的异议、质疑或投诉

既然相关法律法规和规定或办法赋予了投标人、采购人提出异议、质疑

①《政府采购质疑和投诉办法》第31条规定：投诉人对采购文件提起的投诉事项，财政部门经查证属实的，应当认定投诉事项成立。经认定成立的投诉事项不影响采购结果的，继续开展采购活动；影响或者可能影响采购结果的，财政部门按照下列情况处理：(1)未确定中标或者成交供应商的，责令重新开展采购活动。(2)已确定中标或者成交供应商但尚未签订政府采购合同的，认定中标或者成交结果无效，责令重新开展采购活动。(3)政府采购合同已经签订但尚未履行的，撤销合同，责令重新开展采购活动。(4)政府采购合同已经履行，给他人造成损失的，相关当事人可依法提起诉讼，由责任人承担赔偿责任。

《政府采购质疑和投诉办法》第32条规定：投诉人对采购过程或者采购结果提起的投诉事项，财政部门经查证属实的，应当认定投诉事项成立。经认定成立的投诉事项不影响采购结果的，继续开展采购活动；影响或者可能影响采购结果的，财政部门按照下列情况处理：(1)未确定中标或者成交供应商的，责令重新开展采购活动。(2)已确定中标或者成交供应商但尚未签订政府采购合同的，认定中标或者成交结果无效。合格供应商符合法定数量时，可以从合格的中标或者成交候选人中另行确定中标或者成交供应商的，应当要求采购人依法另行确定中标、成交供应商；否则责令重新开展采购活动。(3)政府采购合同已经签订但尚未履行的，撤销合同。合格供应商符合法定数量时，可以从合格的中标或者成交候选人中另行确定中标或者成交供应商的，应当要求采购人依法另行确定中标、成交供应商；否则责令重新开展采购活动。(4)政府采购合同已经履行，给他人造成损失的，相关当事人可依法提起诉讼，由责任人承担赔偿责任。

投诉人对废标行为提起的投诉事项成立的，财政部门应当认定废标行为无效。

及投诉的权利，那么行使与否，主张与否，应取决于相关投标人、采购人自身，而法律不应做强制性要求或相应限制。

《民法典》第 5 条[①]规定了意思自治原则。该原则指民事主体可以依自己的意思决定民事法律关系的设立、变更、终止。在不违反法律的禁止性规定、不违背公序良俗的限度内，不受他人干涉或国家干预。亦即所谓"法不禁止即自由"……私法自治为民法的基本原则，体现于民法的各个部分……在《民法典》合同编上表现为合同自由，包括缔约自由（当事人决定是否订立合同），选择相对人自由（当事人自己决定与何人订立合同）、合同内容自由（当事人自己决定合同内容），合同形式自由（当事人自己决定以何种形式订立合同）。[②]

因此，行使或主张异议、质疑及投诉的主动权完全归投标人或供应商享有，当投标人或供应商提出异议或质疑及投诉后，可根据个人的意志和自主行为对已经提起的异议或质疑及投诉进行处分，从而决定是否阻碍、中断或阻断其意思表示或行为生效或持续生效问题。

根据意思自治、平等自愿等民事原则，民事主体在民事活动中自然有权自我做主，而不受他人的干涉。对于异议人、质疑人或投诉人撤回或撤销相应的异议、质疑或投诉的行为，属于其个人的权利处分，理应受到尊重。

四、撤回或撤销的时间

据上文，撤回是针对未生效的行为或意思表示，而撤销针对的是已生效的行为或意思表示。因此，投标人或供应商打算否定已提出的意思表示或作出的行为时，需根据异议或质疑及投诉等情形在什么阶段、有无生效等情况。

判定异议或质疑及投诉有无生效，关键在于是否在法律法规规定的时限内向招标人或采购人或监管机关提交完成。如果已经提交完成，显然生效，因此，对生效的法律文书或意思表示，所应采用的应为撤销而不是撤回。

当然，现实中不少人认为，法律何必玩弄逻辑，只要统一用一种表达方

①《民法典》第 5 条规定：民事主体从事民事活动，应当遵循自愿原则，按照自己的意思设立、变更、终止民事法律关系。

②李宇：《民法总则要义：规范释论与判解集注》，法律出版社 2017 年版，第 25~28 页。

式即可。比如，通俗易懂的“撤回”就好了，何必做如此严格的区分，又不是理论研究，一定要分出“子丑寅卯”来。有的人认为，既然是法律，就应该严谨科学，哪能一味迎合老百姓，而不顾专业的位阶和属性。因此，精准区分“撤回”与“撤销”显得很有必要，否则，将导致现实适用的混乱困境。

不过，目前相关主体在适用中时常混淆撤回与撤销，导致不能精确定义撤回或撤销，将一桩严肃的法律主张变得主观随意。

总之，不仅立法层面需要明确界定撤回与撤销的定义，在立法表述上也需要贯穿始终，不能混淆二者区别，为法律实务带来困境。现实适用中，各方主体也得严格领会法律法规精神和规定，准确适用，以彰显法律法规的正义与权威。

【操作指引】

1. 招标人或采购人，或代理机构，得熟悉专业术语的含义和适用条件，避免操作中出岔子，陷入困境。

2. 投标人或供应商也得准确把握术语的含义和适用条件，避免聪明反被聪明误。

3. 无论招标人或采购人，还是投标人或供应商等在行使权利或履行义务，抑或法律行为时，最好进行论证和风险评估，避免得不偿失。

【风险防控】

1. 在意思表示或行为时，最好运用“慢思维”，充分论证评估后行动，避免盲目或随意所带来的法律后果；

2. 若确需对已送达的意思表示或行为阻断或采取救济方式时，得先梳理法律法规的规定，若法律法规站不住脚或没有根据时，不妨采取沟通或谈判的思维将对抗转化为对话，以妥当化解矛盾。

【法律适用】

《民法典》第 5 条、第 141 条、第 475~477 条

《招标投标法》第 29 条

《招标投标法实施条例》第 35 条

《政府采购法实施条例》第 57 条

《政府采购非招标采购方式管理办法》第 15 条

《政府采购质疑和投诉办法》第 31~32 条

《政府采购货物和服务招标投标管理办法》第 34 条

《工程建设项目施工招标投标办法》第 39 条、第 52 条

《工程建设项目货物招标投标办法》第 35 条、第 43 条

第五节　中标“乌龙”，“被乌龙者”是否享有请求权

［案例］

某招标项目，中标公示时，将未参加本项目投标的单位甲公示为第一中标候选人，后公示期已经结束，单位甲前往招标人签约，经查，因招标代理机构乙的错误所导致，招标人拒绝签约。

［问题］

单位甲要求赔偿经济损失，是否具有请求权基础？

招标代理机构系招标人之代理人，根据民法所规定的代理法律关系，在通常情形下，法律亦无特别规定时，代理人于代理权限内，以本人（被代理人）名义所为之法律行为直接对本人生效。

本案中，若无法律法规特别规定或存在其他可能的因素，单位甲对招标代理机构并无请求权，唯对招标人可能享有请求权。对此，笔者简要梳理有关请求权基础，以期寻找到解决本案的良策。

一、合同上的请求权

中标公示的中标单位甲能否以违约为由请求招标人承担违约责任？

违约损害赔偿请求权的成立应以合同的成立、生效为要件，然因中标公示的中标单位甲未参与项目投标，与招标人或其代理机构乙之间并不存在合同法律关系，故单位甲不得请求招标人或其代理机构乙承担违约责任。

二、类似合同请求权——缔约过失

中标公示的中标单位甲能否请求招标人承担缔约过失责任？

所谓缔约过失，指在缔约过程中违反诚实信用原则，未尽告知、公开、说明、守密等先合同义务，致他方受有损害。

《民法典》合同编中的第500条较为原则性地规定了三种情形，即（1）假借订立合同，恶意进行磋商；（2）故意隐瞒与订立合同有关的重要事实或者提供虚假情况；（3）有其他违背诚实信用原则的行为。

由此可知，若缔约过失得以主张，须已进入订立合同的过程。

就招标而言，根据《民法典》合同编中的第473条第1款规定，招标公告通常认为系要约邀请，投标文件为要约，中标通知书的送达等则为承诺。

倘招标公告已发出，然单位甲未参与项目投标，但因招标代理机构乙之失误导致单位甲错列于中标公示名单。此从意思表示的客观解释分析而言，亦难视双方已经进入缔约过程。因此，单位甲既未对招标项目为要约的意思表示，其亦无值得保护的信赖利益，招标代理机构乙公示的意思表示非承诺，双方未进入缔约实质过程。故本案并无缔约过失责任成立的前提条件。

三、无因管理上请求权

中标公示的中标单位甲是否对招标人享有无因管理请求权？

所谓无因管理者，系无法律上原因管理他人之事务。其构成要件有：管理他人事务；有管理的意思；无法律上的原因。

本案中，因招标代理机构乙的失误使单位甲误列于中标公示中，因欠缺管理之意思等要件，不成立无因管理。同时亦非不法管理，即明知为他人事务，仍作为自己事务而为管理，故本案亦不能类推适用无因管理的规定。

四、不当得利请求权

值得注意的是，中标公示的中标单位甲是否对招标人享有不当得利请求权？

通说认为，不当得利之构成要件有：受有利益；致他人受损害；无法律上的原因。不当得利区分为“给付型不当得利”与“非给付型不当得利”。

非给付型不当得利指非因给付发生不当得利，以侵害他人权益最属常见，即侵害应归属他人的权益，系无法律上原因而受益，致人损害者，应成立不当得利。[①] 本案中，中标公示错列了单位甲，若确有证据证实招标人因为利用甲的名称而受有利益。在此种情形下，一种观点认为，姓名、名誉等为人格法益之一种，兼具财产权的性质，具有排他专属性，擅自使用他人姓名而获得利益，乃取得应归属他人权益内容的利益，欠缺法律上原因，应成立不当得利。[②]

五、侵权行为请求权

《民法典》第110条第2款规定："法人、非法人组织享有名称权、名誉权和荣誉权。"但本案中，招标代理机构并未使用侮辱、诽谤等方法使得单位甲之社会评价降低，亦未侵犯单位甲已获得之社会荣誉，故未侵犯其名誉权与荣誉权。

企业名称权的保护同姓名权，但法律对企业名称往往有特别规定。侵害姓名权的主要情形有：干涉他人决定自己姓名；盗用他人姓名，即擅自以他人名义为某种活动；冒用他人姓名；不当使用他人姓名。中标公示中公示的中标单位甲未参加项目投标，此种情形应属盗用企业名称，侵犯企业名称权。名称权被侵害者，得请求停止侵害，并得请求损害赔偿。

就请求停止侵害而言，不以侵权人主观过错为要件，客观上违法侵害名称权已足。因公示已经结束，故侵权状态结束，不得再请求停止侵害。

就侵权损害赔偿请求权而言，根据《民法典》侵权责任编第1165条[③]之规定，除盗用名称之加害行为外，尚需加害人主观过错、造成损害结果及加害行为与损害结果间的因果关系。

上述案例中，加害人主观具有过失明显无疑，唯对单位甲造成损害，如何认定，尚属不易，还应结合具体情况认定。但需明确的是，单位甲因误信中标而参加开标等活动，因此支出相关费用，应不属于因加害行为造成之损失。因果关系分为事实因果关系及法律因果关系。单位甲既无作出投标之意思表示，其并无值得保护之信赖利益，故应认为其误信中标而支出之费用与

---

① 参见王泽鉴：《民法概要》，北京大学出版社2011年版，第154页。

② 参见王泽鉴：《不当得利》，北京大学出版社2015年版，第179页。

③《民法典》第1165条规定：行为人因过错侵害他人民事权益造成损害的，应当承担侵权责任。依照法律规定推定行为人有过错，其不能证明自己没有过错的，应当承担侵权责任。

招标代理机构之行为虽有事实因果关系，但并不构成法律因果关系。因此，仅就此部分支出而言，单位甲无权请求赔偿。

综上，单位甲所享有的请求权基础只可能在“不当得利请求权”与“侵权损害赔偿请求权”进行选择。问题是:（1）就不当得利请求权而言，尚需认定招标人因使用该名称而获得之利益——作为单位甲，是难以举证证明的;（2）就侵权损害赔偿请求权而言，还须明确与加害行为具有因果关系之损害结果——此亦令单位甲陷入了彷徨的困境。

【操作指引】

1. 权利人欲通过司法程序救济时，首要找准请求的法律依据，否则，难以有序推进维权工作。

2. 抗辩人针对权利人的主张，首要探究其请求权基础是否有据，若请求权基础站不住脚，也就便于攻破。

3. 对于某些主张在构建请求权基础时，需结合案情事实或挖掘，甚至创造有利条件导向有利的事实构建，从而寻求相对有利的法律依据，构筑有利的请求权基础。

【风险防控】

1. 没有事实的请求为空，没有准确的法律依据的请求为盲，两者是相辅相成、相互构筑的。

2. 无论权利主张，还是防御，第一步靶向都为请求权基础，这是权利主张或防御的头等大事。

【法律适用】

《民法典》第 110 条、第 473 条、第 500 条

第六节 “疑问制度”[①] 初探

在招标投标或政府采购中，“疑问制度”举足轻重，影响甚大。不过，现行法律法规并没有系统规定该制度，而是散见于各法律法规之中，在此，笔者仅做简要梳理。

一、梳理现行主要法律法规

（一）《招标投标法》

《招标投标法》第 65 条[②] 对“疑问制度”进行了简单规定，具体为：（1）事项：招标投标活动；（2）主体：投标人和其他利害关系人；（3）事由：招标投标活动不符合《招标投标法》的有关规定；（4）方式：提出异议或者投诉；（5）受理主体：异议向招标人提出，投诉向有关行政机关提出。

（二）《招标投标法实施条例》

《招标投标法实施条例》第 60 条[③] 对“疑问制度”进行了相应规定，具体为：（1）事项：招标投标活动；（2）主体：投标人和其他利害关系人；（3）事由：招标投标活动不符合法律、行政法规规定；（4）方式：投诉；（5）时限：自知道或者应当知道之日起 10 日内；（6）要件：应当有明确的请求和必要的证明材料；（7）受理主体：有关行政机关。

---

① 笔者为了表达的方便，用“疑问”概括潜在投标人、投标人，潜在供应商、供应商及利害关系人对招标活动或采购活动，招标文件（资格预审文件）或采购文件（资格预审文件），招标过程或采购过程，开标、中标结果或中标、成交供应商结果等提出的异议、询问、质疑、投诉、行政复议或行政诉讼、控告和检举等救济方式，为探讨方便，以“疑问制度”归纳概括。

②《招标投标法》第 65 条规定：投标人和其他利害关系人认为招标投标活动不符合本法有关规定的，有权向招标人提出异议或者依法向有关行政监督部门投诉。

③《招标投标法实施条例》第 60 条规定：投标人或者其他利害关系人认为招标投标活动不符合法律、行政法规规定的，可以自知道或者应当知道之日起 10 日内向有关行政监督部门投诉。投诉应当有明确的请求和必要的证明材料。

就本条例第 22 条、第 44 条、第 54 条规定事项投诉的，应当先向招标人提出异议，异议答复期间不计算在前款规定的期限内。

特别强调：在向相关机构投诉前的前置程序，即在投诉前，须向招标人提出异议所涉及的三类情形。详见表1：

表1

类型	主体	事由	方式	时限	备注
资格预审文件	潜在投标人或者其他利害关系	有异议	异议	提交资格预审申请文件截止时间2日前	参见第22条[1]
招标文件	潜在投标人或者其他利害关系	有异议	异议	投标截止时间10日前	
开标	投标人	有异议	异议	开标现场	参见第44条[2]
评标结果	投标人或者其他利害关系人	有异议	异议	中标候选人公示期间	参见第54条[3] 注意两个条件：(1)依法必须进行招标的项目；(2公示期不得少于3日；(3)(至少满足3日)

（三）《政府采购法》

《政府采购法》以“第六章”专章对“质疑与投诉”作出了明确规定，另第70条[4]还规定了“控告和检举”。

为便于对比与区分，详见表2：

①《招标投标法实施条例》第22条规定：潜在投标人或者其他利害关系人对资格预审文件有异议的，应当在提交资格预审申请文件截止时间2日前提出；对招标文件有异议的，应当在投标截止时间10日前提出。招标人应当自收到异议之日起3日内作出答复；作出答复前，应当暂停招标投标活动。

②《招标投标法实施条例》第44条规定：招标人应当按照招标文件规定的时间、地点开标。投标人少于3个的，不得开标；招标人应当重新招标。投标人对开标有异议的，应当在开标现场提出，招标人应当当场作出答复，并制作记录。

③《招标投标法实施条例》第54条规定：依法必须进行招标的项目，招标人应当自收到评标报告之日起3日内公示中标候选人，公示期不得少于3日。

投标人或者其他利害关系人对依法必须进行招标的项目的评标结果有异议的，应当在中标候选人公示期间提出。招标人应当自收到异议之日起3日内作出答复；作出答复前，应当暂停招标投标活动。

④《政府采购法》第70条规定：任何单位和个人对政府采购活动中的违法行为，有权控告和检举，有关部门、机关应当依照各自职责及时处理。

表 2

<table>
<tr><th>类型</th><th>提出主体</th><th>事由</th><th>方式</th><th>形式</th><th>受理主体</th><th>时限</th><th>备注</th></tr>
<tr><td>政府采购活动</td><td>供应商</td><td>疑问</td><td>询问</td><td></td><td rowspan="4">采购人或采购代理机构</td><td></td><td>参见第51条</td></tr>
<tr><td>采购文件</td><td rowspan="3">供应商</td><td rowspan="3">自己的权益受到损害的</td><td rowspan="3">质疑</td><td rowspan="3">书面</td><td rowspan="3">知道或者应知其权益受到损害之日起7个工作日内</td><td rowspan="3">参见第52条</td></tr>
<tr><td>采购过程</td></tr>
<tr><td>中标、成交结果</td></tr>
<tr><td>答复不满意</td><td rowspan="2">质疑供应商</td><td>答复不满意</td><td rowspan="2">投诉</td><td rowspan="2"></td><td rowspan="2">同级政府采购监督管理部门</td><td rowspan="2">在答复期满后15个 工作日内</td><td rowspan="2">参见第55条</td></tr>
<tr><td>未在规定时间内答复</td><td>未在规定时间内答复</td></tr>
<tr><td>对投诉处理决定不服</td><td rowspan="2">投诉人</td><td>对投诉处理决定不服</td><td rowspan="2">行政复议或者向人民法院提起行政诉讼</td><td rowspan="2"></td><td rowspan="2"></td><td rowspan="2"></td><td rowspan="2">参见第58条</td></tr>
<tr><td>政府采购监督管理部门逾期未作处理的</td><td>政府采购监督管理部门逾期未作处理的</td></tr>
<tr><td>政府采购活动中的违法行为</td><td>任何单位和个人</td><td>违法行为</td><td>控告和检举</td><td></td><td>有关部门、机关</td><td></td><td>参见第70条</td></tr>
</table>

（四）《政府采购法实施条例》

《政府采购法实施条例》也以“第六章”专章对“质疑与投诉”作出了规定，该章系对《政府采购法》第六章的细化和进一步明确，但没有实质突破。

需要说明的是，《政府采购法实施条例》第 53 条[①]对《政府采购法》第 52 条规定的“供应商应知其权益受到损害之日”进行了明确界定；该条例第 55 条[②]进一步明确了供应商质疑、投诉应当有明确的请求和必要的证明

①《政府采购法实施条例》第 53 条规定：《政府采购法》第 52 条规定的供应商应知其权益受到损害之日，是指：（1）对可以质疑的采购文件提出质疑的，为收到采购文件之日或者采购文件公告期限届满之日；（2）对采购过程提出质疑的，为各采购程序环节结束之日；（3）对中标或者成交结果提出质疑的，为中标或者成交结果公告期限届满之日。

②《政府采购法实施条例》第 55 条规定：供应商质疑、投诉应当有明确的请求和必要的证明材料。供应商投诉的事项不得超出已质疑事项的范围。

材料且投诉的事项不得超出已质疑事项的范围；该条例第57条[①]规定了投诉人捏造事实、提供虚假材料或者以非法手段取得证明材料，或财政部门受理投诉后，投诉人书面申请撤回投诉等特定情形的投诉处理。

（五）《政府采购质疑和投诉办法》

《政府采购质疑和投诉办法》仅就质疑和投诉进一步细化与规范，更有利于质疑和投诉有章可循及规范处理，亦利于政府相关部门的监管。比如，细化了针对采购文件、采购过程、中标及成交结果等提出的质疑主体，而不似《政府采购法》笼统规定为“供应商”，同时，规范了质疑函、投诉书等具体文本要求。详见表3：

表3

类型	提出主体	理由	方式	形式	受理主体	时限	备注	提示
采购文件	潜在供应商	自己的权益受到损害的	质疑	书面且符合法定要件	采购人或采购代理机构	获取采购文件或者采购文件公告期限届满之日起7个工作日内提出	参见第11~12条	(1)可以委托代理人(参见第8条)；(2)质疑供应商只能是参与所质疑项目的采购活动的供应商；(3)潜在供应商只能对采购文件提出质疑
采购过程	供应商					知道或者应知其权益受到损害之日起7个工作日内	参见第10~12条	
中标、成交结果								

①《政府采购法实施条例》第57条规定：投诉人捏造事实、提供虚假材料或者以非法手段取得证明材料进行投诉的，财政部门应当予以驳回。财政部门受理投诉后，投诉人书面申请撤回投诉的，财政部门应当终止投诉处理程序。

（续表）

类型	提出主体	理由	方式	形式	受理主体	时限	备注	提示
答复不满意	质疑供应商	答复不满意	投诉	投诉书和必要证明文件	同级政府采购监督管理部门	在答复期满后15个工作日内	参见第18条	(1)投诉人的法定要件；(2)按照被投诉人和与投诉事项有关的供应商数量提供投诉书的副本（参见第18条）；(3)投诉程序和条件（参见第19条）；(4)投诉范围（参见第20条）
未在规定时间内答复		未在规定时间内答复						

二、解读现行“疑问制度”

（一）提出主体

根据上文图表可知：

1.《招标投标法》和《招标投标法实施条例》规定了三类主体，即潜在投标人、投标人及利害关系人；

2.《政府采购法》《政府采购法实施条例》及《政府采购质疑和投诉办法》针对询问和质疑规定了两类主体，即潜在供应商和供应商；

3.《政府采购法》《政府采购法实施条例》及《政府采购质疑和投诉办法》针对投诉规定了一类主体，即质疑供应商；

4.《政府采购法》《政府采购法实施条例》及《政府采购质疑和投诉办法》针对行政复议或行政诉讼规定了一类主体，即投诉人；

5.《政府采购法》针对控告与检举规定了两类主体，即任何单位和个人。

（二）“疑问”方式

1. 异议。根据《招标投标法》和《招标投标法实施条例》的相关规定，无论对资格预审文件或招标文件，还是开标、评标结果有异议的，作为潜在投标人、投标人或利害关系人，一概以“异议”方式提出。

2. 询问。根据《政府采购法》第51条的规定，供应商对政府采购活动事项有疑问的，可以向采购人提出询问。

3. 质疑。根据《政府采购法》《政府采购法实施条例》《政府采购质疑和投诉办法》等规定，潜在供应商或供应商认为采购文件、采购过程、中标及成交结果涉及自己的权益受到损害的，一概以"质疑"的方式向采购人或采购代理机构提出。

4. 投诉。质疑供应商对采购人、采购代理机构的答复不满意或者采购人、采购代理机构未在规定的时间内作出答复的，一律采用"投诉"方式向同级政府采购监督管理部门提出。

5. 行政复议或者行政诉讼。根据《政府采购法》第58条规定，投诉人对政府采购监督管理部门的投诉处理决定不服或者政府采购监督管理部门逾期未作处理的，可以依法申请行政复议或者向人民法院提起行政诉讼。

6. 控告和检举。根据《政府采购法》第70条规定，任何单位和个人对政府采购活动中的违法行为，有权向有关部门、机关控告和检举。

（三）表达形式

根据上表可知：

1. 异议：《招标投标法》和《招标投标法实施条例》并没有明确采取书面形式。不过，现实中，从痕迹管理或证据角度，除对开标提出异议的外，通常采用书面的形式。

2. 询问：《政府采购法》没有明确规定采用何种表现形式，《政府采购法实施条例》《政府采购质疑和投诉办法》也没有进一步明确。

3. 质疑：《政府采购法》明确了书面形式且《政府采购法实施条例》《政府采购质疑和投诉办法》对书面形式进行了细化，尤其是《政府采购质疑和投诉办法》对质疑函明确了具体格式和需满足的内容等具体要件。

4. 投诉：虽然《政府采购法》没有明确采取书面形式，但《政府采购法实施条例》《政府采购质疑和投诉办法》明确了"投诉书"及投诉书所应满足的内容和要件。

5. 行政复议或行政诉讼：《政府采购法》《政府采购法实施条例》《政府采购质疑和投诉办法》三部法律没有明确采取书面形式，但《行政复议法》和《行政诉讼法》等有明确要求，需要采取书面形式要件。

6. 控告和检举：《政府采购法》没有明确是否应以书面形式。

（四）时限要求

除对“开标”提出异议需在现场提出，对政府采购活动事项有疑问的询问及控告和检举没有明确需在什么时间内提出外，其余的疑问方式都明确了提出的具体时间范围，相关权利人必须在法律法规规定的时间内提出，否则，则丧失提出异议的权利。

（五）受理主体

不同的疑问主张，需向不同的主体提出，切不可张冠李戴，搞错了对象。

总之，不同“疑问”方式的提出，需满足谁有权，在什么时间内，以什么表现形式，向谁提出等具体条件和要求。

三、立法不足与建议

（一）立法不足

通过上文的系统梳理，立法的不足显而易见，诸如：

1. 疑问主体：“疑问人”的主体资格界定不清晰，没有明确界定“利害关系人”的范围，更没有规定是否可以匿名方式提出疑问或以匿名方式提出疑问的法律后果。

2. 疑问方式：法律法规虽然规定了数种疑问方式，但现实中不少疑问人并不严格遵照执行，这些不规范的行为都有待进一步明确界定、强化及明确不按照此方式提出疑问的法律后果。

3. 表达形式：法律法规并没有规定一律采用书面形式，更没有明确是否必须采用纸质形式，当然，对于电子招标投标是否可以例外等均需明确。

4. 提出时限：虽然法律法规规定了某些异议、质疑等有明确的时间要求，但针对政府采购活动及其违法性提出询问，或控告和检举的，并没有明确时间范围，显然过于宽泛，不利于平衡各方权益。

5. 受理主体：法律法规没有明确如果“疑问人”向不适格受理主体提出疑问，如何处理？对于无权受理主体是否需要回复、如何回复或是否必须告知疑问人应向谁、如何提出疑问等提示。

总之，虽然《招标投标法》《招标投标法实施条例》《政府采购法》《政府采购法实施条例》《政府采购质疑和投诉办法》，从不同程度、角度规定了“疑问制度”的实体和程序要求，但毕竟不够严谨、不够全面，从而导致现实适用过程中的困境。

（二）立法建议

基于《招标投标法》《招标投标法实施条例》《政府采购法》《政府采购法实施条例》《政府采购质疑和投诉办法》对“疑问制度”的规定存在一些不足，笔者建议：

1. 提出主体：（1）用语的进一步规范，比如潜在投标人与投标人，潜在供应商与供应商，而不能无视不同事由引起疑问的区别，避免“眉毛胡子一把抓”；（2）明确界定“利害关系人”，既要避免过于宽泛，又要避免狭隘，从而利于各方主体在现实个案中明确判断；（3）一律要求采用实名，对于匿名提出疑问的，一律不予受理，以此杜绝他人以匿名的方式提出“疑问”，以增强提出疑问的严肃性和法律法规的公信力。

2. 采取方式：（1）明确根据不同的“疑问”对象或阶段必须按法律法规规定的方式提出疑问，否则，相关受理主体不予受理或可置之不理；（2）明确不按法律法规规定的方式提出“疑问”，一律无效或相关主体不予受理或置之不理。但根据笔者的经验，最好明确界定提出“疑问”的性质，更具可操作性，减少现实适用的可选择性或弹性。否则，如果有人以“举报”等不伦不类的方式提出疑问，究竟如何处理，是否需要处理不得而知。

3. 表达形式：（1）明确各类“疑问”方式的表现形式，便于标准统一。（2）明确表现形式的载体，如是必须用纸质文本，还是允许电子文本形式，或通过电子邮件等方式也可。除电子招标投标外，一旦明确疑问所需提交材料的具体要求，也就便于现实个案中是非判断了。（3）明确各类“疑问”方式表现形式的具体要求和条件，采用如质疑函和投诉书一般需满足范本要求，亦利于规范管理和有效监督。

4. 提出时限：（1）招标投标中，针对开标提出异议，只规定了开标现场但没有明确具体时间节点，容易导致理解上的分歧和差异；（2）政府采购中，对于政府采购活动的疑问，提出询问，也需要明确时间，便于现实操作；（3）政府采购中，针对采购活动的违法性提出控告和检举的情形（①需明确界定“违法行为”的判断依据或标准；②明确提出疑问的时间范围，如此有利于项目的有序推进，而不能过于宽泛）；（4）对于超过时限提出疑问的，一律无效，招标人或采购人有权置之不理等明确规范。

5. 受理主体：（1）明确不同的“疑问”方式须向不同的、适格的主体提出；（2）明确向不适格“疑问”受理主体提交的法律后果，比如无效或自担后果，从而利于“疑问”的严肃性、可操作性和有效性；（3）对于向不适格受理主体提交“疑问”时，立法方面需考量是否规范该受理主体有义务告知“疑问”人向适格受理主体提出；（4）对于没有按照法定方式提出“疑问”的，立法需考量规定为“无效”，还是受理主体有义务告知其采取法定方式提出“疑问”等。

6. 最后，值得研究的是，虽然“疑问人”所提出的“疑问”不符合法定形式要求，但所“疑问”的内容又属实，如何处理？是主动纠错、补正还是执意罔顾呢？无不存在疑问。

总之，针对疑问制度，虽然政府采购法体系有专门的《政府采购质疑和投诉办法》，但仍没有明确规范上文梳理出的问题——这些都需立法机关进一步调研、论证、考量，并进一步明确。

【操作指引】

1. 虽然法律法规存在立法上的纰漏，但在法律法规未进一步明确时，仍需根据现有法律法规进行疑问或答复。

2. 在异议或质疑时，投标人或供应商尽可能按法律法规要求的格式，简明事实，引用准确法律法规，力求有根有据，而不侥幸或盲目。

3. 在疑问前，同样得根据请求权基础梳理事实和拣选法律依据，做到有的放矢。

【风险防控】

1. 针对异议人或质疑人超过时间递交异议或质疑的，如何处理，不同人理解有异。笔者主张，过期不候，由异议人或质疑人承担相应后果，否则，便有纵容异议人或质疑人之嫌，对招标人或采购人不公——只是监督主管部门需严格以法治思维处理，而不能过度干预或滥用行政权力。

2. 另针对异议人或质疑人反复纠缠，多次异议或质疑的，得严格根据法律法规阻却，避免放任其反复无常或喜怒无常，不厌其烦死缠烂打。

【法律适用】

《招标投标法》第 65 条

《招标投标法实施条例》第 60 条

《政府采购法》第六章和第 70 条

《政府采购法实施条例》第 52~53 条、第 55 条、第 57 条

《政府采购质疑和投诉办法》第 10~12 条、第 18 条

第七章 惯见与争鸣：招标投标和政府采购中的罅漏

不少行业人士或许与笔者有同样的感受，无论招标投标法体系还是政府采购法体系，一开始接触时，总觉得不过就《招标投标法》《招标投标法实施条例》《政府采购法》《政府采购法实施条例》等几部法律法规而已，没有什么值得去研究、琢磨的。一旦接触时间长了，才知学问之深、内容之丰富，岂能以《招标投标法》《招标投标法实施条例》《政府采购法》《政府采购法实施条例》等囊括？

经过近年涉入后，笔者如梦初醒，感觉招标投标行业并非想象得那么简单明了，由此前一味机械被动适应，适用其法律法规，到如今可以揪出法律法规规制上的不足、不明、相互龃龉或歧义等问题。虽然有些认知存在吹毛求疵的嫌疑，但以下几篇文章的确或多或少客观反映了现行法律法规规制上的问题。笔者试图通过个人的一得之见，引起更多人士在法律法规适用过程中进一步推敲、琢磨相关法律法规规制，以期通过个案、行业认知等行动进一步推动法律法规立法上的完善，从而利于规范行业的健康运行，营造更完善的营商环境。

第一节 辨析评审专家[①] 的法律地位

在招标投标活动或政府采购活动中，评审专家究竟处于何种法律地位，赋予该法律地位的依据是什么，基于该法律地位其究竟具有何种权利？面对这些问题，业界观点迭出，莫衷一是。

① 为了行文的方便和统一，笔者将评标专家和评审专家一律称为“评审专家”。

一、“评审专家”的特征

（一）定义

检索招标投标、政府采购的法规体系，并没有明确定义评审专家。

综合现有的法律规范体系，笔者认为，评审专家是基于招标人或采购人项目的需要，以政府相关部门所建立的专家库进行随机抽取或法律规定的特定情形下，由招标人或采购人自行选任的，须根据法律法规和招标文件或采购文件的规定进行独立评审投标文件或供应商提交的响应文件并为此独立承担法律后果的人员。

（二）特点

评审专家具有以下几个特点：

1. 法定性

具体体现在：（1）产生的法定性。各招标人或招标人代理机构，采购人或采购人代理机构对评审专家的产生只能根据法规规定产生，不能根据个人意志自主决定。（2）备选人员的法定性。评审专家成员原则上只能从政府相关部门所建立的专家库中抽取，只有符合法规规定的特定情形，才允许招标人或采购人自行选任（但该选任也需要遵循相应的法定程序要求）。（3）人员组成的法定性。评审委员会的评审专家组成需要满足专业性、技术性及法定数量的严格规定，兼顾专业领域和人数比例等因素。（4）职责的法定性。法规明确规定了评审专家的责任权利，具体项目所产生的评审专家只需根据法规规定履行职责，不受他人干涉。

2. 随机性

就具体评审项目，评审专家产生与否，取决于招标人或招标人代理机构，采购人或采购人代理机构的随机抽取。此目的有二：一是体现评审专家的独立地位；二是减少人为干扰，阻断“剪不断、理还乱”的利益链。

3. 独立性

评审专家一经抽取，便相对独立，只对法律法规和招标文件或采购文件负责，不对招标人或招标人代理机构，采购人或采购人代理机构负责，也不依附招标人或招标人代理机构，采购人或采购人代理机构。具体体现在：

（1）地位的独立性。评审专家的法律地位取决于法律法规的具体规定，不受制于任何一方。（2）评审和评审过程的独立。评审专家在具体评审过程中，自主独立，不受制于任何第三方。（3）责任的独立。若因评审专家在评审过程中有违法律法规规定或不严格根据招标文件或采购文件评审的，将独立承担责任，如应回避而不回避的，私下接触投标人或供应商的等行为。

二、有关评审专家法律地位的主要观点

目前，较有代表的观点分别是代理关系说、雇佣关系说、行政隶属关系说和委托关系说。以上观点，各有其是，亦各有其非。在此，笔者简要介绍并略作评价。

（一）代理关系说

根据《民法典》第一编第七章代理的规定，代理分为“委托代理”与“法定代理”。无论哪种类型，代理的本质都是“代理人在代理权限内，以被代理人名义实施的民事法律行为，对被代理人发生效力”。[①] 这里涵盖三层意思：（1）代理人以被代理人名义开展民事活动；（2）代理人在代理权限内实施民事法律行为；（3）法律后果由被代理人承担。

考察评标专家参与评标事宜，根据《评标专家和评标专家库管理暂行办法》第 13 条[②] 规定，评标专家系接受招标人或其委托的招标代理机构聘请，担任评标委员会成员。而《政府采购评审专家管理办法》第 12 条[③] 规定，评审专家的产生由采购人或者采购代理机构从省级以上人民政府财政部门设立的评审专家库中随机抽取产生。两部法规规定虽然略有差异，但均由招标人（或招标代理机构）或采购人（或采购代理机构）决定产生，前者用

---

① 参见《民法典》第 162 条，该条规定：代理人在代理权限内，以被代理人名义实施的民事法律行为，对被代理人发生效力。

②《评标专家和评标专家库管理暂行办法》第 13 条规定：评标专家享有下列权利：（1）接受招标人或其委托的招标代理机构聘请，担任评标委员会成员；（2）依法对投标文件进行独立评审，提出评审意见，不受任何单位或者个人的干预；（3）接受参加评标活动的劳务报酬；（4）国家规定的其他权利。

③《政府采购评审专家管理办法》第 12 条规定：采购人或者采购代理机构应当从省级以上人民政府财政部门设立的评审专家库中随机抽取评审专家。评审专家库中相关专家数量不能保证随机抽取需要的，采购人或者采购代理机构可以推荐符合条件的人员，经审核选聘入库后再随机抽取使用。

语为“聘请”，后者用语为“随机抽取”（笔者按：该区别系《招标投标法》和《政府采购法》的立法差异决定的）。

虽是如此，但根据《评标专家和评标专家库管理暂行办法》第 13 条第（2）项和《政府采购评审专家管理办法》第 2 条[①]的规定，评标专家、评审专家并不以招标人或采购人的名义参与评审，而是以独立身份参与评标或评审。同时，根据《评标专家和评标专家库管理暂行办法》第 14~17 条和《政府采购评审专家管理办法》第 16 条、第 18~19 条等规定，评标专家或评审专家必须独立评标或评审，且招标人（或招标代理机构）、采购人（或采购代理机构）不按要求组建，确定、更换评审专家不符合规定的，将面临受罚，评审专家当回避而不回避也面临受罚，并为评审过程和结果独立承担责任。

因此，这些规定都表明评审专家与招标人或采购人之间不存在代理法律关系。

（二）雇佣关系说[②]

雇佣关系指受雇人向雇佣人提供劳务，雇用人支付相应报酬形成权利义务关系。雇佣关系是在雇主和受雇人达成契约的基础上成立的，雇佣关系双方处于平等的法律地位，但是被雇佣者是在雇佣者的指示、监督下完成一定的劳务。雇佣合同可以是口头也可以是书面的。广义的雇佣关系包括劳动关系。雇佣合同在我国法律中没有明确规定。

根据《评标专家和评标专家库管理暂行办法》《政府采购评审专家管理办法》的规定，评审专家参与评审，并不是基于招标人（或招标代理机构）、采购人（或采购代理机构）的雇佣，而是基于《招标投标法》《政府采购法》等法律明确规定。虽然评审专家参与评审有权获得劳务报酬，但并不是基于雇佣关系而获得，而是基于相关规定与行业惯例而获得。

因为在招标人（或招标代理机构）、采购人（或采购代理机构）与被抽取或聘请的评审专家之间并没有就相关劳务报酬进行过协商，也没有就评审

---

①《政府采购评审专家管理办法》第 2 条规定：本办法所称评审专家，是指经省级以上人民政府财政部门选聘，以独立身份参加政府采购评审，纳入评审专家库管理的人员。评审专家选聘、解聘、抽取、使用、监督管理适用本办法。

② 参见李青：《学 87 号令有感》，载《中国政府采购》2008 年第 3 期，第 20 页。

事务进行挑肥拣瘦的磋商，专家是独立行使其职权的，并不受招标人或者是招标代理人的指示、监督。这一切都基于法律法规的规定。

因此，两者之间并不构成雇佣关系。

（三）行政隶属关系说

有人认为，无论根据《评标专家和评标专家库管理暂行办法》，还是《政府采购评审专家管理办法》的规定，评标专家库均由政府相关部门组建，服从政府相关部门监督管理。因此，具有行政隶属性。

持该观点的人士存在主体错位，不是行政机关与评审专家关系，而是厘清评审专家与招标人或采购人的关系。

因此，无论招标人或采购人与评审专家、评审委员会之间都是平等主体，亦不存在上下级管理，同时，也不存在同级的管理与被管理关系，何况评审委员会是独立评审，并不受他人干涉。否则，根据《评标专家和评标专家库管理暂行办法》第 15 条和《政府采购评审专家管理办法》第四章评审专家监督管理的规定，将面临被处罚的法律后果。政府监督管理属于我国社会管理的常态，具有普遍性，因此不能根据监督管理就判定其行政隶属的性质。

（四）委托关系说

有人指出，第一，评标委员会成员接受招标人委托，必须经过评标委员会成员的同意和承诺，不同于代理权可单方产生。第二，按规定，评标委员会并不直接与投标人等第三方发生行为，只是接受了招标人的委托进行评标。第三，评标委员会接受招标人的评标委托后，评标并不以招标人的名义进行，而是以评标委员会的名义进行，这点与代理有所区别。因此，招标人与评标委员会应当属于委托和受托的关系。[①]

上述说辞曲解了代理与委托之间关系，代理与委托原本是种属的逻辑关系，代理关系涵盖了委托关系。其实，该学说与代理关系说毫无二致。只不过，该学说将代理关系说中的委托关系析出而已，而代理关系说涵盖了法定代理与意定代理，其中意定代理实质就是委托关系。

---

① 李炼军：《论我国招标投标法律义务性规范的特点、不足与修正》。

三、理析评审专家、评审委员会产生的法律依据

（一）招标投标领域

《招标投标法》第37条[①]规定了三层意思：（1）评标委员会由招标人依法组建；（2）对于依法必须进行招标的项目，需对评标委员会的成员有特定要求，即由招标人的代表和有关技术、经济等方面的专家组成，成员人数为5人以上单数，其中技术、经济等方面的专家不得少于成员总数的2/3；（3）评审专家由招标人从国务院有关部门或者省、自治区、直辖市人民政府有关部门提供的专家名册或者招标代理机构的专家库内的相关专业的专家名单中产生。具体方法为：一般招标项目可以采取随机抽取方式，特殊招标项目可以由招标人直接确定。

《招标投标法实施条例》第45~46条规定：（1）国家实行统一的评标专家专业分类标准和管理办法；（2）省级人民政府和国务院有关部门应当组建综合评标专家库；（3）除《招标投标法》第37条第3款规定的特殊招标项目外，依法必须进行招标的项目，其评标委员会的专家成员应当从评标专家库内相关专业的专家名单中以随机抽取方式确定；（4）依法必须进行招标的项目的招标人非因招标投标法和本条例规定的事由，不得更换依法确定的评标委员会成员。更换评标委员会的专家成员应当依照前款规定进行；（5）评标委员会成员与投标人有利害关系的，应当主动回避；（6）有关行政监督部门应当对评标委员会成员的确定方式、评标专家的抽取和评标活动进行监督等。

综上，《招标投标法实施条例》在《招标投标法》的基础上进行了细化，

---

①《招标投标法》第37条规定：评标由招标人依法组建的评标委员会负责。

依法必须进行招标的项目，其评标委员会由招标人的代表和有关技术、经济等方面的专家组成，成员人数为五人以上单数，其中技术、经济等方面的专家不得少于成员总数的2/3。

前款专家应当从事相关领域工作满8年并具有高级职称或者具有同等专业水平，由招标人从国务院有关部门或者省、自治区、直辖市人民政府有关部门提供的专家名册或者招标代理机构的专家库内的相关专业的专家名单中确定；一般招标项目可以采取随机抽取方式，特殊招标项目可以由招标人直接确定。

与投标人有利害关系的人不得进入相关项目的评标委员会；已经进入的应当更换。

评标委员会成员的名单在中标结果确定前应当保密。

明确了专家库建设，评审专家则由招标人从评标专家库中随机抽取产生，对特殊招标项目的评审专家由招标人直接确定作为例外（笔者按：此处的直接确定仍应在专家库成员中选择确定，并不能凭招标人随心所欲确定）。

在此，需注意四个方面：（1）评审专家以随机抽取为原则，直接确定为例外；（2）非基于《招标投标法》《招标投标法实施条例》规定事由，招标人或招标代理机构不能更换依法确定的评标委员会成员。如果涉及需更换评标委员会的专家成员，应依照《招标投标法实施条例》第 46 条第 1 款规定进行；（3）评标委员会成员主动回避制度；[①]（4）有关行政监督部门履行对评标委员会成员的确定方式、评标专家的抽取和评标活动的监督职责。

现行《评标专家和评标专家库管理暂行办法》并没有与《招标投标法》《招标投标法实施条例》同步修改，因此，部分内容与《招标投标法》《招标投标法实施条例》新修订的内容或精神有出入。比如，关于招标代理机构自主自建专家库问题。2017 年 12 月 28 日，全国人民代表大会常务委员会修改《招标投标法》《招标投标法实施条例》时，便删除了招标代理机构自主自建专家库的规定，同时，明确规定省级人民政府和国务院有关部门应当组建综合评标专家库。《评标专家和评标专家库管理暂行办法》第 13 条规定：评审专家有权接受招标人或其委托的招标代理机构聘请，担任评标委员会成员。此处体现了评审专家有接受招标人或其委托的招标代理机构聘请为评标委员会成员的权利，这和评审专家根据法律规定的回避制度精神相一致，同时，由于是“权利”，也意味着评审专家有权拒绝，而不是必须，客观体现了评审专家的独立地位。

（二）政府采购领域

根据《政府采购法实施条例》第 39 条[②]规定，评审专家由采购人或者采购代理机构从政府采购评审专家库中随机抽取产生。《政府采购货物和服务

① 参见李承蔚：《探讨政府采购法中的回避制度是与非》。

②《政府采购法实施条例》第 39 条规定：除国务院财政部门规定的情形外，采购人或者采购代理机构应当从政府采购评审专家库中随机抽取评审专家。

招标投标管理办法》第 48 条[①]规定了两层意思：（1）评审专家由采购人或者采购代理机构从省级以上财政部门设立的政府采购评审专家库中，通过随机方式抽取产生；（2）对技术复杂、专业性强的采购项目，通过随机方式难以确定合适评审专家的，经主管预算单位同意，采购人可以自行选定相应专业领域的评审专家。

《政府采购评审专家管理办法》第 3~12 条、第 13 条[②]规定：（1）评审专家实行统一标准、管用分离、随机抽取的管理原则；（2）评审专家由采购人或者采购代理机构从省级以上人民政府财政部门设立的评审专家库中随机抽取产生；（3）评审专家库中相关专家数量不能保证随机抽取需要的，采购人或者采购代理机构可以推荐符合条件的人员，经审核选聘入库后再随机抽取使用；（4）技术复杂、专业性强的采购项目，采购人通过随机方式难以确定合适评审专家的，经主管预算单位同意，采购人可以自行选定相应专业领域的评审专家。

综上，评审专家的产生由采购人或者采购代理机构从政府统一组建的专家库中随机抽取而成，同时，《政府采购货物和服务招标投标管理办法》《政府采购评审专家管理办法》进一步明确，针对技术复杂、专业性强的采购项目，采购人通过随机方式难以确定合适评审专家的，经主管预算单位同意，采购人可以自行选定相应专业领域的评审专家。在此基础上，《政府采购评审专家管理办法》又细化为"自行选定评审专家的，应当优先选择本单位以外的评审专家"。另针对评审专家库中相关专家数量不能保证随机抽取需要的，采购人或者采购代理机构有权推荐符合条件的人员，经审核选聘入库后

①《政府采购货物和服务招标投标管理办法》第 48 条规定：采购人或者采购代理机构应当从省级以上财政部门设立的政府采购评审专家库中，通过随机方式抽取评审专家。对技术复杂、专业性强的采购项目，通过随机方式难以确定合适评审专家的，经主管预算单位同意，采购人可以自行选定相应专业领域的评审专家。

②《政府采购评审专家管理办法》第 3 条规定：评审专家实行统一标准、管用分离、随机抽取的管理原则。

《政府采购评审专家管理办法》第 12 条规定：采购人或者采购代理机构应当从省级以上人民政府财政部门设立的评审专家库中随机抽取评审专家。评审专家库中相关专家数量不能保证随机抽取需要的，采购人或者采购代理机构可以推荐符合条件的人员，经审核选聘入库后再随机抽取使用。

《政府采购评审专家管理办法》第 13 条规定：技术复杂、专业性强的采购项目，通过随机方式难以确定合适评审专家的，经主管预算单位同意，采购人可以自行选定相应专业领域的评审专家。自行选定评审专家的，应当优先选择本单位以外的评审专家。

再随机抽取使用等进行了明确规定，减少了现实操作的困境。

综合而言，无论招标投标领域，还是政府采购领域，均明确了评审专家由招标人或采购人，或招标代理机构、政府采购代理机构于政府统一组建的专家库中随机抽取产生为一般原则，直接确定或选定为例外。唯一差异的是，政府采购领域，适用法律法规相对细致、规范、严谨。

四、评审专家的权利、义务及责任

（一）评审专家的权利

《评标专家和评标专家库管理暂行办法》第 13 条规定了评审专家享有四大权利，即接受招标人或其委托的招标代理机构聘请担任评审委员，独立评审，获取劳务报酬，其他权利。

《政府采购评审专家管理办法》第 12 条规定了评审专家被抽取或选定担任评审委员会成员的权利；第 18 条第 1 款[①]规定了独立评审的权利；第 23~25 条规定了获取劳务报酬、差旅费的权利。

根据以上内容可知，评审专家参与评审的所有权利均来自法律法规的赋权，而不是招标人或采购人授予。

（二）评审专家的义务

《招标投标法实施条例》第 49 条[②]规定：（1）依照《招标投标法》和本条例的规定，按照招标文件规定的评标标准和方法，客观、公正地评审；（2）招标文件没有规定的评标标准和方法不得作为评标的依据；（3）不得私下接触投标人；（4）不得收受投标人给予的财物或者其他好处；（5）不得向招标人征询确定中标人的意向，不得接受任何单位或者个人明示或者暗示提

---

①《政府采购评审专家管理办法》第 18 条第 1 款规定：评审专家应当严格遵守评审工作纪律，按照客观、公正、审慎的原则，根据采购文件规定的评审程序、评审方法和评审标准进行独立评审。

②《招标投标法实施条例》第 49 条规定：评标委员会成员应当依照招标投标法和本条例的规定，按照招标文件规定的评标标准和方法，客观、公正地对投标文件提出评审意见。招标文件没有规定的评标标准和方法不得作为评标的依据。

评标委员会成员不得私下接触投标人，不得收受投标人给予的财物或者其他好处，不得向招标人征询确定中标人的意向，不得接受任何单位或者个人明示或者暗示提出的倾向或者排斥特定投标人的要求，不得有其他不客观、不公正履行职务的行为。

出的倾向或者排斥特定投标人的要求；（6）不得有其他不客观、不公正履行职务的行为。

《评标专家和评标专家库管理暂行办法》第14条[①]规定评标专家负有：（1）回避义务；（2）遵纪守法，洁身自好，履行保密；（3）客观公正；（4）协助、配合行政监督、检查；（5）其他义务。

《政府采购评审专家管理办法》第16条规定了回避义务，第18条[②]规定了遵纪守法，客观、公正、审慎，停止评审并书面说明义务情形，配合询问、质疑和投诉等事项答复，保密义务，监督并向财政部门报告供应商的行贿、提供虚假材料或者串通等违法行为，举报义务等。

虽然招标投标领域与政府采购领域的相关立法存在一定的差异，但实质并没有什么区别。

---

①《评标专家和评标专家库管理暂行办法》第14条规定：评标专家负有下列义务：（1）有《招标投标法》第37条、《招标投标法实施条例》第46条和《评标委员会和评标方法暂行规定》第12条规定情形之一的，应当主动提出回避；（2）遵守评标工作纪律，不得私下接触投标人，不得收受投标人或者其他利害关系人的财物或者其他好处，不得透露对投标文件的评审和比较、中标候选人的推荐情况以及与评标有关的其他情况；（3）客观公正地进行评标；（4）协助、配合有关行政监督部门的监督、检查；（5）国家规定的其他义务。

②《政府采购评审专家管理办法》第18条规定：评审专家应当严格遵守评审工作纪律，按照客观、公正、审慎的原则，根据采购文件规定的评审程序、评审方法和评审标准进行独立评审。

评审专家发现采购文件内容违反国家有关强制性规定或者采购文件存在歧义、重大缺陷导致评审工作无法进行时，应当停止评审并向采购人或者采购代理机构书面说明情况。

评审专家应当配合答复供应商的询问、质疑和投诉等事项，不得泄露评审文件、评审情况和在评审过程中获悉的商业秘密。

评审专家发现供应商具有行贿、提供虚假材料或者串通等违法行为的，应当及时向财政部门报告。

评审专家在评审过程中受到非法干预的，应当及时向财政、监察等部门举报。

（三）评审专家的责任

《招标投标法》第56条[①]对评标委员会成员收受投标人的财物或者其他好处的，向他人透露对投标文件的评审和比较、中标候选人的推荐以及与评标有关的其他情况进行了所应受到处罚的后果等规定。《招标投标法实施条例》第71条[②]（只是第72条[③]单独就评标委员会成员收受投标人的财物或者其他好处的情形规定了具体处罚），《评标专家和评标专家库管理暂行办法》第15条[④]采取了列举与概括立法规定，明确了评标专家的行为边界与尺度，

---

①《招标投标法》第56条规定：评标委员会成员收受投标人的财物或者其他好处的，评标委员会成员或者参加评标的有关工作人员向他人透露对投标文件的评审和比较、中标候选人的推荐以及与评标有关的其他情况的，给予警告，没收收受的财物，可以并处3000元以上5万元以下的罚款，对有所列违法行为的评标委员会成员取消担任评标委员会成员的资格，不得再参加任何依法必须进行招标的项目的评标；构成犯罪的，依法追究刑事责任。

②《招标投标法实施条例》第71条规定：评标委员会成员有下列行为之一的，由有关行政监督部门责令改正；情节严重的，禁止其在一定期限内参加依法必须进行招标的项目的评标；情节特别严重的，取消其担任评标委员会成员的资格：（1）应当回避而不回避；（2）擅离职守；（3）不按照招标文件规定的评标标准和方法评标；（4）私下接触投标人；（5）向招标人征询确定中标人的意向或者接受任何单位或者个人明示或者暗示提出的倾向或者排斥特定投标人的要求；（6）对依法应当否决的投标不提出否决意见；（7）暗示或者诱导投标人作出澄清、说明或者接受投标人主动提出的澄清、说明；（8）其他不客观、不公正履行职务的行为。

③《招标投标法实施条例》第72条规定：评标委员会成员收受投标人的财物或者其他好处的，没收收受的财物，处3000元以上5万元以下的罚款，取消担任评标委员会成员的资格，不得再参加依法必须进行招标的项目的评标；构成犯罪的，依法追究刑事责任。

④《评标专家和评标专家库管理暂行办法》第15条规定：评标专家有下列情形之一的，由有关行政监督部门责令改正；情节严重的，禁止其在一定期限内参加依法必须进行招标的项目的评标；情节特别严重的，取消其担任评标委员会成员的资格：（1）应当回避而不回避；（2）擅离职守；（3）不按照招标文件规定的评标标准和方法评标；（4）私下接触投标人；（5）向招标人征询确定中标人的意向或者接受任何单位或者个人明示或者暗示提出的倾向或者排斥特定投标人的要求；（6）对依法应当否决的投标不提出否决意见；（7）暗示或者诱导投标人作出澄清、说明或者接受投标人主动提出的澄清、说明；（8）其他不客观、不公正履行职务的行为。

评标委员会成员收受投标人的财物或者其他好处的，评标委员会成员或者与评标活动有关的工作人员向他人透露对投标文件的评审和比较、中标候选人的推荐以及与评标有关的其他情况的，给予警告，没收收受的财物，可以并处30 000元以上50 000元以下的罚款；对有所列违法行为的评标委员会成员取消担任评标委员会成员的资格，不得再参加任何依法必须进行招标项目的评标；构成犯罪的，依法追究刑事责任。

并明确规定了违反相应规定所导致的法律后果。唯有遗憾的是，除有关行政监督部门履职进行监督外，并没有规定其他主体的监督权利。不过，从现行法律体系角度，知情人员举报他人的违法行为也为当然之意。

《政府采购法实施条例》第75条、①《政府采购评审专家管理办法》第27条、第29条②明确规定了：（1）评审专家未按采购文件规定的评审程序、评审方法和评审标准进行独立评审或泄露评审文件、评审情况的，财政部门将予以警告并处罚款，如果影响中标、成交结果的，不仅面临罚款，还将禁止其参与政府采购评审活动；（2）应回避而未回避的，面临罚款并禁止参加评审活动；（3）评审专家收货贿赂或其他不正当利益的，构成刑事犯罪的，依法追究；不构成刑事犯罪的，进行罚款并禁止参加政府采购活动；（4）对

---

①《政府采购法实施条例》第75条规定：政府采购评审专家未按照采购文件规定的评审程序、评审方法和评审标准进行独立评审或者泄露评审文件、评审情况的，由财政部门给予警告，并处2000元以上2万元以下的罚款；影响中标、成交结果的，处2万元以上5万元以下的罚款，禁止其参加政府采购评审活动。

政府采购评审专家与供应商存在利害关系未回避的，处2万元以上5万元以下的罚款，禁止其参加政府采购评审活动。

政府采购评审专家收受采购人、采购代理机构、供应商贿赂或者获取其他不正当利益，构成犯罪的，依法追究刑事责任；尚不构成犯罪的，处2万元以上5万元以下的罚款，禁止其参加政府采购评审活动。

政府采购评审专家有上述违法行为的，其评审意见无效，不得获取评审费；有违法所得的，没收违法所得；给他人造成损失的，依法承担民事责任。

②《政府采购评审专家管理办法》第27条规定：评审专家未按照采购文件规定的评审程序、评审方法和评审标准进行独立评审或者泄露评审文件、评审情况的，由财政部门给予警告，并处2000元以上2万元以下的罚款；影响中标、成交结果的，处2万元以上5万元以下的罚款，禁止其参加政府采购评审活动。

评审专家与供应商存在利害关系未回避的，处2万元以上5万元以下的罚款，禁止其参加政府采购评审活动。

评审专家收受采购人、采购代理机构、供应商贿赂或者获取其他不正当利益，构成犯罪的，依法追究刑事责任；尚不构成犯罪的，处2万元以上5万元以下的罚款，禁止其参加政府采购评审活动。

评审专家有上述违法行为的，其评审意见无效；有违法所得的，没收违法所得；给他人造成损失的，依法承担民事责任。

《政府采购评审专家管理办法》第29条规定：申请人或评审专家有下列情形的，列入不良行为记录：（1）未按照采购文件规定的评审程序、评审方法和评审标准进行独立评审；（2）泄露评审文件、评审情况；（3）与供应商存在利害关系未回避；（4）收受采购人、采购代理机构、供应商贿赂或者获取其他不正当利益；（5）提供虚假申请材料；（6）拒不履行配合答复供应商询问、质疑、投诉等法定义务；（7）以评审专家身份从事有损政府采购公信力的活动。

于评审专家的违法乱纪行为，列入不良记录。

相较而言，《政府采购评审专家管理办法》的规定较为细致。但两规定的立法精神和内容基本一致。从责任层面表明，采购人或采购代理机构与评审专家之间并不存在委托法律关系，因为归责后果由评审专家独立承担。

五、评审专家独立评审规定

前述《政府采购法》《评标专家和评标专家库管理暂行办法》《政府采购评审专家管理办法》均对独立评审作出了不同程度的规定，此处重点剖析《政府采购货物和服务招标投标管理办法》中的相关问题。

根据《政府采购货物和服务招标投标管理办法》第 31 条[①]规定，当针对相同品牌产品且通过资格审查、符合性审查的不同投标人参加同一合同项下投标的，当采购项目使用综合评分法时评审得分相同的，由采购人或者采购人委托评标委员会按照招标文件规定的方式确定一个投标人获得中标人推荐资格。该规定显现出评审专家独立地位和针对特定情形作出独立判断的公信力问题。而该公信力的最终确信源自独立评审地位。该独立地位来自法律赋予，也斩断了与采购人或采购代理机构的利益链接。

根据《政府采购货物和服务招标投标管理办法》第 36 条[②]规定，评标委

---

①《政府采购货物和服务招标投标管理办法》第 31 条规定：采用最低评标价法的采购项目，提供相同品牌产品的不同投标人参加同一合同项下投标的，以其中通过资格审查、符合性审查且报价最低的参加评标；报价相同的，由采购人或者采购人委托评标委员会按照招标文件规定的方式确定一个参加评标的投标人，招标文件未规定的采取随机抽取方式确定，其他投标无效。

使用综合评分法的采购项目，提供相同品牌产品且通过资格审查、符合性审查的不同投标人参加同一合同项下投标的，按一家投标人计算，评审后得分最高的同品牌投标人获得中标人推荐资格；评审得分相同的，由采购人或者采购人委托评标委员会按照招标文件规定的方式确定一个投标人获得中标人推荐资格，招标文件未规定的采取随机抽取方式确定，其他同品牌投标人不作为中标候选人。

非单一产品采购项目，采购人应当根据采购项目技术构成、产品价格比重等合理确定核心产品，并在招标文件中载明。多家投标人提供的核心产品品牌相同的，按前两款规定处理。

②《政府采购货物和服务招标投标管理办法》第 36 条规定：投标人应当遵循公平竞争的原则，不得恶意串通，不得妨碍其他投标人的竞争行为，不得损害采购人或者其他投标人的合法权益。

在评标过程中发现投标人有上述情形的，评标委员会应当认定其投标无效，并书面报告本级财政部门。

员会在评标过程中发现投标人，违反公平竞争的原则，恶意串通，妨碍其他投标人的竞争行为，损害采购人或者其他投标人的合法权益的，有权依据独立评审地位，径直认定该投标无效，并负有向财政部门书面报告的义务。同时，第46条[①]第（5）项再次规定，评标委员会负责具体评标事务，并向采购人、采购代理机构或者有关部门报告评标中发现的违法行为。第49条[②]规定：（1）需补足评标委员的情形。评标中因评标委员会成员缺席、回避或者健康等特殊原因导致评标委员会组成不符合本办法规定的。（2）被更换的评标委员会成员所作出的评标意见无效。（3）无法及时补足评标委员会成员的，采购人或者采购代理机构应当停止评标活动，封存所有投标文件和开标、评标资料，依法重新组建评标委员会评标，原评标委员会所作出的评标意见无效。该条充分尊重了评标委员会的独立性。

虽然《政府采购货物和服务招标投标管理办法》第52条[③]规定评标委员会应当按照招标文件中规定的评标方法和标准进行评审，但第65条[④]进一步明确，评标委员会对招标文件存在歧义、重大缺陷导致评标工作无法进行，或者招标文件内容违反国家有关强制性规定的，应当停止评标工作。此源于法规的明确规定，不受采购人或采购代理人的影响。如果是代理关系或

---

①《政府采购货物和服务招标投标管理办法》第46条规定：评标委员会负责具体评标事务，并独立履行下列职责：（1）审查、评价投标文件是否符合招标文件的商务、技术等实质性要求；（2）要求投标人对投标文件有关事项作出澄清或者说明；（3）对投标文件进行比较和评价；（4）确定中标候选人名单，以及根据采购人委托直接确定中标人；（5）向采购人、采购代理机构或者有关部门报告评标中发现的违法行为。

②《政府采购货物和服务招标投标管理办法》第49条规定：评标中因评标委员会成员缺席、回避或者健康等特殊原因导致评标委员会组成不符合本办法规定的，采购人或者采购代理机构应当依法补足后继续评标。被更换的评标委员会成员所作出的评标意见无效。

无法及时补足评标委员会成员的，采购人或者采购代理机构应当停止评标活动，封存所有投标文件和开标、评标资料，依法重新组建评标委员会进行评标。原评标委员会所作出的评标意见无效。

采购人或者采购代理机构应当将变更、重新组建评标委员会的情况予以记录，并随采购文件一并存档。

③《政府采购货物和服务招标投标管理办法》第52条规定：评标委员会应当按照招标文件中规定的评标方法和标准，对符合性审查合格的投标文件进行商务和技术评估，综合比较与评价。

④《政府采购货物和服务招标投标管理办法》第65条规定：评标委员会发现招标文件存在歧义、重大缺陷导致评标工作无法进行，或者招标文件内容违反国家有关强制性规定的，应当停止评标工作，与采购人或者采购代理机构沟通并作书面记录。采购人或者采购代理机构确认后，应当修改招标文件，重新组织采购活动。

委托关系的话，评审专家定当听信于采购人或采购代理机构的授权或指示，岂能对抗。

之所以规定评审专家的独立评审地位：（1）体现法律法规一以贯之践行“公平、公正、公开”和“诚实守信”原则；（2）体现尊重评审专家的专业能力和独立判断；（3）提升招标投标和政府采购的公信力必然；（4）杜绝违背市场经济规律和扰乱市场自由化竞争规律及各种违反乱纪的行为。

六、专家评审的法律后果

《招标投标法实施条例》第 81 条①仅笼统规定了依法必须进行招标的项目的招标投标活动违反招标投标法和其条例规定，对中标结果造成实质性影响，且不能采取补救措施予以纠正的，招标、投标、中标无效，应当依法重新招标或者评标。

根据《政府采购货物和服务招标投标管理办法》第 67 条②规定，一旦评标委员会或者其成员存在导致评标结果无效情形的，采购人、采购代理机构可以重新组建评标委员会进行评标，并书面报告本级财政部门，但采购合同已经履行的除外。

七、结论

其实，法律法规规定非常明确，评审专家或评标委员会与招标人或采购人，招标代理机构或政府采购代理机构之间为独立的法律关系，并不能归结于现有的雇佣关系、代理关系、委托关系，或行政隶属关系。

（一）不构成雇佣法律关系

虽然评审专家的劳务报酬由招标人或采购人、招标代理机构或政府采购

---

①《招标投标法实施条例》第 81 条规定：依法必须进行招标的项目的招标投标活动违反招标投标法和本条例的规定，对中标结果造成实质性影响，且不能采取补救措施予以纠正的，招标、投标、中标无效，应当依法重新招标或者评标。

②《政府采购货物和服务招标投标管理办法》第 67 条规定：评标委员会或者其成员存在下列情形导致评标结果无效的，采购人、采购代理机构可以重新组建评标委员会进行评标，并书面报告本级财政部门，但采购合同已经履行的除外：（1）评标委员会组成不符合本办法规定的；（2）有本办法第 62 条第（1）~（5）项情形的；（3）评标委员会及其成员独立评标受到非法干预的；（4）有政府采购法实施条例第 75 条规定的违法行为的。

有违法违规行为的原评标委员会成员不得参加重新组建的评标委员会。

代理机构支付，但不能以此认定双方之间存在雇佣法律关系。最为核心的是，双方根本没有就劳务报酬进行过任何协商，而是根据相关法律法规标准进行支付，同时，评审专家确实不受招标人或采购人、招标代理机构或政府采购代理机构的支配或规章制度的约束与管理，只受相应法律法规政策等约束。故并不构成雇佣法律关系。

（二）不构成代理关系

前文已述，代理的实质是代理人在代理权限内，以被代理人名义实施的民事法律行为，对被代理人发生效力。而评审专家参与评审时，（1）其产生系从专家库抽取，除特定情形下有权自由选定外，并不能自由选定。这显然不符合代理关系实质。（2）以个人名义参与评审，而不是被代理人名义。（3）在法律法规规定的权限范围内履行评审，而不是招标人或采购人、招标代理机构或政府采购代理机构的名义。（4）所生的法律后果，由评审专家独立承担，不由招标人或采购人、招标代理机构或政府采购代理机构承担。因此，评审专家与招标人或采购人、招标代理机构或政府采购代理机构之间并不构成代理关系。

（三）不构成委托关系

委托关系不过是代理关系的一种类型，两者属于种属关系。理由如上。只是有人提出属于不是委托关系，而是法定代理关系。综观招标投标或政府采购领域的法律法规均难以得出法定代理关系的根据，何况评审专家与招标人或采购人、招标代理机构或政府采购代理机构之间无论如何也找不出符合法定代理的事实关联和法律法规依据。

（四）不构成行政隶属关系

无论招标投标活动还是政府采购活动，都属于民事范畴，因此，招标人或采购人、招标代理机构或政府采购代理机构在此过程中，并不显现公权力实施。作为评审专家不过是依据法律法规的规定，履行评审的义务，哪来的行政隶属关系？何况评审专家的身份是独立的，评审过程、评审结果等均为独立。

综上，无论认定为上述何种关系，均会影响评标委员会的公正独立。比如，劳务关系。评审专家还有独立评审的可能吗？如果劳务关系成立，何须评审专家承担独立的法律责任？如果是代理关系，评审专家究竟与谁之间系代理关系？向谁负责？自然影响独立性和公正性。

一些学者或实务界人士刻意将评审专家与招标人或采购人、招标代理机构或政府采购代理机构进行法律关系解构或重构，以为以此有助于更理性地认知两者之间的法律关系，便于现实中更好地衡量、评价各自关系。其实，这样的做法犹如古希腊神话中普罗克拉斯提斯之床[①]一样荒诞。正如霍姆斯大法官所说，法律的生命在于经验，不在于逻辑。咱们为什么一定要生搬硬套将这种关系装在某个确定的法律逻辑囊中呢？其实，评审专家或评审委员会与招标人或采购人、招标代理机构或政府采购代理机构就是独立关系，双方之间所建立的关系均由法律法规规定而成，并不是双方合意而生，何必一定要在民法或行政法的规定中寻找定性的标尺呢。

评审专家或评审委员会的角色好比仲裁委员会机构，独立判断并行使个人权利，唯有法律法规至上，他人无权干涉。一旦明确了评审专家或评审委员会与招标人或采购人、招标代理机构或政府采购代理机构之间属于独立的法律关系，那么在个案的法律适用或评价体系中，便不会勉强或机械归为现行立法体系中的某种法律关系，而须究其实质，遵循现有立法规范进行评价或约束。

【法律适用】

《民法典》第 162 条

《招标投标法》第 37 条、第 56 条

《招标投标法实施条例》第 45~46 条、第 71~72 条、第 81 条

《政府采购法实施条例》第 39 条、第 75 条

《政府采购货物和服务招标投标管理办法》第 31 条、第 36 条、第 48

---

① 希腊神话中，雅典和厄琉西斯之间有一个叫作阿提卡克雷达勒斯的地方，普罗克拉斯提斯是一片小庄园的主人。他招待客人的方式非常独特：他把旅人拐骗到自己的庄园里来，给他们吃一顿丰盛的大餐，然后邀请他们在一张非常特别的床上过夜，让客人一丝不差地符合这张床。如果客人个子太高，他就用锋利的斧子把他们的腿砍断一截；如果客人个子太矮，他就把他们的身体拉长。而“普罗克拉斯提斯”就是“拉伸者”的意思。后来人们就把这种不顾客观规律、强制推行人为法则的僵化做法叫作“普罗克拉斯提斯铁床（Procrustean’s bed）”。

条、第 67 条

《评标专家和评标专家库管理暂行办法》第 13~17 条

《政府采购评审专家管理办法》第 2 条、第 12 条、第 16 条、第 18~19 条、第 27 条、第 29 条

第二节　联合体[①]的立法解读和现实困境

[案例]

某 EPC 总承包项目允许联合体参与投标。

[问题]

甲单位具备设计施工资质和乙单位满足拟派项目负责人资格是否能组成联合体？

无论是招标投标法体系，还是政府采购法体系，联合体投标已为常态，尤其一些规模较大、结构复杂的工程类项目，更需要联合体投标，以保障项目的有序推进。

当前，因法律法规规定得不尽完善或明确，导致在招标投标或政府采购的实务中，对联合体的法律法规规定在适用时容易出现分歧，在现实操作中陷入诸多困境。

① 本文将招标投标与政府采购一并考察。

一、法律法规的简要梳理

（一）招标投标法体系

1.《招标投标法》

根据《招标投标法》第31条[①]规定，联合体投标所需的具体要求，在实务中体现在以下五个方面：

（1）主体条件。唯法人或其他组织可以组成联合体，自然人除外。

（2）资格条件和资质等级判定。①联合体各方均应当具备承担招标项目的相应能力；②法规或者招标文件对投标人资格条件有规定的，联合体各方均应当具备相应资格条件；③由同一专业的单位组成的联合体，按照资质等级较低的单位确定资质等级。

（3）具体措施。①签订共同投标协议；②并将共同投标协议连同投标文件一并提交招标人；③中标的，联合体各方应当共同与招标人签订合同，就中标项目向招标人承担连带责任。

（4）责任承担。联合体各方对招标人承担连带责任。

（5）自愿原则。联合体的组建由投标人按招标文件要求自愿组合，招标人不得强制投标人组成联合体共同投标。

2.《招标投标法实施条例》

根据《招标投标法实施条例》第37条[②]的规定，联合体投标应遵循以下

---

①《招标投标法》第31条规定：两个以上法人或者其他组织可以组成一个联合体，以一个投标人的身份共同投标。

联合体各方均应当具备承担招标项目的相应能力；国家有关规定或者招标文件对投标人资格条件有规定的，联合体各方均应当具备规定的相应资格条件。由同一专业的单位组成的联合体，按照资质等级较低的单位确定资质等级。

联合体各方应当签订共同投标协议，明确约定各方拟承担的工作和责任，并将共同投标协议连同投标文件一并提交招标人。联合体中标的，联合体各方应当共同与招标人签订合同，就中标项目向招标人承担连带责任。

招标人不得强制投标人组成联合体共同投标，不得限制投标人之间的竞争。

②《招标投标法实施条例》第37条规定：招标人应当在资格预审公告、招标公告或者投标邀请书中载明是否接受联合体投标。

招标人接受联合体投标并进行资格预审的，联合体应当在提交资格预审申请文件前组成。资格预审后联合体增减、更换成员的，其投标无效。

联合体各方在同一招标项目中以自己名义单独投标或者参加其他联合体投标的，相关投标均无效。

三个原则：

（1）组成原则。对于资格预审的，联合体应当在提交资格预审申请文件前组成。

（2）恒定原则。原则联合体一经组建，不允许成员增减更换，否则，其投标无效。

（3）忠实原则。联合体成员一经组建联合体，便不允许单独行动或再次与第三人联合，否则，相关投标均无效。

根据《招标投标法实施条例》第 51 条[①]规定，投标联合体没有提交共同投标协议，评标委员会应当否决其投标。

其余的招标投标法规，如《工程建设项目施工招标投标办法》第 42 条、第 44~45 条，《房屋建筑和市政基础设施工程施工招标投标管理办法》第 49 条和第 34 条，《工程建设项目货物招标投标办法》第 38 条[②]、第 39 条[③]等均为上述规定的重申或细化。

①《招标投标法实施条例》第 51 条规定：有下列情形之一的，评标委员会应当否决其投标：（1）投标文件未经投标单位盖章和单位负责人签字；（2）投标联合体没有提交共同投标协议；（3）投标人不符合国家或者招标文件规定的资格条件；（4）同一投标人提交两个以上不同的投标文件或者投标报价，但招标文件要求提交备选投标的除外；（5）投标报价低于成本或者高于招标文件设定的最高投标限价；（6）投标文件没有对招标文件的实质性要求和条件作出响应；（7）投标人有串通投标、弄虚作假、行贿等违法行为。

②《工程建设项目货物招标投标办法》第 38 条规定：两个以上法人或者其他组织可以组成一个联合体，以一个投标人的身份共同投标。

联合体各方签订共同投标协议后，不得再以自己名义单独投标，也不得组成或参加其他联合体在同一项目中投标；否则相关投标均无效。

联合体中标的，应当指定牵头人或代表，授权其代表所有联合体成员与招标人签订合同，负责整个合同实施阶段的协调工作。但是，需要向招标人提交由所有联合体成员法定代表人签署的授权委托书。

③《工程建设项目货物招标投标办法》第 39 条规定：招标人接受联合体投标并进行资格预审的，联合体应当在提交资格预审申请文件前组成，资格预审后联合体增减、更换成员的，其投标无效。招标人不得强制资格预审合格的投标人组成联合体。

（二）政府采购法体系

1.《政府采购法》

根据《政府采购法》第24条[①]规定，联合体投标所需具体要求，在实务中体现在以下四个方面：

（1）主体条件。允许两个以上的自然人、法人或者其他组织组成一个联合体。

（2）资格条件。联合体各方均应当具备《政府采购法》第22条[②]规定的六个方面的基本条件。

（3）具体措施。①联合体各方签署《联合体协议》，明确各方承担的工作和义务；②成交后，联合体各方应当共同与采购人签订采购合同。

（4）责任承担。联合体各方对采购人承担连带责任。

2.《政府采购法实施条例》

根据《政府采购法实施条例》第22条[③]规定，联合体投标务必遵循以下两个原则：

（1）资质判定原则。联合体中有同类资质的供应商，按照联合体分工承担相同工作的，只能按照资质等级较低的供应商确定资质等级。

（2）忠实守信原则。联合体各方在同一招标项目中，不得以自己名义单

---

①《政府采购法》第24条规定：两个以上的自然人、法人或者其他组织可以组成一个联合体，以一个供应商的身份共同参加政府采购。

以联合体形式进行政府采购的，参加联合体的供应商均应当具备本法第22条规定的条件，并应当向采购人提交联合协议，载明联合体各方承担的工作和义务。联合体各方应当共同与采购人签订采购合同，就采购合同约定的事项对采购人承担连带责任。

②《政府采购法》第22条规定：供应商参加政府采购活动应当具备下列条件：（1）具有独立承担民事责任的能力；（2）具有良好的商业信誉和健全的财务会计制度；（3）具有履行合同所必需的设备和专业技术能力；（4）有依法缴纳税收和社会保障资金的良好记录；（5）参加政府采购活动前3年内，在经营活动中没有重大违法记录；（6）法律、行政法规规定的其他条件。

采购人可以根据采购项目的特殊要求，规定供应商的特定条件，但不得以不合理的条件对供应商实行差别待遇或者歧视待遇。

③《政府采购法实施条例》第22条规定：联合体中有同类资质的供应商按照联合体分工承担相同工作的，应当按照资质等级较低的供应商确定资质等级。

以联合体形式参加政府采购活动的，联合体各方不得再单独参加或者与其他供应商另外组成联合体参加同一合同项下的政府采购活动。

独投标或者参加其他联合体投标，否则，相关投标均无效。

其余的法规均为上述规定的重申或细化，如《政府采购非招标采购方式管理办法》第 14 条[①]规定了保证金的交纳；《政府采购质疑和投诉办法》第 9 条[②]规定，投诉应当由组成联合体的所有供应商共同提出；《政府采购促进中小企业发展暂行办法》第 6 条[③]规定了联合体组成是否构成享受中小企业优惠政策；《财政部关于在政府采购活动中查询及使用信用记录有关问题的通知》第 3 条[④]对联合体信用记录进行查询核实。

二、法规的解读

法规之所以规定联合体投标，笔者认为，目的有二：其一是彻底贯彻“公开、公平、公正”和“诚实守信”原则；其二为中小企业或新设企业营造公平竞争的环境和商业机会。

---

①《政府采购非法招标采购方式管理办法》第 14 条规定：采购人、采购代理机构可以要求供应商在提交响应文件截止时间之前交纳保证金。保证金应当采用支票、汇票、本票、网上银行支付或者金融机构、担保机构出具的保函等非现金形式交纳。保证金数额应当不超过采购项目预算的 2%。

供应商为联合体的，可以由联合体中的一方或者多方共同交纳保证金，其交纳的保证金对联合体各方均具有约束力。

②《政府采购质疑和投诉办法》第 9 条规定：以联合体形式参加政府采购活动的，其投诉应当由组成联合体的所有供应商共同提出。

③《政府采购促进中小企业发展暂行办法》第 6 条规定：鼓励大中型企业和其他自然人、法人或者其他组织与小型、微型企业组成联合体共同参加非专门面向中小企业的政府采购活动。联合协议中约定，小型、微型企业的协议合同金额占到联合体协议合同总金额 30% 以上的，可给予联合体 2%–3% 的价格扣除。

联合体各方均为小型、微型企业的，联合体视同为小型、微型企业享受本办法第 4 条、第 5 条规定的扶持政策。

组成联合体的大中型企业和其他自然人、法人或者其他组织，与小型、微型企业之间不得存在投资关系。

④《财政部关于在政府采购活动中查询及使用信用记录有关问题的通知》第 3 条规定：（三）信用记录的使用。1. 采购人或者采购代理机构应当在采购文件中明确信用信息查询的查询渠道及截止时点、信用信息查询记录和证据留存的具体方式、信用信息的使用规则等内容。采购人或者采购代理机构应当对供应商信用记录进行甄别，对列入失信被执行人、重大税收违法案件当事人名单、政府采购严重违法失信行为记录名单及其他不符合《政府采购法》第 22 条规定条件的供应商，应当拒绝其参与政府采购活动。

两个以上的自然人、法人或者其他组织组成一个联合体，以一个供应商的身份共同参加政府采购活动的，应当对所有联合体成员进行信用记录查询，联合体成员存在不良信用记录的，视同联合体存在不良信用记录。

（一）招标投标法体系与政府采购法体系的异同

1. 相同点

（1）适用主体。两部法体系均规定了两个以上独立的法人或其他组织可组建联合体。

（2）资质要求。两部法体系均规定联合体各方均应具备相应的资质条件或满足资格要求。

（3）措施方面。两部法体系均要求提交联合体协议，便于确认联合体的身份。

（4）恒定原则。两部法体系均明确联合体一旦组建且提交资格预审或投标文件（响应文件）后，不得有成员增减等变化。

（5）忠实原则。两部法体系均要求联合体成员不得再以个人或联合体中的部分成员，或联合体成员以外的再次组建联合体。

（6）连带责任原则。两部法体系均规定了联合体各成员应对招标人或采购人承担连带责任。

2. 不同点

（1）适用主体范围。招标投标法体系没有规定自然人之间的联合，而政府采购法体系规定了自然人间可以组建联合体。遗憾的是没有明确自然人是否可以与独立法人或其他组织组建联合体。不过，通过《政府采购促进中小企业发展暂行办法》第 6 条的规定，仿佛留有适用空间。笔者建议相关部门细化规则以便提高现实可操作性。

（2）资格要求。招标投标法体系规定较为笼统和模糊，而政府采购法体系较为细致而详尽，如《政府采购法》第 22 条以整条单独规定了所需满足的通用资格条件。

（3）资质等级判定适用。对同一专业资质问题，招标投标法体系的规定过于笼统，如《招标投标法》第 31 条第 2 款，对于“由同一专业的单位组成的联合体”，则“按照资质等级较低的单位确定资质等级”；相较而言，政府采购法体系对此规定得较为具体明确，如《政府采购法实施条例》第 22 条规定，“有同类资质的供应商按照联合体分工承担相同工作的”，则“按照资质等级较低的供应商确定资质等级”。此处，不是简单地按资质等级较低的单位确定资质等级，而是尊重了联合体的专业分工，除非专业分工上承担了相同工作，才能按资质等级较低的确定。这样的规定自然更符合立法目的和尊重了联合的实际。

（4）规定得细致全面方面。政府采购法体系较招标投标法体系更周全、细致且具体，比如政府采购法体系规定了投诉应以全体联合体共同提出（姑且不论是否合理），征信认定的整体性，中小企业联合的倾斜政策，等等。

（二）如何理解联合体各方“均应当”具备资格要求

两部法体系针对组建联合体的成员资格要求，规定了“均应当”具备承担招标或采购项目的相应能力。此处的“均应当”是联合体各成员都需具备法规和招标文件或采购文件所规定的条件，还是组建的联合体具备法规和招标文件或采购文件所规定的条件呢？是联合体各成员至少满足条件之一还是各成员都应满足所有资格条件？

根据招标投标法体系规定，显然各成员均需满足全部投标资格条件，即便涉及同一专业，也不问分工，一律以较低资质等级确定资质；政府采购法体系相较更为科学，先明确了联合体各成员满足市场主体的一般要求（参见《政府采购法》第22条），仅对行业或项目有特殊要求的，可在采购文件中设定，同时，对同一资质需明确具体分工，若分工不同，并不涉及以较低资质等级确定联合体资质等级。

若根据招标投标法体系规定，要求联合体各成员均应满足资质要求，那么联合的意义何在？难道只是“强强联合”？[①] 如果联合体的立法旨在“强强联合”的话，那么自然就与营造和维护公平市场竞争相悖，也与《政府采购促进中小企业发展暂行办法》的规定相去甚远，显然剥夺了中小微企业，尤其是初创企业参与市场竞争的机会。

试想，作为初创企业，如何能取得较高专业资质，何来业绩？如果机械适用法规，初创企业显然与各招标或采购项目无缘。正基于此，相关法规才规定了“联合体”参与投标或响应，以解决自身资质和业绩不足等问题，这或许也是“联合体”的立法初衷所在。

故立法上“均应当”的规定失之偏颇，或者说不够审慎细致科学，导致现实适用困境，难以起到联合的实质意义和落实联合体立法的“弱弱”或

① 此处“强强联合”是指联合体各成员均满足招标投标或政府采购项目的所需投标人或供应商的条件，而并不是形成互补的实质联合。

“强弱”联合的价值取向。

三、“联合体”的立法初衷与价值

（一）业界观点

业界对“联合体”的规定，存在不同的观点或分歧。

有人认为，“联合体”之所以联合不是叠床架屋，而是在资质和业绩等不足的前提下所采取的联合自救，或抱团取暖以满足招标或采购的资格、资质条件；亦有人认为，“联合体”的联合是解决面上功能的联合，即意在满足投标或响应采购所需满足的条件等功能上，不问其实质如何；还有人认为，“联合体”的联合应为实质联合，不只是形式、功能的满足，更是全面充分的融合，形成一体，相得益彰，互为补充。

实务问题的解决在于“少谈主义，多解决问题”。至于业界如何界定联合体暂且不论。联合体立法的旨意和价值取向才是关键。

（二）联合的现实必然性

政府虽反复强调简政放权，进一步取消资质，为市场参与主体扫清“资质”等门槛障碍，但现实中，针对仍需资质要求的项目，除没有资质外，其余条件均满足的市场主体，如何参与？同时，对于没有业绩的市场参与主体，又如何才能参与投标或响应采购项目？唯一可行的就是需与有资质、有业绩的单位相结合。

现实中，市场主体自然有其自身特点和优势，也有其不足和缺陷，尤其建设工程领域，更需要不同主体之间展开联合，才尽可能满足投标或响应采购条件。

（三）联合的效应

有人说，根据现有法规体系，联合体只可能“越联越弱”。理由有二：一是联合体各方均需满足招标或采购条件；二是联合体成员中有同一专业的，将以较低等级资质认定。这样的立法逻辑必然导致“越联越弱”，并不能有效促成“越联越强”的立法理想。

相较招投标法体系，政府采购法体系中关于联合体资质认定相较还算科学合理。不过，由于规定得笼统、粗略，导致在现实适用理解上存在分歧。加之《政府采购法》第22条第2款原则性规定，容易导致不同主体联合时，究竟是全体成员都要符合采购项目要求的资质还是组建后的联合体满足采购项目的资质要求就可以，仍存争议。

如此，也难怪有人认为实务中联合体只能导向“越联越弱”。若联合体资质认定的法规不明或不详尽，必然导致现实适用中的“公婆理论”。

笔者认为，联合体的立法系回应现实联合的必然要求，也为营造“公开、公平、公正”和“诚实守信”的竞争秩序和市场环境所采取的制度保障。无论从联合体的立法旨意，还是联合的现实目的考量，无不导向“越联越强”的结果，而不应出现“越联越弱”的反向局面。

四、结论

本案中，甲单位具备施工的资质，但缺乏具有从业资质条件的员工，而乙单位拥有具备资格的从业人员但不具备施工资质，对于一家具有资质，一家拥有行业从业资格人员，是否可以联合？

有人认为，一家满足项目负责人资格，一家满足施工资质，属于明显的挂靠行为。一旦涉嫌挂靠，将适用“以合法的形式掩盖非法的目的”而判定此联合无效。笔者认为，这样的认识虽然有其道理，但势必置联合体的立法价值追求于不顾。何况政府采购法体系还规定了自然人间可以联合，此处属不同法人之间的联合，此与联合体立法并不相悖。

有人认为，是否存在挂靠，关键查阅采购文件或招标文件是否明确不接受联合体投标或响应采购，如果明确不接受联合体投标或响应，甚至排除自然人之间联合的话，案例的做法自然不允许。

值得进一步思考的是，在实务中如何识别“联合体的组建意欲规避挂靠”，此时究竟该如何处理？笔者认为，既然招标投标法体系和政府采购法体系均肯认了联合体的方式，也就赋予了潜在参与招标投标或政府采购的主体相互联合的可能。在这样的情势下，自然难以区分孰是挂靠，孰是实质联合。故笔者建议，所谓的挂靠应限定在项目履行过程中进行规制适用，而联合体更关注在招标投标或政府采购缔约阶段的考察，切不可将挂靠泛化。

另，有关自然人与独立法人或其他组织联合的问题。虽然政府采购法体系明确自然人间可以联合，但并不能推导自然人可与独立法人或其他组织之间联合。现实中，有不少自然人具有较强的专业能力，却不具备单位的运营资质。在这样的情形下，作为业主方如何能找到合适的中标人或供应商，就需要在编制采购文件或招标文件时考虑现实的情形，鼓励有能力的自然人与有资质的单位联合，同时，作为联合体的组建各方，也得仔细研读招标文件或采购文件，充分满足招标文件或采购文件所设定的资格资质要求。

“法无禁止即可为”。笔者认为，既然法规是回应现实需要，就不应禁止自然人与独立法人或其他组织联合。此处，无非涉及招标文件或采购文件编制的科学合理设置和联合体如何设计组建等实务操作的技术问题。

第三节　探讨政府采购法体系中回避制度的是与非

政府采购回避制度具体规定在《政府采购法》第 12 条[①]和《政府采购法实施条例》第 9 条。[②]而《政府采购法实施条例》是对《政府采购法》第 12 条规定的进一步细化，仅针对采购人阵营中“采购人员及相关人员”与供应商之间存在利害关系方面所做具体规定。该条款的立法目的在于贯彻落实政府采购活动中“公开、公平、公正”及诚实守信原则精神，维护和保障公平有序的政府采购环境。

---

①《政府采购法》第 12 条规定：在政府采购活动中，采购人员及相关人员与供应商有利害关系的，必须回避。供应商认为采购人员及相关人员与其他供应商有利害关系的，可以申请其回避。

前款所称相关人员，包括招标采购中评标委员会的组成人员，竞争性谈判采购中谈判小组的组成人员，询价采购中询价小组的组成人员等。

②《政府采购法实施条例》第 9 条规定：在政府采购活动中，采购人员及相关人员与供应商有下列利害关系之一的，应当回避：（1）参加采购活动前 3 年内与供应商存在劳动关系；（2）参加采购活动前 3 年内担任供应商的董事、监事；（3）参加采购活动前 3 年内是供应商的控股股东或者实际控制人；（4）与供应商的法定代表人或者负责人有夫妻、直系血亲、三代以内旁系血亲或者近姻亲关系；（5）与供应商有其他可能影响政府采购活动公平、公正进行的关系。

供应商认为采购人员及相关人员与其他供应商有利害关系的，可以向采购人或者采购代理机构书面提出回避申请，并说明理由。采购人或者采购代理机构应当及时询问被申请回避人员，有利害关系的被申请回避人员应当回避。

一、回避制度的立法立场和逻辑原点

《政府采购法》第12条规定：在政府采购活动中，采购人员及相关人员与供应商有利害关系的，必须回避。供应商认为采购人员及相关人员与其他供应商有利害关系的，有权申请回避。同时，进一步明确了“相关人员”的外延，即包括招标采购中评标委员会的组成人员，竞争性谈判采购中谈判小组的组成人员，询价采购中询价小组的组成人员等。而《政府采购法实施条例》第9条细化了应回避的，有关采购人员及相关人员与供应商之间利害关系的五种情形。此有利补充了《政府采购法》第12条有关回避制度原则性规定，对“利害关系”的外延进一步列举与界定，便于实务操作中认识的统一和适用标准的一致。

从法条内容不难看出，该条款系针对在政府采购中，具体负责采购项目的采购人员及相关人员。显然，这里的采购人员及相关人员仅指自然人。

有关回避制度的立法逻辑，在于规范采购人中负责具体采购项目的采购人员及相关人员，若与供应商之间存在利害关系的，须回避的情形。且从自律和他律两方面加以了一体两面的规范。

笔者为了表达的方便，将回避方式区分为主动回避与被动回避。所谓被动回避，亦为申请回避，即供应商认为采购人员及相关人员与其他供应商有利害关系的，可以向采购人或者采购代理机构书面提出回避申请，并说明理由。通过供应商申请回避，就解决了在应当回避而没有回避的情况下，供应商有权以监督的角度提出回避申请，有利于矫正或杜绝影响公平、公正采购的行为，从而让回避制度落到实处。

不过，该条立法的逻辑原点在于规范采购人一方的工作人员及相关人员具体参与采购项目的行为，以此维护公正有序的采购环境，并没有从供应商角度进行相应抑制——笔者称之为“消极回避制度”。[①]

二、解析回避制度的是与非

由于《政府采购法》第12条对回避制度仅进行了原则性规定，不利于现实中个案的掌握和适用，因此，《政府采购法实施条例》第9条则进一步

---

① 康德曾说，思想无内容则空，直观无概念则盲。笔者为了行文的便利，强命之“消极回避制度”，与“积极回避制度”交相辉映。下文的“禁止制度”也为笔者的强行命名。

细化明确了如何界定与供应商间利害关系的适用标准。笔者仅就《政府采购法实施条例》第 9 条的规定进行解构与剖析。

（一）参加采购活动前 3 年内与供应商存在劳动关系

如何认定劳动法律关系，可参见《劳动法》和《劳动合同法》的相关规定。此处的劳动法律关系，不以双方是否签订书面劳动合同为必要，而以双方是否存在“管理与被管理”“工资发放”及“劳动成果归属”等作为实质判断的标准。

除此之外，劳务法律关系是否应纳入该规范？法规没有明确，但笔者认为，凡是可能影响政府采购活动公平公正的，都应该纳入规范调整对象。因此，劳务法律关系不能例外，应视为广义的劳动法律关系，否则，可能会有玩弄逻辑之嫌，不利于此条款的有效规范。

值得注意的是，如果供应商的负责人，或其委托参与投标事务的代理人与采购人曾存在劳动关系或劳务关系，结果又如何？诚然，上文已述，回避制度的立法目的是规范与供应商之间存在利害关系的采购人员及相关人员，并没有就供应商与采购人之间的利害关系作出规制。当然，回避制度做这样的规定并不表明对供应商与采购人之间存在的利害关系不闻不问，必然通过如《政府采购法》第 25 条、第 71~72 条、第 77 条与《政府采购法实施条例》第 18~20 条等禁止制度进行约束与规范。

（二）参加采购活动前 3 年内担任供应商的董事、监事

董事、监事是根据《公司法》规定而设立的管理机构。董事与监事主要基于股东会或股东的委派或任命，从狭义角度讲，董事、监事与供应商不是纯粹的劳动法律关系。

同时，根据该项立法内容和目的，应不限于董事与监事，还应包括曾担任供应商的经理、副经理、财务负责人，上市公司的董事会秘书及公司任命或章程规定的其他管理人员等。同时，对于曾担任社会团体中理事会成员、秘书长等也应当纳入此规范。

除此之外，笔者认为根据《政府采购法》第 21 条[①]规定，供应商不限于

①《政府采购法》第 21 条规定：供应商是指向采购人提供货物、工程或者服务的法人、其他组织或者自然人。

有限公司、股份公司等公司形态，还应包括其他组织。因此，在适用时，需做广义理解。

（三）参加采购活动前3年内是供应商的控股股东或者实际控制人

根据《公司法》第216条[①]规定，控股股东，既指绝对控股股东，又指相对控股股东，即出资额占有限责任公司资本总额50%以上或者其持有的股份占股份有限公司股本总额50%以上的股东；出资额或者持有股份的比例虽然不足50%，但依其出资额或者持有的股份所享有的表决权已足以对股东会、股东大会的决议产生重大影响的股东。

而实际控制人，是指虽不是公司的股东，但通过投资关系、协议或者其他安排，能够实际支配公司行为的人。

同样，控股或实际控制的对象不限于有限公司、股份公司等公司形态，还包括了其他组织等。

（四）与供应商的法定代表人或者负责人有夫妻、直系血亲、三代以内旁系血亲或者近姻亲关系

有关夫妻、直系血亲、三代以内旁系血亲或者近姻亲关系，具体如何界定或评判，可参照《婚姻法》《继承法》及《公务员回避规定（试行）》第5

①《公司法》第216条规定：本法下列用语的含义：（1）高级管理人员，是指公司的经理、副经理、财务负责人，上市公司董事会秘书和公司章程规定的其他人员。（2）控股股东，是指其出资额占有限责任公司资本总额50%以上或者其持有的股份占股份有限公司股本总额50%以上的股东；出资额或者持有股份的比例虽然不足50%，但依其出资额或者持有的股份所享有的表决权已足以对股东会、股东大会的决议产生重大影响的股东。（3）实际控制人，是指虽不是公司的股东，但通过投资关系、协议或者其他安排，能够实际支配公司行为的人。（4）关联关系，是指公司控股股东、实际控制人、董事、监事、高级管理人员与其直接或者间接控制的企业之间的关系，以及可能导致公司利益转移的其他关系。但是，国家控股的企业之间不仅因为同受国家控股而具有关联关系。

条[①]等规定。[②]

需注意的是，此前为夫妻关系，但已解除，或姻亲关系早已解除，是否可以？

（五）与供应商有其他可能影响政府采购活动公平、公正进行的关系

该条款属于“兜底”条款，是为了弥补法律法规无法囊括现实的全部现象所做规定，从而当现实中出现有违采购活动公平、公正的现象时，有法可依。

从立法技术上，第（5）项立法形式已为大多立法的常态，这也介于立法的滞后性与前瞻性两者间的折中，以此对现有现象难以穷尽的无奈和对未来不可知的模糊预判，从而为现实个案中适用法律规定时留有解释适用的空间，解决法律规制空白的遗憾。

这样的立法规定，也体现了立法者的智慧，更能迎合变动不居的社会形态。但采购人员及相关人员是否包括代理机构中项目具体负责人员？更为极端的是，如果供应商中具体负责项目投标的人员与采购人或相关人员的经济实体中存在上文所述的几种情形时，是否也应“消极回避”，甚至通过禁止制度进行约束，不得参与投标等问题便显得有些“心有余而力不足”。

三、检讨回避制度

《政府采购法》第12条和《政府采购法实施条例》第9条，无论从立法

---

①《公务员回避规定（试行）》第5条规定：公务员凡有下列亲属关系的，不得在同一机关担任双方直接隶属于同一领导人员的职务或者有直接上下级领导关系的职务，也不得在其中一方担任领导职务的机关从事组织、人事、纪检、监察、审计和财务工作。（1）夫妻关系；（2）直系血亲关系，包括祖父母、外祖父母、父母、子女、孙子女、外孙子女；（3）三代以内旁系血亲关系，包括伯叔姑舅姨、兄弟姐妹、堂兄弟姐妹、表兄弟姐妹、侄子女、甥子女；（4）近姻亲关系，包括配偶的父母、配偶的兄弟姐妹及其配偶、子女的配偶及子女配偶的父母、三代以内旁系血亲的配偶。

本规定所指直接隶属，是指具有直接上下级领导关系；同一领导人员，包括同一级领导班子成员；直接上下级领导关系，包括上一级正副职与下一级正副职之间的领导关系。

② 参见财政部国库司、财政部政府采购管理办公室、财政部条法司、国务院法制办公室财金司编著：《〈中华人民共和国政府采购法实施条例〉释义》，中国财经经济出版社2015年版，第34页。

技术，还是内容的周全来说，都较为科学详尽，但现实的鲜活多彩却成了震碎立法理想的一击惊雷。如上文所提及的系列问题，导致《政府采购法》第12条和《政府采购法实施条例》第9条难以“接招”，无法有效适用。面对这些现实问题，我们总不能熟视无睹，绕道而行。

可是，我们想从现有的法律法规中找到上文问题的明确答案，几乎是水中捞月。

何况回避制度只是针对采购人一方参与具体采购项目的采购人员及相关人员，并没有以供应商或其他参与主体为视角进行规制。因此，只能寻求回避制度以外的规定进行规范调整。

审视开篇案例，由于自然人A是采购人采购设备部门负责人，同时，又是潜在供应商B的法定代表人（或控股股东）。笔者认为，自然人A虽然不是采购人具体项目的采购人员及相关人员，但根据《政府采购法》第36条规定，由于自然人A身份的特殊，难以撇清其所在的供应商与采购人之间不存在影响公正的利害关系，面临被废标的风险。因此，笔者建议，潜在供应商B不必参加该项目的投标，避免事后遭到他人的质疑与投诉。

【操作指引】

1. 采购人。

（1）一旦采购人员触犯《政府采购法》《政府采购法实施条例》的回避制度，将面临《政府采购法实施条例》第70条处罚。

（2）一旦评审专家触犯《政府采购法》《政府采购法实施条例》的回避制度，将面临《政府采购法实施条例》第75条处罚。

2. 供应商。

若发现采购人的采购人员及相关人员与己方存在利害关系的，如果不提出回避申请，将可能面临适用《政府采购法》第36条的法律后果。

【风险防控】

1. 采购人。

（1）严格适用回避制度，启动主动回避。

（2）一旦供应商提出申请回避，一经查实，立即执行被动回避制度。

（3）在启动采购项目前，反复重申回避制度，让采购人员及相关人员透彻掌握，积极回避。

（4）加强回避制度贯彻落实，严格执行到位，避免事后授人以柄。

2. 供应商。

（1）慎重领会和运用回避制度，适中监督、优化公平公正采购环境。

（2）主动提起申请回避，避嫌需事先划清“是”与“非”界限。

（3）视情况启动消极回避，避免劳民伤财遭投诉。

【法律适用】

《政府采购法》第 12 条、第 36 条

《政府采购法实施条例》第 9 条、第 70 条、第 75 条

第四节　中标候选人晋级中标人的立法理想主义与现实适用功利主义的鸿沟与弥合

［案例］①

甲民族学校一政府采购项目，委托乙招标代理公司代为招标。招标文件发布后，丙集成公司与丁安装公司参与投标并交纳了保证金。经定标，评标委员会推荐了丙集成公司与丁安装公司分别为第一中标候选人和第二中标候选人。公示期间，第二中标候选人对第一中标候选人提出质疑，后向区财政局提起投诉，被驳回，继续向市财政局提起行政复议。经市财政局审查责令区财政局重新作出处理。最终，区财政局作出“因第一中标候选人丙集成公司提供具有虚假内容的投标文件取得中标违反法律规定，本项目中标无效；责令重新开展采购活动”的决定。

本案，丁安装公司认为，既然第一中标候选人丙集成公司被废标，根据我国相应法律法规，自然应从次第中标候选人中选择中标人。类似上述案例的情形，每年各地不在少数，可招标投标现实适用中，并非如案例丁安装公司所一厢情愿认为，当中标人或成交供应商被废等情形时，必然从次第中标候选人或供应商中选定中标人或成交供应商。

① 参见北京市第二中级人民法院（2009）二中民终字第 10581 号民事判决书。

当然，也有人振振有词提出，第一中标人弄虚作假被质疑且证实，如果不顺延给第二中标人而采取重新招标的话，就无须设前三名中标候选人，而且，不顺延次第中标候选人而重新招标的话，谁还愿意吃力不讨好去质疑呢？持有此观点的人士应不在少数。

案例虽然是个案，但反映的诉求却很具典型或代表性。笔者以个案的诉求梳理、解读、检讨立法规制的现状与不足，进而提出一得之愚的建议。

一、检索立法的支点

笔者仅以《招标投标法》《政府采购法》《招标投标法实施条例》《政府采购法实施条例》《政府采购货物和服务招标投标管理办法》等主要法律法规为对象，查阅有关次第中标人晋级中标人的相关规定，进而进行立法分析。

为便于读者一目了然，笔者制作下列表格供浏览。

法律法规名称	法条内容	适用条件	备注
《招标投标法》	第64条规定：依法必须进行招标的项目违反本法规定，中标无效的，应当依照本法规定的中标条件从其余投标人中重新确定中标人或者依照本法重新进行招标	1.适用前提是“依法必须招标项目”；2.违反招标投标法规定，中标无效的情形	
《招标投标法实施条例》	第55条规定：国有资金占控股或者主导地位的依法必须进行招标的项目，招标人应当确定排名第一的中标候选人为中标人。排名第一的中标候选人放弃中标、因不可抗力不能履行合同、不按照招标文件要求提交履约保证金，或者被查实存在影响中标结果的违法行为等情形，不符合中标条件的，招标人可以按照评标委员会提出的中标候选人名单排序依次确定其他中标候选人为中标人，也可以重新招标	当排名第一的中标候选人：(1)放弃中标；(2)因不可抗力不能履行合同；(3)不按照招标文件要求提交履约保证金；(4)或者被查实存在影响中标结果的违法行为等情形，不符合中标条件的	
《政府采购法实施条例》	第49条规定：中标或者成交供应商拒绝与采购人签订合同的，采购人可以按照评审报告推荐的中标或者成交候选人名单排序，确定下一候选人为中标或者成交供应商，也可以重新开展政府采购活动	中标或者成交供应商拒绝与采购人签订合同的	

(续表)

法律法规名称	法条内容	适用条件	备注
2004年《政府采购货物和服务招标投标管理办法》	第60条规定：中标供应商因不可抗力或者自身原因不能履行政府采购合同的，采购人可以与排位在中标供应商之后第一位的中标候选供应商签订政府采购合同，以此类推	(1)不可抗力；(2)自身原因不能履行政府采购合同的	该条是(财政部令18号文)的规定，2017年修订后(财政部令87号文)对该条内容已作删除

通过上表显示，法律法规规定“次第中标候选人晋级中标人”的前提是依法必须招标的项目或政府采购项目。

具体适用条件是：

1. 中标无效的；

2. 排名第一的中标候选人放弃中标；

3. 排名第一的中标候选人因不可抗力不能履行合同；

4. 排名第一的中标候选人不按照招标文件要求提交履约保证金；

5. 排名第一的中标候选人被查实存在影响中标结果的违法行为等情形，不符合中标条件的；

6. 中标或者成交供应商拒绝与采购人签订合同的；

7. 当中标供应商因不可抗力不能履行政府采购合同的；

8. 当中标供应商因自身原因不能履行政府采购合同的。为便于掌握上述规定，笔者从原因力角度大致归纳为三大类：

（1）中标人的主观原因：①放弃中标；②不按照招标文件履行保证金；③拒绝与采购人签订合同；④因自身原因不能履行政府采购合同；

（2）客观原因，不可抗力；

（3）法律否定评价原因：①中标无效；②排名第一的中标候选人被查实存在影响中标结果的违法行为等情形，不符合中标条件。总之，各法律法规间规定不尽相同，适用条件不一。

但赋予招标人或采购人选择权是一致的，即赋予了招标人或采购人既有权从次第中标候选人或供应商中选择中标人或成交供应商，又有权决定重新招标或采购［笔者按：仅《政府采购货物和服务招标投标管理办法》(财政部令第 18 号）没有对重新招标或采购进行规定，而（财政部令第 87 号）彻底删除该规定，正好弥补了此前的残缺，索性连根拔起］。

二、解读法律法规的旨意

除《政府采购货物和服务招标投标管理办法》(财政部令第18号)[笔者按：(财政部令第87号)已彻底删除该规定]所做规定仅从次第中标供应商候选人选择，没有赋予采购人重新采购外，其余法律法规不仅规定了招标人或采购人有权从次第中标候选人或供应商中选择，而且有权重新招标或采购。

如此规定，显然体现了法律法规规制上的柔性，或不是强制性规定，而是任由招标人或采购人选择，赋予招标人或采购人根据项目特点和实际自主进行选择。但这一看起来不经意的或人性化的法律法规规定，却可能导致现实适用中的不确定性因素，或与立法初衷南辕北辙。

三、检讨立法的构造

诚然法律法规如此规定，一方面尊重了招标人或采购人的决策权，另一方面也兼顾了所涉项目的特殊性等。可是，除上文积极因素外，这样的规定还潜藏着不少消极因素。比如，在项目不是特别紧急的情况下，招标人或采购人可根据次第中标候选人的亲疏远近决定是从其中选择中标人或中标供应商，还是重新招标或采购。这样自然为次第中标候选人提供了晋级中标的机会，一旦法律法规撕裂了这样的“口子”，自然有人“故意”顺着法律法规开设的“口子”继续倒腾，以此达到挑衅“公开、公平、公正”和“诚实守信”原则的目的。同时，这样的规定也可能推波助澜投标人或供应商相互“串标”“围标”的动力和钻营的利益驱动。

除此之外，当次第中标候选人或中标供应商的报价远远超过中标人或中标供应商但又没有超过投标最高限价，且项目又很紧迫时，如何处理？如果项目不紧迫，对于招标人或采购人又如何处理为妥？

相较而言，诸如《政府采购法实施条例》第 71 条①的规定，从立法技术和立法目的角度，仿佛做了进一步修正，即因违法行为，影响或者可能影响中标、成交结果的，若（1）已确定中标或者成交供应商但尚未签订政府采购合同的，中标或者成交结果无效，从合格的中标或者成交候选人中另行确定中标或者成交供应商；没有合格的中标或者成交候选人的，重新开展政府采购活动；（2）政府采购合同已签订但尚未履行的，撤销合同，从合格的中标或者成交候选人中另行确定中标或者成交供应商；没有合格的中标或者成交候选人的，重新开展政府采购活动。

从立法技术审查，至少对采购人的选择权设置了前置条件和予以了明确限定，即采购人从合格的中标或者成交候选人中另行确定中标或者成交供应商，只有在"没有合格的中标或者成交候选人的"情形下，采购人才有权重新开展政府采购活动。这样规定，至少限定了采购人的任意自由选择行为，既尊重了参与采购活动的其他供应商，又充分兼顾了项目的特性。

可该条款能适用的条件却仅界定在"有《政府采购法》第 71 条、第 72 条规定的违法行为之一，影响或者可能影响中标、成交结果的"情形，并不能涵盖所有可能的情形。再者，"合格"的标准若不进一步限定或具体明确，自然也消极赋予了招标人或者采购者解读或自由裁量的空间。

综上，现实的情境可能导致立法的目的不能如愿实现，最终导致立法原本所追求的目的落空。

四、建议

通过上文的条理分析，显现出立法逻辑上的理想主义与现实适用中功利

---

①《政府采购法实施条例》第 71 条规定：有《政府采购法》第 71 条、第 72 条规定的违法行为之一，影响或者可能影响中标、成交结果的，依照下列规定处理：（1）未确定中标或者成交供应商的，终止本次政府采购活动，重新开展政府采购活动。（2）已确定中标或者成交供应商但尚未签订政府采购合同的，中标或者成交结果无效，从合格的中标或者成交候选人中另行确定中标或者成交供应商；没有合格的中标或者成交候选人的，重新开展政府采购活动。（3）政府采购合同已签订但尚未履行的，撤销合同，从合格的中标或者成交候选人中另行确定中标或者成交供应商；没有合格的中标或者成交候选人的，重新开展政府采购活动。（4）政府采购合同已经履行，给采购人、供应商造成损失的，由责任人承担赔偿责任。

政府采购当事人有其他违反政府采购法或者本条例规定的行为，经改正后仍然影响或者可能影响中标、成交结果或者依法被认定为中标、成交无效的，依照前款规定处理。

主义间的矛盾。为弥合或融合立法逻辑的理想主义和现实适用中功利主义的差距，有必要对现有立法进行系统梳理，揪出其间的矛盾或龃龉，理顺立法内在的逻辑和纠正措辞的不严谨与冲突，优化立法构造与技术，锤炼立法的逻辑与语言，形成科学、体系、严谨、规范的立法规范，具体步骤如下：

第一，各法律法规规定的体系化梳理进一步深度加强，避免彼此间的冲突或出入，形成整体逻辑；

第二，列举与概括立法结合，避免现实列举中难以穷尽一切可能性的不足，通过概括立法预见将来发生的可能性，同时也体现立法技术的科学性与升级优化；

第三，各法律法规之间立法的相对独立和特性及保持逻辑的一致性、一体化，既体现了各法律法规的层级与调整对象的特性，又兼顾保持了立法整体体系化、科学性的权威；

第四，立法结构的层次性和具体操作的实用性结合，在选择次第中标候选人或供应商与重新招标或采购之间，规定具体适用的条件和标准，而不至于完全交由招标人或采购人自由选择，避免人为因素带来的有悖“公开、公平、公正”和“诚实守信”原则的情形屡禁不止；

第五，尤其涉及中标人或成交供应商被否决或被废标的情形，需要满足什么条件，通过何种程序，谁有权作出否决或废标的决定等，都需法律法规一一规定明确，便于现实适用中标准的统一、规则适用的规范，杜绝“人为”空间过大所带来的立法负效应等问题。

总之，立法机构或监管部门有待重视上文法律法规的规定，既要推动立法技术的日臻完善，又要兼顾现实适用的有效实施。

第五节　在履行合同过程中，招标人发现投标人提供的货物存有“漏项”，如何处理

[案例]

招标人通过招标采购一批货物，在合同履行过程中，招标人发现中标人提供的货物少了某关键部件。

[问题]

1.招标人可否要求中标人提供该关键部件?

2.如果中标人不按招标人的要求履行,是否有权通过重新招标来选定?

3.是否可以否定第一中标人,选择第二中标候选人作为中标人?

招标投标中,偶尔也会出现在编制招标文件时存在“漏项”的问题。之所以出现这样的低级错误,究其原因,要么因工作人员的疏忽,要么因编制招标文件的工作人员对招标项目业务不精不熟所导致。但既然“漏项”问题时有发生,自然有探讨的必要,以此充当行业人士交流与分享时的谈资。

一、“漏项”:实务中的千奇百怪

“漏项”原本是不能准确概括,或包涵现实中全部现象的,笔者只是为了表达的方便,强为之“漏项”而已。

分析导致“漏项”的原因,或许有主观或客观的原因;或因故意或无意导致;或因概念的模糊,致使投标人理解上存偏差。但在评标过程中,评审专家也没有准确理解相关术语的真切意思,以致在严格意义上,评审小组所推荐的中标候选人并没有彻底响应采购文件,但对此,各方均没有过于在意,或无意忽略了;还有就是在后续合同履行过程中,因所采购货物缺少部件导致功能缺失或不能正常发挥功能等情况发生时,招标人或中标人方发现存在“漏项”等情形。

除上述情形外,也存在原本潜在投标人完全可以在购买招标文件时提出质疑,促使采购人在各潜在投标人投标前对招标文件进行相应澄清或修改,从而避免各潜在投标人对招标文件产生理解歧义的情形。但这些潜在投标人却有意存而不论,或因事不关己而袖手旁观。

总之,如案例的情形,由于部件的缺失,可能客观将带来赚取利润的机会。这样的“天机”自然有助于采购人与中标供应商“心照不宣”的串联,或无意中向中标供应商提供了见机可乘的机会。

二、法规：整齐划一的规范形态

根据《政府采购法》第31条[①]的规定，对于必须保证原有采购项目一致性或者服务配套的要求，且需要继续从原供应商处添购，那么添购资金总额不超过原合同采购金额10%的，可以依照《政府采购法》采用单一来源方式采购。该条规定了采购人选择单一来源采购方式时，所需具备的三种条件。对于第（3）项条件，又需要满足三个条件：（1）为保证原有采购项目一致性或者服务配套的要求；（2）需要继续从原供应商处添购；（3）且添购资金总额不超过原合同采购金额的10%。换句话说，如果不需要保证原有采购项目一致性或服务配套要求，或市面存在其他选择，也就不必继续从原供应商处添购，或添购资金总额超过原合同采购金额10%的，也就不能采用单一来源采购方式。

根据《政府采购法》第49条[②]的规定，在政府采购合同履行中，采购人有权追加与合同标的相同的货物、工程或者服务，但需要满足两个条件：（1）不得改变正在履行的政府采购合同其他条款；（2）与供应商达成补充合同的采购金额不得超过原合同采购金额的10%。

根据《政府采购法实施条例》第67条[③]第（5）项的规定，如果政府采购合同履行中追加与合同标的相同的货物、工程或者服务的采购金额超过原

---

①《政府采购法》第31条规定：符合下列情形之一的货物或者服务，可以依照本法采用单一来源方式采购：（1）只能从唯一供应商处采购的；（2）发生了不可预见的紧急情况不能从其他供应商处采购的；（3）必须保证原有采购项目一致性或者服务配套的要求，需要继续从原供应商处添购，且添购资金总额不超过原合同采购金额10%的。

②《政府采购法》第49条规定：政府采购合同履行中，采购人需追加与合同标的相同的货物、工程或者服务的，在不改变合同其他条款的前提下，可以与供应商协商签订补充合同，但所有补充合同的采购金额不得超过原合同采购金额的10%。

③《政府采购法实施条例》第67条规定：采购人有下列情形之一的，由财政部门责令限期改正，给予警告，对直接负责的主管人员和其他直接责任人员依法给予处分，并予以通报：（1）未按照规定编制政府采购实施计划或者未按照规定将政府采购实施计划报本级人民政府财政部门备案；（2）将应当进行公开招标的项目化整为零或者以其他任何方式规避公开招标；（3）未按照规定在评标委员会、竞争性谈判小组或者询价小组推荐的中标或者成交候选人中确定中标或者成交供应商；（4）未按照采购文件确定的事项签订政府采购合同；（5）政府采购合同履行中追加与合同标的相同的货物、工程或者服务的采购金额超过原合同采购金额10%；（6）擅自变更、中止或者终止政府采购合同；（7）未按照规定公告政府采购合同；（8）未按照规定时间将政府采购合同副本报本级人民政府财政部门和有关部门备案。

合同采购金额的10%，将面临处罚，即由财政部门责令限期改正，给予警告，对直接负责的主管人员和其他直接责任人员依法给予处分，并予以通报等。

上述规定中，《政府采购法》第31条的规定显然属重新采购项目时，所需采取单一来源采购方式时所满足的条件规定。而《政府采购法》第49条规定：采购人在采购合同履行中，追加与合同标的相同的货物、工程或者服务的，且采购金额不超过原合同采购金额10%的，可以不选择重新采购方式，径直与当前供应商签订补充合同追加采购。而《政府采购法实施条例》第67条第（5）项，是对违背《政府采购法》第49条规定所应面临主管部门处罚的规定。

综上，针对采购合同履行过程中，只有满足“（1）采购人需追加与合同标的相同的货物、工程或者服务的；（2）在不改变合同其他条款的前提下，可以与供应商协商签订补充合同；（3）所有补充合同的采购金额不得超过原合同采购金额的10%”三个条件的，才能向当前供应商追加采购，否则，于法无据。

三、出路：如何破解“漏项”

根据上文，并没有法律法规明确规定实务中“漏项”的问题。因此，对于“漏项”问题，招标人似乎只能选择重新招标。

不过，笔者认为，解决“漏项”的问题，需根据“漏项”的具体情况，具体处理，并没有整齐划一的“一刀切”模式。

比如，案例中遗漏了重要“部件”，显然遗漏的“部件”与正在履行的采购合同货物不同，自然无法适用《政府采购法》第49条。何况还不知遗漏的“部件”所需金额是否超过原合同金额10%呢？

古人说，一叶障目，不见泰山。对于本案，如果遵循法律人思考一般方法，如果难以在《政府采购法》《政府采购法实施条例》等特别法规中找到解决答案，就需要从《民法典》等一般法中寻求解决思路。由于案例中的“部件”属于采购货物必不可少的组成部分，一旦缺乏该部件将导致所采购货物功能不全或难以发挥其功能，甚至整个采购货物将毫无意义。因此，相较采购人而言，作为中标或成交供应商，自然更熟悉所采购货物的特性和组成，但中标或成交供应商可能无意忽略，也可能出于有意不宣，从而导致履行过程中出现了如此大的“纰漏”或“障碍”。

遵循上述逻辑，如果中标或成交供应商无意忽略，可能构成过失或重大过失，所导致的后果自然由中标或成交供应商承担；如果中标或成交供应商有意回避“部件”而投标，毋庸讨论，其主观过错较之无意忽略更严重，所导致的后果自不待言。

不仅如此，从交易的习惯或行业习惯而言，如果所采购货物在通常交易中涵盖了该“部件”，作为中标或成交供应商就没有理由不提交。

如果上述理由仍显得单薄或牵强的话，作为采购人，不妨从采购货物的目的、招标文件、技术要求等综合解释，探索出要求中标或成交供应商提供“部件”的正当理由。

总之，由于法律法规没有明确“漏项”问题如何解决，因此，现实中，只能在具体个案中寻求解决问题的良途。

【操作指引】

1. 招标人或采购人。

（1）在编制招标文件或采购文件时，需仔细论证，反复推敲，避免出现“漏项”，否则，可能影响招标或采购项目的正常推进，从而延缓项目。

（2）若一旦出现“漏项”情形，根据具体情形，轻则通过协商解决，重则导致重新招标或采购。

2. 潜在投标人或供应商。

（1）对于招标文件或采购文件出现“漏项”，建议对招标文件或采购文件进行异议或质疑，以明确其具体要求。

（2）一旦招标文件或采购文件出现“漏项”，并非当然可依据《政府采购法》《政府采购法实施条例》等规定，获得招标人或采购人追加采购，而需根据项目具体情形，进行磋商处理。

【风险防控】

1. 招标人或采购人。

（1）针对招标或采购项目，查找相关资料，咨询他人经验，并聘请专业人士研究、论证，做到万无一失。

（2）在编制招标文件或采购文件前，先成立专门小组，进行充分资料、智识共享，避免无意的疏漏并形成草案。

（3）在编制招标文件或采购文件时，尤其对于技术或性能、规格等问题应进行反复核查、校对并由专家小组进行多轮推敲论证并最终定案。

（4）如果在潜在投标人或供应商提交投标文件前发现招标文件或采购文件出现“漏项”出现“漏项”，及时采取“澄清”或“修改”的方式，加以防范。

（5）在合同履行过程中，发现编制招标文件或采购文件出现“漏项”，尽快与中标或成交供应商协商，在不违背《政府采购法》《政府采购法实施条例》等规定的前提下，达成共识，解决“漏项”问题。

2. 潜在投标人或供应商。

（1）购买编制招标文件或采购文件后，仔细研究，尤其注意其中的技术条件或要求。

（2）成立专门小组，反复研究，吃透编制招标文件或采购文件，精准编制投标文件等资料。

（3）一旦发现招标文件或采购文件出现“漏项”，根据《政府采购法》《政府采购法实施条例》等规定，对招标文件或采购文件中相应条款提出异议或质疑，解决其中的歧义或不明确规定，避免事后出现“漏项”的问题。

（4）投标文件草拟后，专门小组反复论证，推敲技术标部分，避免因己方不慎所带来的不利后果。

（5）投标文件环环相扣，前后一致才能保障报价的科学合理，切忌“侥幸”或“狡黠”所导致的得不偿失。

【法律适用】

《政府采购法》第 49 条

《政府采购法实施条例》第 67 条

第六节　电子投标文件与纸质投标文件有出入，如何处理

[案例]

某项目采用电子招标投标方式。招标文件规定，以电子投标为准。事

后，投标人在招标文件规定时间内投递了电子数据文件。

[问题]

1. 招标文件明确，投标文件以电子投标文件为准。可实务中，若电子投标文件与纸质文件有出入，此时究竟以电子投标文件为准还是以纸质投标文件为准?

2. 对采用电子招标投标凡是，投标人是否需要到开标现场?

国家发展和改革委员会等八部委于2013年颁布了《电子招标投标办法》。该办法是我国推行电子招投标的纲领性文件，是我国招投标行业发展的一个重要里程碑。

推行电子招标投标，是中央惩防体系规划、工程专项治理，以及《招标投标法实施条例》明确要求的一项重要任务，对于提高招标投标透明度、节约资源、降低交易成本、促进政府职能转变具有非常重要的意义，特别是在利用技术手段解决弄虚作假、暗箱操作、串通投标、限制排斥潜在投标人等招标投标领域突出问题方面，有着独特优势。

以上无疑是《电子招标投标办法》积极的一面，但其消极一面也是存在的。由于电子招标投标一改以往招标投标方式，属于新的尝试和探索。因此，在立法规范方面难免存在纰漏或不严谨、不完善的地方也属情理之中。

一、电子招投标究竟以电子文件，还是以纸质文件为准

根据《电子招标投标办法》第62条[①]的规定，在电子招标投标中，招标人可以根据具体情况，在招标文件中明确约定在招标投标某些环节中使用纸质文件。

笔者认为，上述规定从适用层面看，逻辑显得很周延性，尤其对未知的情形加以了理性安排，但这样开放的立法安排也为《电子招标投标办法》的现实适用带来了诸多困境。

例如，一旦有了该条款规范，不少招标人动辄要求潜在投标人不仅需要提交电子数据文件，还需提交纸质资格预审文件或投标文件，这样一来，自然与《电子招标投标办法》所追求的高效、集约、无纸化等意图相悖。

---

①《电子招标投标办法》第62条规定：电子招标投标某些环节需要同时使用纸质文件的，应当在招标文件中明确约定；当纸质文件与电子数据文本不一致时，除招标文件特别约定外，以数据电文为准。

当然，也不能以此完全否定立法机关前瞻性的立法安排。

笔者认为，一方面立法机关就确实有必要对哪些环节、哪些材料必须提交纸质文本的情形加以进一步细化明确，另一方面需明确除前述外，一律采用电子投标文本，这样便于规范、有序，不至于将潜在投标人置于“不知所措”境地。

当电子数据与纸质文件不一致的情形，根据目前立法，结合《电子招标投标办法》第62条的规定，自然以电子数据电文为准。

二、电子招标投标，投标人是否须到开标现场

根据《电子招标投标办法》第29条①的规定，电子开标的，所有投标人均应当准时在线参加开标。此条规定内含了两个适用前提：第一，招标投标以电子数据文本方式进行；第二，开标以电子方式在招投标交易平台上公开进行。

可见，所有投标人只要根据招标文件确定的时间，准时在电子招标投标交易平台上在线参加开标即可。该条并没有规定投标人必须到开标现场，此原本就是《电子招标投标办法》所追求的旨趣所在。

该办法虽如此规定，但实际操作中，不少招标项目仍在招标文件中要求投标人准时到开标现场参加开标。招标文件进行这样的规定，究竟可不可以？

根据《民法典》合同编中的第473条②的规定，招标文件属要约邀请，又称要约引诱，其法律意义不仅在于邀请他人向自己发出要约，还在于向潜在要约人提出交易条件以及与交易条件有关的具体要求或内容，而这些具体条件对潜在要约人亦构成某种拘束，成为“先合同义务”。

按这样的逻辑，如果投标人不准时到开标现场，将根据招标文件规定进行处理。只是需要考虑这样规定的法律效力如何？是否能一律约束投标

---

①《电子招标投标办法》第29条规定：电子开标应当按照招标文件确定的时间，在电子招标投标交易平台上公开进行，所有投标人均应当准时在线参加开标。

②《民法典》第473条规定：要约邀请是希望他人向自己发出要约的表示。拍卖公告、招标公告、招股说明书、债券募集办法、基金招募说明书、商业广告和宣传、寄送的价目表等为要约邀请。商业广告和宣传的内容符合要约条件的，构成要约。

人？[1]

但也有人指出，只要投标人准时提交了投标文件，到场与否并不影响招标投标实质，且法律法规仅规定了"应当"，并没有规定"必须"，因此，是否到场由投标人自主决定；也有人认为，投标人到场与否属于投标人的权利，既然是权利自然可以放弃。

只是开标不到现场，将面临丧失现场提出异议的法律后果；还有人认为，电子招标投标在线解密就可以了，何必多此一举规定投标人到开标现场……

如果招标文件没有规定处理办法，而现有的法律法规也没有对此作出明确规定，难道就成为一个悬而未决的问题？

针对此，《招标投标法》《招标投标法实施条例》只规定了准时开标，并没有规定投标人准时参与开标活动，而《电子招标投标办法》仅规定了准时参加在线开标，但没有规定未准时参与在线开标的后果。

笔者认为，如果机械结合《民法典》诚信原则和要约邀请的规定及招标投标行业惯例等审查，那么未按时参加开标的投标人自然面临被撤销或否决等后果。

但探究《电子招标投标办法》的立法精神和追求宗旨，原本可以在线参与开标，何必多此一举要求投标人到现场呢？这样的要求确实与立法规定相悖。

三、关于电子招标投标的延伸思考

（一）针对电子文本与纸质文本不一致的问题

所需考虑的，如果因电子技术方面的故障或其他原因导致电子数据文本被篡改时，如何解决？立法是否可以规定，如果投标人有相反的证据证明时，可以除外适用该规定。

除此之外，如果投标人不依照招标文件要求时间提交纸质招标文件的，

---

① 实际操作中，很多采取电子投标的项目并未实现真正的电子化。不少招标人要求投标人提交电子数据文本，同时还要求提交相应纸质材料，并会限定纸质投标文件的递交期限，逾期递交纸质文件的招标人不予受理。在此种双重要求提交投标文件的情形下，招标人一般会在投标时间截止的同一时间举行现场开标会。对此，投标人是否必须到开标现场，不无疑问。

招标人是否可根据《招标投标法》第 28 条[①]和《招标投标法实施条例》第 36 条[②]规定，“拒收”投标文件？还是径直以电子数据为准进行开标？

类似上述问题，现有立法并没有具体明确规定，有待进一步完善。

（二）对于必须到开标现场问题

究竟招标人有无权利在招标文件中约定或规定潜在投标人必须到开标现场？这样规定的法律效力究竟如何？如果投标人不到开标现场，会面临怎样的法律后果？投标人到开标现场究竟是权利还是义务，或者具有其他法律意义？

面对这些，如果法律法规有明确界定固然更好，若没有明确规定，需根据法律法规的立法旨意进行立法原意解读适用，因此，根据现有立法规定，招标文件无权要求投标人到现场。

（三）电子招标集约化的后果

2017 年，搜狐网站出现标题为《竞争惨烈：1000 多万的项目竟有 1000 多家企业投标！》[③]的文章。类似情况，究竟有助于促进良性竞争呢，还是会引发不少闹剧，让外界只看其表面的繁荣与热闹。笔者认为，这样极端或典型个案亟待在法规层面加以规制，促进招标投标行业的良性健康发展。

总之，《电子招标投标办法》固然随“互联网 +”与时俱进，改变了传统的招标投标方式，但在技术的稳定方面，实施过程中所出现的各种乱象等问题，需根据现实运行情况，加以进一步细化和完善，才利于发挥其功能和作用。

因此，作为招标人不可在《招标文件》中作出与《电子招标投标办法》规定不一致的条件或内容，否则，不利于电子招标投标价值和功能的充分

---

①《招标投标法》第 28 条规定：投标人应当在招标文件要求提交投标文件的截止时间前，将投标文件送达投标地点。招标人收到投标文件后，应当签收保存，不得开启。投标人少于 3 个的，招标人应当依照本法重新招标。在招标文件要求提交投标文件的截止时间后送达的投标文件，招标人应当拒收。

②《招标投标法实施条例》第 36 条规定：未通过资格预审的申请人提交的投标文件，以及逾期送达或者不按照招标文件要求密封的投标文件，招标人应当拒收。招标人应当如实记载投标文件的送达时间和密封情况，并存档备查。

③参见《竞争惨烈：1000 多万的项目竟有 1000 多家企业投标》，网址：http://www.sohu.com/a/194553695_698856.

发挥。

笔者认为，招标文件要求提交纸质文件的规定也是多此一举，最好通过立法加以明确哪些条件或材料须提交纸质文件，从而更加规范有序，另外不应要求投标人到开标现场，如此才能高效、便捷、经济、时效。

【操作指引】

1. 采取电子招标投标时，得严格根据《电子招标投标办法》的规定处理，切不可自我创新，按传统的做法行事；

2. 无论是招标人或采购人，还是投标人或供应商，在实际操作中，得与传统的方式相区分，不可混为一谈。

【风险防控】

1. 招标人或采购人一旦选择电子招标投标方式，得按《电子招标投标办法》的规定谨慎行事，不可画蛇添足增加苛刻条件。

2. 投标人或供应商这对电子招标投标，若招标文件或采购文件编制内容苛刻的，可根据情形提出异议或质疑，敦促招标人或采购人修改。

【法律适用】

《招标投标法》第 28 条、第 35~36 条

《招标投标法实施条例》第 36 条、第 44 条

《政府采购货物和服务招标投标管理办法》第 44 条

《电子招标投标办法》第 29 条、第 62 条

第七节 投标保证金究竟是哪根“筋”

[案例]

某招标项目，因招标人原因最终未与中标人签订合同。

[问题]

1. 中标人可否要求招标人双倍返还投标保证金？

2. 除投标保证金外，中标人可否要求招标人承担其他损失？

根据《国务院办公厅关于清理规范工程建设领域保证金的通知》(国办发〔2016〕49号)的规定可知，对建筑业企业在工程建设中，除依法依规设立的投标保证金、履约保证金、工程质量保证金、农民工工资保证金外，其他保证金一律取消，同时，推行银行保函制度的投标保证金缴纳方式，且在各区域实施过程中，部分地区甚至推出了投标保证保险的投标保证金缴纳方式。

一、投标保证金缴纳方式的改变并非价值转向

在此，暂不讨论采取银行保函或投标保证保险的保证金缴纳方式之利弊，乃至其所存在的姑息养"串标""投标造假"等"奸"之嫌。

本文将针对投标保证金之性质进行分析。纵使国家推行了银行保函或投标保证保险等方式以实现保证金的缴纳，但讨论投标保证金仍具有现实意义和理论价值。

时代虽变迁，社会虽变革，但其内在的机理和精神，以及制度的内在逻辑是不会轻易剧变或颠覆的，总是遵循万事万物发展的客观规律，随之暗流涌动、静默发展，达到量变与质变的统一。

因此，无论缴纳投标保证金的方式如何变迁，但投标保证金制度的内在生命和构造机理及立法构造逻辑是不会轻易转变或异化的。

二、相异观点：争鸣与真理

有关投标保证金的性质，存在不同的观点，争议较大的无非为"定金"与"让与担保"两大主要观点。

（一）定金

持定金观点的人士认为，投标保证金的目的就是保证投标人严格遵循《招标投标法》《招标投标法实施条例》及《招标文件》等规定，参与投标活动，待中标后积极与招标人签订合同的保障。

从交易经验法则论，收取一定量的投标保证金，至少可将缺乏诚意或是心存侥幸的投机者排除在外，从而筛除那些"只爱热闹，不愿出钱"的"捣蛋群体"。

正是基于此，持该观点的人士认为，投标保证金与《担保法》规定的

"定金"不正一致吗？"定金"不也是对债务履行的担保，投标保证金也是对投标行为的担保吗？而且"部分学者和司法实践案例认为投标保证金归属于定金一类"。①

（二）让与担保

有人认为，投标保证金与让与担保较为吻合。

虽然我国现行法律没有明确规定让与担保，但现实中，让与担保现象比比皆是。以民间借贷为例，借款人为使出借人相信自己有能力偿还借款，通常将其个人名下的不动产或动产通过买卖方式变更过户至出借人名下，待发生双方约定条件时，以"赎回"的方式偿还借款，以此为个人借款提供担保。

什么是让与担保呢？我国台湾地区学者谢在全先生认为，"让与担保系指债务人或第三人为担保债务人之债务，将担保标的物之财产权移转于担保权人，而使担保权人的就该标的物受偿之非典型担保"。②"让与担保起源甚古，最早应可溯源至罗马法上之信托。而考诸担保物权之发展，其轨迹应是自移转标的物所有权为担保，演变至仅移转标的物之占有，但不移转所有权为担保之占有质，再进化为标的物所有权与占有均不移转，而仅取得具有担保作用之权利为担保之不占有质……"③

有人认为，"我国现行的《招标投标法》没有对投标担保作出明确规定，《担保法》规定的五种典型担保方式也不包括投标保证金。在《招标投标法实施条例》和《关于房地产开发项目中推行工程建设合同担保的若干规定（试行）》中虽有关于投标保证金的表述，但未明确其法律性质""投标保证金具备让与担保特征，属于让与担保"。④其理由为，"第一，投标保证金转移了所有权；第二，投标保证金具备从属性；第三，投标保证金不予退还属

① 王亚平、朱莉：《浅议建筑行业招投标中投标保证金的法律性质》，载《招标与投标》2018 年第 4 期，第 43 页。

② 谢在全：《民法物权论》（下册），中国政法大学出版社 2011 年版，第 1100 页。

③ 谢在全：《民法物权论》（下册），中国政法大学出版社 2011 年版，第 1103 页。

④ 王亚平、朱莉：《浅议建筑行业招投标中投标保证金的法律性质》，载《招标与投标》2018 年第 4 期，第 41~43 页。

于法律许可的事项”。[①]

结合社会的现实需求考察，让与担保确实深得民心，有其存在的价值与必要。但是否与物权法的法定原则相违背，有待进一步探讨，本文在此暂不展开。只不过投标保证金的缴纳并不涉及“物所有权”的让与，而是货币径直的交付。

（三）比较与分析

1. 投标保证金和定金

认为投标保证金为“定金”性质的人士，并未厘清“投标保证金”与“定金”的法定内涵和立法价值取向，亦未弄清两者需在不同的条件或场域中适用。无疑，投标保证金与定金存在显著差异：

第一，法律规定不同。投标保证金系《招标投标法》《招标投标法实施条例》的规定，而定金为《民法典》合同编中的第586条[②]的规定。各法的调整范围和立法宗旨大相径庭。

第二，调整机制与立法价值取向不同。投标保证金是为了促使投标人严格遵循法律法规的前提下，积极参与投标活动，是为保障招标投标活动的规范有序而设定；而定金则是促进资金融通和商品流通，保障债权的实现，发展社会主义市场经济而设定的典型担保方式之一，对交易双方行为均具有约束力，该制度是为保障债权实现、促进交易安全而设定。

第三，适用条件不同。定金为保障债务的正常履行而设定，也即定金担保方式系为保障合同的正常履行而设定的债权担保方式，一旦一方违约，将面临选择适用《民法典》合同编中的第587条[③]或《民法典》合同编中的第

---

① 王亚平、朱莉：《浅议建筑行业招投标中投标保证金的法律性质》，载《招标与投标》2018年第4期，第43页。

②《民法典》第586条规定：当事人可以约定一方向对方给付定金作为债权的担保。定金合同自实际交付定金时成立。

定金的数额由当事人约定；但是，不得超过主合同标的额的20%，超过部分不产生定金的效力。实际交付的定金数额多于或者少于约定数额的，视为变更约定的定金数额。

③《民法典》第587条规定：债务人履行债务的，定金应当抵作价款或者收回。给付定金的一方不履行债务或者履行债务不符合约定，致使不能实现合同目的的，无权请求返还定金；收受定金的一方不履行债务或者履行债务不符合约定，致使不能实现合同目的的，应当双倍返还定金。

588条[①]的规定。

而投标保证金为投标人与招标人缔约前向招标人或招标代理机构[②]缴纳，准确而言，是投标人向招标人发出要约阶段时，向招标人或招标代理机构所做的保证。

第四，适用的阶段不同。投标保证金为缔约前的要约阶段，而定金为缔约后的履约阶段，完全是两个不同的时间段，即前者为缔约前，后者是缔约后。

第五，目的不同。前者保障的是投标需积极去履行缔约行为，后者保障的是合约履行过程中债务的如实完全履行。

正如有人指出，《关于房地产开发项目中推行工程建设合同担保的若干规定（试行）》第18条中将定金与保证金同时表述在一起，更强化了这种观点。定金的主要特点：（1）从属性；（2）实践性；（3）预先支付性；（4）双重担保性。其前三种特点与投标保证金非常相同，但是投标保证金不具备双中担保性。双重担保性使得定金罚则对双方都具备约束力，这个在投标保证金中是不具备的，所以其不属于定金的方式。[③]故投标保证金与定金可谓是风马牛不相及。

2. 投标保证金和让与担保

虽有人认为，投标保证金与让与担保别无二致。但让与担保仍属于债权的担保方式，抛开其物权性质外，与定金担保不分轩轾。

而投标保证金明显在于对投标人缔约前参与投标活动行为的担保，并非合约履行担保，同时，投标保证金并不涉及物的“让与”，遑论“担保”？

加之我国《民法典》物权编并没有规定“意定物权”，因此，投标保证金也不能牵强附会于让与担保。

---

①《民法典》第588条规定：当事人既约定违约金，又约定定金的，一方违约时，对方可以选择适用违约金或者定金条款。

定金不足以弥补一方违约造成的损失的，对方可以请求赔偿超过定金数额的损失。

② 近年为了统一规范管理，必须招投标的项目均有各地公共资源交易中心收取，除此之外的，投标人方向招标人或招标代理机构缴纳。

③ 王亚平、朱莉：《浅议建筑行业招投标中投标保证金的法律性质》，载《招标与投标》2018年第4期，第43页。

（四）总结

投标保证金与定金、让与担保并不是同出而异名，他们各有各的法律定位，各有各的归宿。投标保证金既不是定金，又不是让与担保；既不具备定金的性质，又不具备让与担保的功能。

三、结论

投标保证金，一言以蔽之就是保证金，有别于《民法典》所规定的定金担保方式，也有别于让与担保的理论制度，虽然它也属非典型担保方式，但毋须自寻烦恼一定要在担保制度体系中寻求“一席之地”。投标保证金设定的目的就是约束投标人依法合规履行投标行为，不可侥幸，更不可任性，而需严肃认真对待招标投标活动。

无论学者也好，实务界的人士也罢，毋庸在投标保证金的性质上钻牛角尖探个究竟，其实《招标投标法》《招标投标法实施条例》已经明确规定，只是没有给出详尽定义，表述其内涵而已。

投标保证金究竟是“哪根筋”并不重要，关键是现实中不少人多了一根筋，总要琢磨出什么花样。因此，为了解决现实适用的歧义或让莫衷一是的争论尘埃落定，笔者期望相关立法机关能尽快加以解释，解除这样无畏的争论或探讨。

对于案例的第一个问题，由于投标人主观上将投标保证金视为定金性质，才导致双倍返还的逻辑，此自然有违法律之规定。第二个问题的答案是显而易见的。根据法律规定，因招标人的过错导致未能缔约，投标保证金自然应该返还，由此导致的其他损失自然应照单全付。

【操作指引】

1. 投标保证金的数额不能超过项目金额的 2%，且最高不超过 80 万元，否则，根据《招标投标法实施条例》第 66 条，[①] 将面临罚款等不利后果。

2. 投标保证金的缴纳方式不限于现金缴纳，银行保函、投标保证保险等

①《招标投标法实施条例》第 66 条规定：招标人超过本条例规定的比例收取投标保证金、履约保证金或者不按照规定退还投标保证金及银行同期存款利息的，由有关行政监督部门责令改正，可以处 5 万元以下的罚款；给他人造成损失的，依法承担赔偿责任。

方式无不可。

3. 投标保险金不是《民法典》合同编中的定金，不适用定金罚则。

4. 若中标人触犯《招标投标法实施条例》第 74 条[①] 规定，其投标保证金将不予退还。

5. 招标人若违法，不仅负有返还投标保证金的义务，且需承担由此导致的损失。

【风险防控】

1. 投标保证金可采取货币、保函（现实中，存在国有性质公司与民营公司开具银行保函区分对待问题，比如国有公司仅提供保函金额的 20% 不等金额存入专户，而民营需要足额存入专户等情形）、保险等方式，投标人可结合自身选择合适的方式，招标人不得拒绝。

2. 严格依法合规参与招投标活动，避免自以为是或侥幸心理，否则，面临相应处罚和赔偿损失。

3. 擅于运用法律法规等武器保护己方权益，避免一着不慎满盘皆输的不利后果。

【法律适用】

《招标投标法实施条例》第 26 条、第 66 条、第 74 条

《民法典》第 586~588 条

① 《招标投标法实施条例》第 74 条规定：中标人无正当理由不与招标人订立合同，在签订合同时向招标人提出附加条件，或者不按照招标文件要求提交履约保证金的，取消其中标资格，投标保证金不予退还。对依法必须进行招标的项目的中标人，由有关行政监督部门责令改正，可以处中标项目金额 10‰以下的罚款。

第八节 投标人或供应商在招标或政府采购活动过程中发生“变化”，[①] 如何处理

［案例］

某工程项目，虽投标人甲在投标过程中发生了变化，但经评审，最终投标人甲中标。

［问题］

1.投标人甲在递交投标文件前因吸收合并或新设分立被注销，但其仍递交了投标文件，招标人是否应与投标人甲签订协议?

2.若投标人甲系吸收合并他人或存续分立而仍存续的，如何处理?

因法人或其他组织内部成员之间或外部关系的变化可能导致其合并或分立发生，印证“分久必合，合久必分”所蕴含的哲理。

合并和分立原本属于独立法人或其他组织自我进化或演变的正常现象，但在招标投标或政府采购活动过程中，并非顺理成章，而需另当别论、严格审查及仔细研究。

一、何种“变化”将影响其继续参与招标或采购活动

（一）合并、分立、破产等重大变化

根据《招标投标法实施条例》第38条[②]规定，一旦投标人发生合并、分立、破产等重大变化时，应及时书面告知招标人。

此种情形，至于投标人是否具备资格预审文件或招标文件规定的资格条件，或者其投标是否影响招标的公正性，或者其投标影响招标公正性的认定，究竟由谁来认定，通过何种程序认定等规定不明。

①此处的“变化”不只是如“住所地”“名称”等“物理”变化，更指股东、注册资金、经营范围、合并与分立等“化学”变化——对独立法人或其他组织的资质或资格条件、资金实力、经营等发生实质影响的行为。

②《招标投标法实施条例》第38条规定：投标人发生合并、分立、破产等重大变化的，应当及时书面告知招标人。投标人不再具备资格预审文件、招标文件规定的资格条件或者其投标影响招标公正性的，其投标无效。

（二）经营、财务状况发生较大变化

对于经营、财务状况发生较大变化的，是否可以继续参加招标投标或政府采购活动，法规没有明确规定。仅《招标投标法实施条例》第56条规定，中标候选人若出现经营、财务状况发生较大变化的，作为招标人一旦认为此可能影响其履约能力的，可在发出中标通知书前，请原评标委员会按照招标文件规定的标准和方法审查确认。

（三）存在违法行为的

其实，无论是招标投标法体系，还是政府采购法体系都对违法行为所导致的资格认定或相应的行为后果有所规定。尤其在资格条件中，主要针对的是违反行政规定或触犯刑事法律的行为。

近年因诚信制度的逐步推进，对征信也加大了考量，比如一旦被列入法院的黑名单中，将丧失参与招标投标或政府采购活动的资格。

从检索法规的结果显示，仅《招标投标法实施条例》第56条对“中标候选人出现违法行为的”有所涉及。

（四）联合体中的任何变化行为

根据《工程建设项目施工招标投标办法》第43条[①]的规定，针对联合体获通过资格预审后，其组成的任何变化都必须在提交投标文件截止之日前征得招标人的同意。招标人对变化后的联合体削弱了竞争，含有事先未经过资格预审或者资格预审不合格的法人或者其他组织，或者使联合体的资质降到资格预审文件中规定的最低标准以下，招标人有权拒绝。

二、何时发生变化才对招标或政府采购活动有影响

根据招标投标或政府采购活动的自然展开，可划分为以下五个阶段：

①《工程建设项目施工招标投标办法》第43条规定：招标人接受联合体投标并进行资格预审的，联合体应当在提交资格预审申请文件前组成。资格预审后联合体增减、更换成员的，其投标无效。

（一）通过资格预审或资格审查后，递交投标文件或响应文件前

《招标投标法实施条例》第 38 条[①]、《工程建设项目施工招标投标办法》第 43 条、《政府采购法实施条例》第 21 条、《政府和社会资本合作项目政府采购管理办法》第 6 条等均规定：资格预审后，在递交投标文件前或评审阶段时，投标人或供应商若发生了上述变化，应通知招标人或采购人，以便招标人或采购人决定相应的投标人或供应商是否有资格继续参与招标投标或政府采购活动。

（二）提交投标或响应文件至评标或评审阶段

根据《政府采购法实施条例》第 21 条[②]规定，资格预审合格的供应商在评审阶段资格发生变化的，应当通知采购人和采购代理机构。但没有规定是否及时，是否需要书面形式，以及如何认定，所面临的法律后果等情形。

不过《政府采购法实施条例》第 72 条[③]第 2 款对评审阶段资格发生变化进一步细化，即供应商未依照本条例第 21 条的规定通知采购人和采购代理机构的，将处以采购金额 5‰的罚款，并列入不良行为记录名单，其中标、成交无效。

---

①《招标投标法实施条例》第 38 条规定：投标人发生合并、分立、破产等重大变化的，应当及时书面告知招标人。投标人不再具备资格预审文件、招标文件规定的资格条件或者其投标影响招标公正性的，其投标无效。

②《政府采购法实施条例》第 21 条规定：采购人或者采购代理机构对供应商进行资格预审的，资格预审公告应当在省级以上人民政府财政部门指定的媒体上发布。已进行资格预审的，评审阶段可以不再对供应商资格进行审查。资格预审合格的供应商在评审阶段资格发生变化的，应当通知采购人和采购代理机构。

资格预审公告应当包括采购人和采购项目名称、采购需求、对供应商的资格要求以及供应商提交资格预审申请文件的时间和地点。提交资格预审申请文件的时间自公告发布之日起不得少于 5 个工作日。

③《政府采购法实施条例》第 72 条规定：供应商有下列情形之一的，依照政府采购法第 77 条第 1 款的规定追究法律责任：（1）向评标委员会、竞争性谈判小组或者询价小组成员行贿或者提供其他不正当利益；（2）中标或者成交后无正当理由拒不与采购人签订政府采购合同；（3）未按照采购文件确定的事项签订政府采购合同；（4）将政府采购合同转包；（5）提供假冒伪劣产品；（6）擅自变更、中止或者终止政府采购合同。

供应商有前款第（1）项规定情形的，中标、成交无效。评审阶段资格发生变化，供应商未依照本条例第 21 条的规定通知采购人和采购代理机构的，处以采购金额 5‰的罚款，列入不良行为记录名单，中标、成交无效。

（三）中标候选人或成交供应商确定至中标通知书或成交确认书发出前

《招标投标法实施条例》第 56 条规定：在发出中标通知书前，中标候选人的经营、财务状况发生较大变化或者存在违法行为，招标人认为可能影响其履约能力的情形。

（四）发出中标通知书或成交确认书至合同签约前

《政府采购法实施条例》第 72 条第 1 款仅对中标或者成交后无正当理由拒不与采购人签订政府采购合同进行了规定，但没有对这期间中标或成交人发生变化影响其履约能力进行规定。

（五）合同签约后履行阶段

《政府采购法实施条例》第 72 条第 1 款仅对擅自变更、中止或者终止政府采购合同进行了规定，并没有就履约期间所发生影响履约能力的变化进行规定。

笔者认为，履约期间已是招标投标或政府采购活动结束后阶段，该期间自然受《民法典》等规范或约束，故不属于招标投标法体系或政府采购法体系所规制的范畴。

三、现有法规的不足

法律既然不是逻辑的生成，而是经验的总结，那么法律一经规定，便丧失了“经验”，也就必然烙有其时代的局限性和滞后性的印记。

具体而言，现有法律存在以下问题：

1. 立法的体系化缺失，法条制定上逻辑的不周延、不严谨，立法技术相对 落后。

2. “变化”可能出现的情形罗列不足。投标人或供应商在招标投标或政府采购活动的整个过程中所涉及的变化情形（指可能对后续招标投标或政府采购活动造成影响的情形）没有穷尽或科学合理制定。

3. 时间段规定的随意。投标人或供应商在招标投标或政府采购活动的整个过程中，应在什么时候或时段内对所发生的变化需引起关注并没有明确。

4. 告知义务规定的粗略。发生变化后，投标人或供应商应在什么时间，以什么方式向招标人或供应商及代理机构履行告知义务。

5. 审查程序规定的不足。作为招标人或采购人及代理机构针对招标人或供应商的告知或获悉变化后，应启动什么程序，通过什么方式，对招标人或供应商所发生变化是否构成对后续招标投标或政府采购活动造成影响的认定予以明确。

6. 法律后果的不明。如果投标人或供应商不履行相应告知义务或有意隐瞒的，将面临何种后果等规定不明确。

7. 救济途径或措施缺乏。若因招标人或采购人及代理机构没有按法规规定的程序审查投标人或供应商的变化，而剥夺了投标人或供应商参与后续招标投标或政府采购活动的，又如何处理。

四、完善与总结

既然现行法规对投标人或供应商在招标投标或政府采购活动中所发生变化没有系统、严谨、细致规定，且立法技术上存在不足，作为立法部门有必要针对现实中所凸显的问题，着手数据统计，分析研究，尽早形成立法建议方案，拟出立法草案，公开征求广大民众意见或建议，完善立法，以求“老者安之，朋友信之，少者怀之”的法律适用效果。

审查案例，招标人是否选择与投标人甲签订协议，关键看投标人甲所遭致的合并与分立是否导致其资格的丧失或履约能力受到削弱等影响。因投标人发生了合并或新设分立导致其主体消亡，作为招标人因没有签约对象，自然无从签订合同。

通过检索和研读《招标投标法》《招标投标法实施条例》等规定，并没有对上述所涉予以明确规定。不过，根据《招标投标法实施条例》第38条和第56条的规定，也可勉强解读出前述结论。只是招标人所需履行何种程序，采取何种方式解决此问题显得无章可循，也难有经验可借鉴。

若投标人甲系吸收合并他人或存续分立而仍存续的，作为招标人是否就必然应与投标人甲签约呢？笔者认为，此时，招标人仍应判断投标人甲是否满足招标项目履约条件和能力，至于通过何种方式或程序，谁来审查等就涉及法规规范的问题。就现有法规体系，也只能参照《招标投标法实施条例》第56条的规定，招标人可通过原评标委员会按照招标文件规定的标准和方法审查确认。

【操作指引】

1. 招标人或采购人在招标投标或政府采购活动中，需留意投标人或供应商是否存在，如“住所地”“名称”等“物理”变化，股东、注册资金、经营范围、合并与分立等“化学”变化——对独立法人或其他组织的资质或资格条件、资金实力、经营等发生实质影响的行为。

2. 投标人或供应商在参与招标投标或政府采购活动中，为有效参与和推动招标投标或政府采购活动，尽量避免如“住所地”“名称”等“物理”变化，股东、注册资金、经营范围、合并与分立等“化学”变化——对独立法人或其他组织的资质或资格条件、资金实力、经营等发生实质影响的行为，以免影响所参与的招标投标或政府采购活动的预期后果。

3. 评标委员会或评审委员会在评标或评审过程中，也应重视投标人或供应商在评标或评审前的各种物理或化学变化。

【风险防控】

1. 招标人或采购人针对投标人或供应商在招标投标或政府采购活动中发生物理或化学变化的，应严格按法律法规规定处理。

2. 投标人或供应商在参与招标投标或政府采购活动中，若涉及物理变化的，可按法律法规或招标文件，采购文件规定进行说明或有效处理，避免带来负面影响或作用；对于一旦发生化学变化，可能面临相应不利的法律后果，影响投标或响应。

【法律适用】

《招标投标法实施条例》第 38 条、第 56 条

《政府采购法实施条例》第 21 条、第 38 条、第 56 条、第 72 条

《工程建设项目施工招标投标办法》第 43 条

《政府和社会资本合作项目政府采购管理办法》第 6 条

附 录

附录一：疫情下，招标投标、政府采购活动法律风险管理操作指南

前 言

2019年岁末，不速之客——“新型冠状病毒肺炎”① 从潘多拉盒子中散出，而后逐渐肆虐整个神州。它的出现、扩散搅浑了家家户户计划好的乐享春节，使得“鞭炮声声迎新年，妙联横生贴门前；笑声处处传入耳，美味佳肴上餐桌；谈天论地成一片，灯光通明照残夜；稚童新衣相夸耀，旧去新来气象清”的传统佳节紧张及揪心。

这个春节骤然变成了“春劫”。

突如其来的疫情，牵动着寻常百姓的心，亦引发不少专业、行业人士探讨、分析或预判这场疫情对国家经济文化、生产生活所产生的影响。

法律人也不例外。纵有百家之言，亦多汇于一脉，分析疫情对自然人、法人或其他组织参与市场活动、人力资源、经营活动、司法活动等方面的影响。法·自然团队全体成员自疫情始发，便一直思考疫情之下的法律问题，这是法律人应尽的本分。

本指南以法·自然律师团队近年持续对招标投标和政府采购行业的关注、服务、分析及研究为基础，并结合当下疫情而成，以期为行业的法人、组织及自然人提供操作指南或参考。

① 中华人民共和国国家卫生健康委员会公告2020年第1号将新型冠状病毒感染的肺炎纳入《传染病防治法》规定的乙类传染病，并采取甲类传染病的预防、控制措施。

第一编 不可抗力制度

一、什么是不可抗力

根据《民法典》第 180 条第 2 款[①]的规定，不可抗力是指不能预见、不能避免且不能克服的客观情况。

其中，"不能预见"包含两个方面。一是系基于现有的认知水平、认知方式或生产力、科技水平，对发生的情形或事件无预知可能。需说明的是，"不可抗力事变将随着人类认识水平和生产力水平的提高而有变动，因此，过去的不可抗力可能会变为现今的一般事变，如某些流行病等"。[②]比如，非典型肺炎、新型冠状病毒肺炎[③]等。二是虽能预见也无法抗拒的外部事实。

"不能避免并不能克服"，指当事人已经尽到最大努力，且采取一切可以采取的措施后，仍不能避免某种事件的发生并不能克服事件所造成的后果。[④]

二、不可抗力的渊源是什么

不可抗力最早可追溯至罗马法。后《法国拿破仑法典》第 1148 条明确规定"不可抗力"，[⑤]即"如债务人系由于不可抗力或事变而不履行其给付或作为的债务，或违反约定从事禁止的行为时，不发生损害赔偿责任"。

只是"法国法就法律主体无以抗拒之事件，分成两类，即事变及不可抗力。《法国民法》第 1148 条条文之规定，将事变与不可抗力并列，导致法国废弃法院认为两者同义"。[⑥]

---

①《民法典》第 180 条第 2 款规定：不可抗力是指不能预见、不能避免且不能克服的客观情况。

② 参见周枏：《罗马法原论》（下册），商务印书馆 1994 年版，第 700 页。

③ 山西省市场监督管理局《关于疫情防控期间停止聚集性就餐活动的通告》

……

二、本次重大疫情属于不可抗力，消费者退改餐饮服务预订，餐饮服务单位应以疫情防控大局为重，在特殊时期积极承担社会责任，履行公共义务，无条件执行退改措施。

④ 石宏：《〈中华人民共和国民法总则〉条文说明、立法理有及相关规定》，北京大学出版社 2017 年版，第 424 页。

⑤《拿破仑民法典》，李浩培、吴传颐、孙鸣岗译，商务印书馆 1979 年版，第 154 页。

⑥ 曾世雄：《民法总则之现在与未来》，中国政法大学出版社 2001 年版，第 231 页。

三、不可抗力有哪些表现形式

通说认为，不可抗力的范围包括但不限于自然灾害、战争、交通阻断、法令改废，如地震、海啸、海盗、敌人入侵等；有来自第三人之群体行为，如战争、内乱、罢工或第三人之个体行为，如征收，窃盗；有来自当事人自己内在之障碍，如昏迷不醒。

不可抗力的表现形式会随着人类认识水平和生产力水平的提高而有变动。譬如，过去的某些流行病可能会变为现今的普通事变等。

总之，不可抗力，不问属于何种态样，有其共通之要素：无以抗拒。

四、不可抗力可否免责

根据《民法典》第 180 条第 1 款[①]和《民法典》合同编中的第 590 条第 1 款[②]等规定，民事主体因不可抗力不能履行民事义务或不能履行合同的，通常不承担民事责任，部分或全部免责。且根据《民法典》合同编中的第 563 条第 1 款第（1）项[③]的规定，因不可抗力导致合同目的无法实现的，民事主体一方可请求解除合同。

五、不可抗力免责有无例外

当事人可基于不可抗力部分或全部免责，但仍有例外。

具体至少有四种情形：第一，法律另有规定的，依照其规定。根据《民法典》第 180 条第 1 款后一句[④]以及《民法典》合同编中的第 590 条第 1 款前一句但书等规定，如《航空法》第 160 条规定：损害是武装冲突或者骚乱

---

①《民法典》第 180 条第 1 款规定：因不可抗力不能履行民事义务的，不承担民事责任。法律另有规定的，依照其规定。

②《民法典》第 590 条第 1 款前一句“因不可抗力不能履行合同的，根据不可抗力的影响，部分或者全部免除责任，但是法律另有规定的除外。”

③《民法典》第 563 条第 1 款第（1）规定：项有下列情形之一的，当事人可以解除合同：（1）因不可抗力致使不能实现合同目的。

④《民法典》第 180 条第 1 款后一句规定：法律另有规定的，依照其规定。”

的直接后果，依照本章规定应当承担责任的人不承担责任。[①]《邮政法》第48条、[②]《民法典》侵权责任编中的第1237条。[③]第二，金钱的履行。《民法典》合同编中的第579条[④]所规定的金钱债务履行的情形。第三，违约责任情形。《民法典》合同编中的第823条[⑤]关于客运合同承运人的特殊免责事由，不可抗力不在内等。第四，迟延履行的。《民法典》合同编中的第590条第1款后一句规定："当事人迟延履行后发生不可抗力的，不能免除责任"。

六、主张不可抗力免责，是否需要举证

在法律实践中，一般不可抗力属有利于债务人的权利妨碍事实，一般由债务人就存在"不能预见、不能避免并不能克服的客观情况"负担举证责任。具体需承担两方面的核心举证责任：

---

①《航空法》第161条规定：依照本章规定应当承担责任的人证明损害是完全由于受害人或者其受雇人、代理人的过错造成的，免除其赔偿责任；应当承担责任的人证明损害是部分由于受害人或者其受雇人、代理人的过错造成的，相应减轻其赔偿责任。但是，损害是由于受害人的受雇人、代理人的过错造成时，受害人证明其受雇人、代理人的行为超出其所授权的范围的，不免除或者不减轻应当承担责任的人的赔偿责任。

一人对另一人的死亡或者伤害提起诉讼，请求赔偿时，损害是该另一人或者其受雇人、代理人的过错造成的，适用前款规定。

《航空法》第162条规定：两个以上的民用航空器在飞行中相撞或者相扰，造成本法第157条规定的应当赔偿的损害，或者两个以上的民用航空器共同造成此种损害的，各有关民用航空器均应当被认为已经造成此种损害，各有关民用航空器的经营人均应当承担责任。

②《邮政法》第48条规定：因下列原因之一造成的给据邮件损失，邮政企业不承担赔偿责任：（1）不可抗力，但因不可抗力造成的保价的给据邮件的损失除外；（2）所寄物品本身的自然性质或者合理损耗；（3）寄件人、收件人的过错。

③《民法典》第1237条规定：民用核设施或者运入运出核设施的核材料发生核事故造成他人损害的，民用核设施的营运单位应当承担侵权责任；但是，能够证明损害是因战争、武装冲突、暴乱等情形或者受害人故意造成的，不承担责任。

④《民法典》第579条规定：当事人一方未支付价款、报酬、租金、利息，或者不履行其他金钱债务的，对方可以请求其支付。

⑤《民法典》第823条规定：承运人应当对运输过程中旅客的伤亡承担损害赔偿责任，但伤亡是旅客自身健康原因造成的或者承运人证明伤亡是旅客故意、重大过失造成的除外。前款规定适用于按照规定免票、持优待票或者经承运人许可搭乘的无票旅客。

（一）是否构成不可抗力

关键在于当事人能否举证证明具体事件是否符合不能预见、不能避免和不能克服等条件。

根据2003年“非典”时期的司法实践，一般通过以下方式证明：

1.提交政府部门的各类公告、通知、文件作为证据，获取方式为通过政府官方网站等信息公开渠道获取。

2.提交因执行政府、有关部门防治疫情措施导致合同不能履行的证据，如停工令、隔离令、住院证明、诊断证明、出院证明、隔离留观证明等。

3.通过第三方出具的有关不可抗力的证明，如向中国国际贸易促进委员会申请出具《不可抗力证明》或委托第三方鉴定机构出具《鉴定意见》等。

（二）是否存在因果关系

即不可抗力与影响或解除合同之间是否存在直接因果关系。

七、援用不可抗力免责是否需履行通知义务

根据《民法典》合同编中的第590条①的规定，因不可抗力导致合同无法履行的当事人一方，应当向另一当事人履行通知义务。该通知义务的要素可分解为：

1.通知主体。通常为债务人一方，当然，法律并不排斥或抑制债权人一方履行通知义务。

2.通知期限。法律规定为“及时”，也就是尽一般人的合理期限判断。其目的在于让债权人第一时间知道该事由进而采取减轻损失等措施，避免损失的进一步扩大，以实现通知的法律意义。

3.通知的内容。通常不仅需要告知不可抗力事由，还需说明因不可抗力导致合同不能履行或达到解除的事由或条件。这样的安排符合“谁主张、谁举证”的法律逻辑，避免一方侥幸、夸大其词规避责任。

---

①《民法典》第590条规定：当事人一方因不可抗力不能履行合同的，根据不可抗力的影响，部分或者全部免除责任，但是法律另有规定的除外。因不可抗力不能履行合同的，应当及时通知对方，以减轻可能给对方造成的损失，并应当在合理期限内提供证明。当事人迟延履行后发生不可抗力的，不免除其违约责任。

4. 通知的必要。即不问不可抗力的情形或事由，统统需要履行通知。通知的必要，在于债务人应当向债权人履行如下告知义务，即是否因不可抗力导致合同不能继续履行、目的落空或因果关系的义务，便于债权人提前做好减损措施及其他措施。

5. 不履行及时通知义务的法律后果。若债务人不及时履行通知义务，由此导致债权人的损失，债务人应承担责任。[①]

八、若合同相对方不认可不可抗力的主张，如何处理

不可抗力可构成免责事由，具体纠纷中义务人或责任人的证明责任亦不被免除。只是，义务人或责任人举证后，若权利人无法确知或不认可该不可抗力事变，应当如何处理？

此种情形只能诉诸法院，由法官审判确定，以此避免各方陷入公婆论。

第二编　政策文件

一、“新型冠状病毒肺炎”疫情，是否构成法律意义上的“不可抗力”

“新型冠状病毒肺炎”疫情符合《民法典》第 180 条第 2 款[②]条文规定的“不能预见、不能避免以及不能克服”特征，构成法律上的“不可抗力”。

二、本次疫情，中央和地方各级财政部门、政府采购中心或市场资源交易中心采取了哪些举措

自 2020 年 1 月 26 日起，国务院办公厅发布《关于延长 2020 年春节假期的通知》（国办发明电〔2020〕1 号）[以下简称《通知》]，延长了春节假期。随后，各级机关、事业单位和地方政府陆续出台文件对复工时间予以延期，实际贯彻落实《通知》精神。

面对疫情，大部分地方政府采购中心、公告资源交易中心亦相继出台了关于工程项目或采购项目的相关通知：

1. 1 月 20 日，国家卫生健康委员会发布《中华人民共和国国家卫生健康委员会公告 2020 年第 1 号》；

---

① 参见崔建远：《不可抗力条款及其解释》，载《环球法律评论》2019 年第 1 期，第 54~56 页。

②《民法典》第 180 条第 2 款规定：不可抗力是指不能预见、不能避免且不能克服的客观情况。

2. 1月24日，国家人力资源社会保障部办公厅发布《人力资源社会保障部办公厅关于妥善处理新型冠状病毒感染的肺炎疫情防控期间劳动关系问题的通知》（人社厅明电〔2020〕5号）；

3. 1月26日，财政部办公厅发布《关于疫情防控采购便利化的通知》（财办库〔2020〕23号）；

4. 1月27日，中央国家机关政府采购中心（以下简称国采中心）发布《关于暂停办理工程类项目招标采购的紧急通知》，明确自1月31日起暂停国采中心平台及委托国采中心在北京市建设工程发包承包交易中心业务平台办理的所有工程类招投标、采购、见证服务项目，具体恢复时间另行通知；

5. 1月27日，山西省市场监督管理局发布《关于疫情防控期间停止聚集性就餐活动的通告》；

6. 1月27日，湖北省公共资源交易中心（湖北省政府采购中心）发布《关于做好新型冠状病毒感染肺炎疫情防控期间公共资源交易（政府采购）工作的通知》；

7. 1月28日，河南省公共资源交易中心发布《关于暂停所有已预订场地项目的进场交易和新项目进场预订的通知》；

8. 1月28日，浙江省发改委发布《关于暂停工程建设项目开评标工作的紧急通知》；

9. 1月29日，云南省委省政府应对新型冠状病毒感染肺炎疫情工作领导小组指挥部发布2号通告——《关于延迟企业复工和学校开学的通告》；

10. 1月29日，江苏省政府采购中心发布《关于暂停部分采购项目交易活动的公告》；

11. 1月29日，贵州省公共资源交易中心发布《贵州省公共资源交易中心关于暂停已公告项目进场交易和新项目预约进场的公告》；

12. 1月29日，陕西省公共资源交易中心发布《关于暂停现场开评标活动的通告》；

13. 1月29日，昆明市政务服务管理局、昆明市公共资源交易管理局发布《关于昆明市政务服务中心实体大厅和公共资源交易中心暂停服务的公告》；

14. 1月30日，云南省公共资源交易中心发布《云南省公共资源交易中心关于延期开评标的公告》；

15. 2月3日，云南省公共资源交易中心发布《关于疫情防控期间业务办理的通告》；

16. 其他。

第三编 具体指南

鉴于招标投标活动和政府采购活动的综合体系性，为更方便行业人士及有需要的其他人士查阅，本指南以参与主体为线进行编写。

第一节 招标投标或政府采购主管或监管部门操作指南

一、招标投标或政府采购主管或监管部门如何应对

作为主管或监管部门，不妨发挥好“政策法规上传下达”的桥梁作用，提升服务职能。同时根据各省份的具体官方通知，做好具体工作。

二、国务院办公厅发布《关于延长2020年春节假期的通知》(国办发明电〔2020〕1号)后，各级地方采购中心或市场资源交易中心应如何处理

可借鉴中央国家机关政府采购中心（以下简称国采中心）于1月27日发布的《关于暂停办理工程类项目招标采购的紧急通知》中的具体规定，[①]即暂停相关工作的开展。

三、招标或采购活动暂停（包括未开展，已开展尚未完成的等）暂停后，如何处理

对发布暂停通知的，主管或监管部门同时通知各招标人或采购人，自行清查招标活动或采购活动每个项目情形。譬如，对因疫情导致继续开展招标或采购活动无意义的，招标人或采购人得依据法律法规审批程序，提出取消招标或采购任务申请等补救措施。

四、疫情之下，如何破解物资供应

1月26日，财政部办公厅发布《关于疫情防控采购便利化的通知》(财办库〔2020〕23号)。根据该通知第1条的规定，[②]针对使用财政性资金采购

---

①《通知》明确：自2020年1月31日起暂停中心平台及委托中心在北京市建设工程发包承包交易中心业务平台办理的所有工程类招投标、采购、见证服务项目，具体恢复时间另行通知。

②《通知》：一、各级国家机关、事业单位和团体组织（以下简称采购单位）使用财政性资金采购疫情防控相关货物、工程和服务的，应以满足疫情防控工作需要为首要目标，建立采购“绿色通道”，可不执行政府采购法规定的方式和程序，采购进口物资无需审批。

疫情防控相关货物、工程和服务的采购活动，要求各地相关单位建立采购“绿色通道”，保证疫情防控期间政府采购有序进行。针对其他类型采购活动、招投标活动所需物资，《通知》并未明确如何处理。故，建议自行积极研究对策，条件成熟的不妨以“互联网 +”、线上报批、不见面的分散评标系统等便捷方式优化传统采购或招标活动。

五、疫情发生前，接收的投诉，如何处理

需及时在官网和相关媒介发关于是否暂停所有活动的通知，同时电话告知投诉人、被投诉人应准备事项及处理时间是否顺延、各方资料准备时间是否顺延以及是否另行通知等。

六、疫情发生后，不能正常复工，如何处理

因疫情发生不能正常复工的，建议及时通知相关人员，包括但不限于投诉人和被投诉人、举报人等相关人员。具体告知因疫情不能正常复工的事实、复工时间或无法确定具体复工时间的，得另行通知复工时间等。同时，在官网公布相关事项处理的流程及时间安排等信息。

七、疫情期间，可否采取线上办公方式处理投诉、举报

根据《传染病防治法》《国境卫生检疫法》等规定，为防止新型冠状病毒肺炎的进一步扩散和传播，可根据个案情况，在不妨碍沟通处理个案的前提下，尽可能采取线上办公方式。

八、主管部门或监管部门整体被隔离，如何处理

在具备网络办公条件的前提下，可及时发布被整体隔离消息、如何应对应主管事务以及如何畅通行政办公方式等信息。同级政府或上级主管部门可根据情况协调相应承接部门或人员。

九、相关主管或责任人员被隔离或不能亲自办理的，如何处理

建议及时告知所属单位或机关，根据主管或监管部门的安排决定，是否继续配合投诉处理或监管检查。对需提供证明材料的，待解除或排除不可抗力事变后，第一时间提供。

第二节　招标人或采购人与代理机构操作指南

一、疫情之下，招标人或采购人与代理机构在履行代理协议过程中，不能正常履行协议的，如何处理

根据《民法典》合同编中的第 590 条的规定，不能正常履行协议的一方应及时书面通知相对方暂停协议履行，便于相对方做好减损措施，防止损失进一步扩大。若有书面证明材料的，应当在合理期限内一并提供。

二、疫情期间，若招标人或采购人认为继续履行已没有意义，需解除委托代理协议的，如何处理

若因疫情导致继续招标或采购无意义的，根据《民法典》合同编中的第590条的规定，招标人或采购人应及时书面通知代理机构并在合理期限内提供相应证明材料。另根据《民法典》合同编中的第563条①的规定，若因不可抗力导致合同目的无法实现的，亦可解除委托代理合同。

同时，应做好证据搜集并及时履行通知义务，便于代理机构及时采取减损措施，防止损失进一步扩大。

根据《政府采购非招标采购方式管理办法》第23条、②《政府采购货物和服务招标投标管理办法》第29条③第2款规定，采购人在终止采购活动时，需通知所有参加采购活动的供应商，同时，将项目实施情况和采购任务取消原因报送本级财政部门。

三、疫情发生，导致代理机构丧失继续履行代理协议能力的或不具备继续代理条件的，如何处理

根据《民法典》第590条、第563条的规定，代理机构应及时书面通知招标人或采购人，若因不可抗力导致合同目的无法实现的，可解除委托代理合同。

同时，应做好证据搜集并及时履行通知义务，便于代理机构及时采取减损措施，防止损失进一步扩大。

---

①《民法典》第563条规定：有下列情形之一的，当事人可以解除合同：（1）因不可抗力致使不能实现合同目的……

②《政府采购非招标采购方式管理办法》第23条规定：在采购活动中因重大变故，采购任务取消的，采购人或者采购代理机构应当终止采购活动，通知所有参加采购活动的供应商，并将项目实施情况和采购任务取消原因报送本级财政部门。

③《政府采购货物和服务招标投标管理办法》第29条规定：采购人、采购代理机构在发布招标公告、资格预审公告或者发出投标邀请书后，除因重大变故采购任务取消情况外，不得擅自终止招标活动。

终止招标的，采购人或者采购代理机构应当及时在原公告发布媒体上发布终止公告，以书面形式通知已经获取招标文件、资格预审文件或者被邀请的潜在投标人，并将项目实施情况和采购任务取消原因报告本级财政部门。已经收取招标文件费用或者投标保证金的，采购人或者采购代理机构应当在终止采购活动后5个工作日内，退还所收取的招标文件费用和所收取的投标保证金及其在银行产生的孳息。

招标或采购项目已发布招标文件或采购文件的，还需移交采购文件等全部资料，配合招标人或采购人做好衔接，确保招标投标或政府采购活动的继续开展。

四、疫情发生，需要暂停或延期开展招标或采购活动的，如何处理

招标人、采购人或代理机构需及时向主管或监管部门提交书面申请，暂停或延期招标或采购活动，并提供相应证明材料。主管或监管部门同意后，及时在相应媒介发布公告或通知，并及时告知投标人或供应商恢复或延期招标或采购的具体安排。

五、主管或监管部门因疫情无法办公，无法正常答复申请的，如何处理

招标人、采购人或代理机构保存好证据，做好记录，并寻求更有效的通信方式衔接。

第三节　招标人或采购人，代理机构，投标人或供应商的操作指南

一、招标活动或采购活动进行中发生不可抗力事件的，如何处理

若采购中心或公共资源交易中心发布了“暂停采购或招投标活动”的文件，且该文件所规定的时间与上级或同级政府发布的通知或公告不冲突的，可以此作为开展活动的依据。

二、若采购中心或公共资源交易中心发布的“暂停”通知或公告早于上级或同级政府发布的文件，如何处理

原则上应以上级或同级政府发布的文件为据。地方政府已发布相应通知或公告明确复工时间的，原则上应以该通知或公告载明的时间为据，以此具体判断或调整是否继续推进招标投标活动或政府采购活动。例如，云南省委省政府应对新型冠状病毒感染肺炎疫情等不可抗力事件工作领导小组指挥部于2020年1月28日发布《关于延迟企业复工和学校开学的通告》，具体活动安排可参照《通告》的相应规定。

三、发生不可抗力事件，作为招标人、采购人抑或代理机构，是否有义务通知已获取招标文件或采购文件的投标人或供应商

不可抗力事件大多广为人知，但对于已获取招标文件或采购文件的投标人或供应商而言，他们并不确知疫情等不可抗力事件是否影响招标投标项目或采购项目活动的开展。尤其是，疫情等不可抗力事件是否影响投标文件或采购文件递交？提交时间是否推延？推延到何时？或基于疫情等不可抗力事

件，招标人、采购人又如何应对？是否延期开标、评标，还是取消招标投标或政府采购活动等？

此类不可抗力事件下，根据《民法典》合同编中的第590条的规定，招标人、采购人或代理机构应履行通知或告知义务，便于投标人或供应商做好准备或采取减损措施，防止损失进一步扩大，最终确保招标投标活动或政府采购活动后续开展的顺利。同时，建议在招标文件或采购文件公告的网站一并发布公告。

四、在疫情等不可抗力前，投标人或供应商提交了异议或质疑、投诉，如何处理

针对异议或质疑，招标人或供应商可根据国务院出具的指导文件以及地方根据实际情况出台的通知或公告，尤其是采购中心或公共资源交易中心发布的“暂停公告或通知”进行判断处理。

需注意，招标投标法体系和政府采购法体系对期间的规定并不一致，招标投标法基本规定为“自然日”，而政府采购法则规定为“工作日”。

因此，对于招标投标活动，因规定为“日历日”，故招标人得在《招标投标法》《招标投标法实施条例》所规定的期间内予以答复。政府采购项目则需要具体以工作日的时间确定答复日期。

五、若答复期间的最后一日为延长假期或地方政府出具的复工期最后一日，甚至在假期期间就已经届满，如何处理

招投标活动，根据《民法典》第一编第十章的期间计算规定办理，即按第203条[①]的规定，以法定休假日结束的次日为期间的最后一日。政府采购活动，因规定的期间为“工作日”，则需以复工当日继续计算。

六、疫情期间，因延长复工时间，如何计算投诉期

根据《招标投标法》《招标投标法实施条例》《政府采购法》《政府采购供应商投诉处理办法》等法律法规规定，投诉期间均以“工作日”计算。因此，投诉处理期应以复工首日继续计算。

七、对处于提起异议或质疑、投诉期间的，投标人或供应商应如何处理

招标投标法体系和政府采购法体系在计量期间的时间上有别，因此，需区分处理。原则上应按本节第五条办理。

---

①《民法典》第203条规定：期间的最后一日是法定休假日的，以法定休假日结束的次日为期间的最后一日。

八、因疫情导致递交投标文件或采购文件等截止时间延期的，其他潜在投标人或供应商可否参与投标或响应

因不可抗力导致而非招标人或采购人主观因素导致延期的，其他潜在投标人或供应商有权参与投标或响应，除非招标文件或采购文件另有规定。

九、在疫情等不可抗力事件期间，招标人或采购人可否澄清或修改招标文件或采购文件

澄清或修改需根据招标投标法体系或政府采购法体系的相应规定，结合招标文件或采购文件的规定进行处理。具体可参照《招标文件或采购文件发出后，澄清或修改不可“任性”》[①]一文的分析意见或建议。

十、在疫情等不可抗力事件期间，投标人或供应商可否补充、修改或者撤回投标文件或响应文件

根据《招标投标法》第 29 条、[②]《招标投标法实施条例》第 35 条、[③]《政府采购非招标采购方式管理办法》第 15 条[④]以及《政府采购货物和服务招标投标管理办法》第 34 条[⑤]等规定，只要投标截止时间或谈判文件、询价通知书要求的截止时间未届满，投标人或供应商有权补充、修改或撤回投标文件或响应文件。

---

① 详见李承蔚：《招标文件或采购文件发出后，澄清或修改不可“任性”》，网址：https://mp.weixin.qq.com/s/bLA47WQDaYnw7LLdyhgCuA。

②《招标投标法》第 29 条规定：投标人在招标文件要求提交投标文件的截止时间前，可以补充、修改或者撤回已提交的投标文件，并书面通知招标人。补充、修改的内容为投标文件的组成部分。

③《招标投标法实施条例》第 35 条规定：投标人撤回已提交的投标文件，应当在投标截止时间前书面通知招标人。招标人已收取投标保证金的，应当自收到投标人书面撤回通知之日起 5 日内退还。

投标截止后投标人撤销投标文件的，招标人可以不退还投标保证金。

④《政府采购非招标采购方式管理办法》第 15 条规定：供应商应当在谈判文件、询价通知书要求的截止时间前，将响应文件密封送达指定地点。在截止时间后送达的响应文件为无效文件，采购人、采购代理机构或者谈判小组、询价小组应当拒收。

供应商在提交询价响应文件截止时间前，可以对所提交的响应文件进行补充、修改或者撤回，并书面通知采购人、采购代理机构。补充、修改的内容作为响应文件的组成部分。补充、修改的内容与响应文件不一致的，以补充、修改的内容为准。

⑤《政府采购货物和服务招标投标管理办法》第 34 条规定：投标人在投标截止时间前，可以对所递交的投标文件进行补充、修改或者撤回，并书面通知采购人或者采购代理机构。补充、修改的内容应当按照招标文件要求签署、盖章、密封后，作为投标文件的组成部分。

关键是，若“截止时间”为收假的最后一日，甚至在春节假期期间便截止，如何处理？根据《民法典》第 203 条的规定，以法定休假日结束的次日（复工首日）为期间的最后一日。

十一、招标人或采购人可否因疫情等不可抗力事件取消招标投标或政府采购活动

招标人或采购人是否有权取消，得考察其原因。若因疫情等不可抗力事件导致继续开展招标投标或政府采购活动无意义的，如采购物资用于元宵节前慰问的，自然可以取消。

十二、投标人或供应商在疫情等不可抗力事件爆发期间出现合并、分立、破产等不具备资格条件或履行能力的，如何处理

可参见《投标人或供应商在招标或政府采购活动过程中发生“变化”，如何处理》[①] 的分析意见。同时，若因疫情等不可抗力事件影响其资格条件或履约能力的，可根据《民法典》的规定，投标人或供应商不承担民事责任或免责。

十三、若疫情等不可抗力事件发生前已评审或评标，疫情发生后，招标人或采购人需要确定中标人或成交供应商的，招标人或采购人如何处理

若中标候选人或成交供应商候选人中出现不具备继续履行能力的，经中标候选人或成交供应商及时告知的，招标人或采购人可根据情况作出能否从其他候选人中确定中标人或成交供应商的决定。[②] 否则，得重新开展招标投标活动或政府采购活动。若未发生前述事项，招标人或采购人可按法律法规规定，选定中标人或成交供应商。

十四、招标人或采购人，或代理机构的经办人被强制隔离，如何处理

招标人、采购人或代理机构，可以另行指派经办人继续参加招标投标活动或政府采购活动。同时，尊重诚实守信原则提供说明或证明文件。

十五、投标人或供应商的经办人被强制隔离，如何处理

投标人或供应商的经办人若出现隔离的，需提供证明材料并以书面形式告知招标人、采购人或代理机构。此外，可另行书面委托相关人员继续参加招标投标活动或政府采购活动。

---

① 载《中国政府采购》2019 年第 8 期。

② 参见李承蔚：《第一中标候选人被废，第二中标候选人当然晋级中标吗？》，网址：https://mp.weixin.qq.com/s/l7Xfg4LZV7j79Yal5c-nsQ。

十六、若在中标、成交通知书发出后，在复工前已经过30日而未签订中标合同或采购合同的，如何处理

根据《民法典》第203条的规定，以法定休假日结束的次日为期间的最后一日，即双方于复工首日进行签约事宜。

十七、待签订中标合同或采购合同期间，招标人或采购人因疫情导致继续招标或采购无意义的，如何处理

招标人或采购人应按《民法典》合同编中的第590条规定，及时书面通知相对方，系因不可抗力事由导致不能签约。同时，建议及时发布公告或公示，并通知其他投标人或供应商。

十八、待签订中标合同或采购合同期间，中标人或成交供应商因疫情丧失资格条件或履行能力的，如何处理

中标人或成交供应商可按《民法典》合同编中的第590条规定，及时书面通知相对方，告知对方系因不可抗力事由导致不能签约。

十九、招标人、采购人或代理机构的经办人在签署合同期间被强制隔离，如何处理

招标人、采购人或代理机构可以另行指派经办人办理签约事宜。若有书面材料的，应一并提供。

二十、投标人或供应商的经办人在签署合同期间被强制隔离，如何处理

投标人或供应商的经办人若出现隔离的，需提供证明材料并以书面形式告知招标人、采购人或代理机构。此外，可另行书面委托相关人员办理签约事宜。

二十一、若招标人或采购人与中标人或供应商已签订中标合同或政府采购合同，尚未履行，如何处理

此种情形较为复杂，如因不可抗力导致继续履行合同没有必要的，双方均可按《民法典》合同编中的第590条的规定及时书面通知对方，但需提供书面证明材料。若一方有异议或质疑的，有权向主管或监管机关举报，或径直向人民法院提起诉讼解决纷争。

若投标人或供应商已不具备履约能力的，仍按上段意见办理。

若需继续履行，应考虑不可抗力因素，然后待不可抗力结束后继续履行。

二十二、若招标人或采购人与中标人或供应商已签订中标合同或政府采购合同，仅部分履行或尚未全部履行，如何处理？

此种情形，参照根据本节第二十一条处理。

[特别提醒]

本指南仅针对通常情况给出意见或建议。

若所发生的事由或主张的事由与不可抗力无关或没有直接因果关系的，并不能免责；

因不可抗力事件导致招投标或采购活动无法开展的，若没有及时履行通知义务，难以免责；

基于不可抗力主张免责或抗辩的一方当事人，需做好证据收集工作；

在处理具体个案时，需注意不可抗力和情势变更[①]的区分。

附录二：西政云领学社简介

筹建与成立

蒙母校西南政法大学的支持与厚爱，2013 年 5 月“西政云南校友学术委员会”成立。目前，已先后邀请到清华大学张卫平教授，西南政法大学李开国教授和肖厚国教授等作为本“委员会”的学术顾问。

学术委员会成立后，得力于各方的建议或意见并经本会常务委员会决议，于学术委员会下设“西政雲嶺学社”。

旨趣与成员

不拘一格，兼容并包，思想自由。

但凡就民生、司法、法律实务、法理、法哲学，人性伦理等学术领域，成一家之言则无不可。

学社成员主要以西政云南校友为主，但并不囿于西政校友。

① 参见《最高人民法院关于适用〈中华人民共和国合同法〉若干问题的解释（2）》第 26 条规定：合同成立以后客观情况发生了当事人在订立合同时无法预见的、非不可抗力造成的不属于商业风险的重大变化，继续履行合同对于一方当事人明显不公平或者不能实现合同目的，当事人请求人民法院变更或者解除合同的，人民法院应当根据公平原则，并结合案件的实际情况确定是否变更或者解除。

宗旨与戒律

蔡元培先生曾言“入法科者，非为做官；入商科者，非为致富”。“大学为纯粹研究学问之机关，不可视为养成资格之所，亦不可视为贩卖知识之所。学者当有研究学问之兴趣，尤当养成学问家之人格。”作为后学者，尤其是学术“痴迷”者，一方面谨记前人教诲，另一方面誓愿就各门类学术渐进探索，以行动诠释“知不可而为”“为而不有”的古训。

交流与活动

除与母校和各地西政校友会保持长期合作与交流外，本社将和国内其他著名高校建立学术交流关系。同时，希望借助本会成员力量，与国外及我国港澳台地区高校和研究机构建立良好的学术交流关系，开展读书会及学术交流等。

目前，学社已出版著作《法意人生》《商品房买卖合同纠纷典型案例研究》《法官的改革》，正筹划出版《新时代律师攻守道》《招标投标 & 政府采购法律实务操作指引与风险防控》《文明的门前》。后续将针对公司、合同、哲学、伦理等领域展开系列实务和理论研究。

附录三：有标网简介

· 有标网是一个专业信息平台，为关注投标及采购的专业人士获得及时、真实而准确的信息，为专业领域人士赋能。

· 懂你贴心的招标及采购信息平台。

· 有标网不对内容进行人工干预，全靠算法进行分类和个性化的机器推荐，不进行内容的生产加工，核心是做招标及采购信息内容专业分发平台。

后 记

时光只解催人老，不信多情。[①] 人与动物的区别，不只在在于思想，还有情感。笔者算是较为重情重义的人，无论做人做事，喜欢在落花与流水之间建立情感纽带，以期不负如来不负卿。

几年前，有幸接触招标投标和政府采购行业。作为职业人，抱定那份执着与虔诚，对招标投标行业似曾相识，同属服务行业，尤其在理念上毫无二致。自此，便从零开始了解、熟悉、研究、提升。在此过程中，笔者得到了不少行业人士的点拨、解惑、授业及传道。经历数个春秋的磨砺，逐渐开始熟稔行业的术，进而触及了些许门道，触摸到行业学问堂奥。

《招标投标法》于 2000 年 1 月 1 日实施，《政府采购法》于 2003 年 1 月 1 日实施。自两部法律实施以来，围绕招标投标和政府采购出台了行政法规、部门规章、地方性法规无数，逐渐形成了招标投标法体系和政府采购法体系。两部法体系的逐渐形成，客观上对构建和推动公平竞争、诚实守信的市场环境有所助益，亦为营造公平竞争的市场营商环境起到功不可没的作用，同时，在一定程度上亦有效监督并阻却了一些权钱交易现象，促使市场竞争主体在观念上自觉树立了规则意识、规范意识。

随着社会发展的加速，科技迭代周期缩短，“互联网 +”方兴未艾，市场内部环境、外部环境无不相应变化。《招标投标法》《政府采购法》两部法体系也渐渐显出与社会变革步伐不太合拍，明显龃龉的情形。

古人说，“周虽旧邦，其命唯新”。时代使命指令我们务必“日日新、苟日新、又日新”。我们只有在变化、运动中认知、和谐好周遭事物，在事物的勾连中寻求彼此作用、相互影响的契合点才有出路——法律法规政策亦不例外。

---

①［宋］晏殊：《采桑子》“时光只解催人老，不信多情，长恨离亭，泪滴春衫酒易醒。梧桐昨夜西风急，淡月胧明，好梦频惊，何处高楼雁一声？”

本书，笔者并不打算对招标投标或政府采购作系统梳理和反思，[①]只是囿于经验，限于精力，就个人在实务中所遇到的热点、难点、重点等话题作一番梳理、探讨，以期引发更多法律人、政策法规制定者关注，加以重视、研究，并寻求解决之道，从而更加契合新时代市场经济的战略布局和发展路径。

笔者一开始接触招投标行业法律法规时，仗着在法律行业近二十年的经验，这些年持续的法学法理积累，原以为应付招标投标行业定然绰绰有余，哪知待笔者一头扎进去之后，才知争议问题之繁，专业要求之高，操作学问之深。正所谓，外行看热闹，内行看门道。经过小眼看大学问的短暂自狂阶段后，笔者便抛却傲气，开始沉潜下来，通过一桩桩实务的接触、分析及处理，才逐渐触及了招、投标行业的些许门道，方知法律法规之繁杂，两部法体系规定间的冲突亦可见。这愈加考验法律人的功底、钻研精神及学养。

经过这几年对法律法规的潜心研读，大量实务的接触，政策的紧跟，笔者也算略知一二，豁然开朗。如果这也算成绩的话，就得感谢朋友客户的知遇之恩，法·自然律师团的全体伙伴全力以赴的支持，家人的包容与默默无闻的付出。

本书不是笔者的专业总结，只是践行笔者所推崇的“着眼小处，立足大局”专业产品化理念的开始。笔者自幼便誓愿为法律人，梦想成为一名律师，感谢苍天眷顾，如愿以偿，自从业以来，对律师执业的那份热诚与日俱增，对律师执业的那份爱愈加深沉。笔者不只甘愿为法律匠人，更希望将传统文化融入法律，揉捻法律的规范性与理性，汇通法学与文化的精义，以传统文化的精粹为体，法学法律为用，寻求法学法律中的道，全力推动“专业产品化，服务体系化”的执业理念，让更多人享受到法的温情与人性。

李承蔚于何陋轩

2020年6月1日

① 招标投标和政府采购，看似法律法规和政策一大摞，可适用时，才发现左右掣肘，步履维艰。因此，作为一名行业人士，理应尽一份责任，以绵薄之力找出个人视域中所发现的问题，以期为行业人士多提供一份参考与指引。